계명교양총서 66

이방인 · 시지포스 신화

알베르 카뮈 저 | 김지은 역주

이방인 · 시지포스 신화

펴낸날 2017년 6월 30일 – 초판1쇄 발행
2019년 2월 14일 – 초판2쇄 발행

지은이 알베르 카뮈
역주자 김지은
펴낸이 신일희

펴낸곳 계명대학교출판부
42601 대구광역시 달서구 달구벌대로 1095
전화 053) 580-6233 팩스 053) 580-6235
http://www.kmupress.com

등 록 1970.9.1.(신고번호 제347-1998-1호)
ISBN 978-89-7585-794-2 03860
값 11,000원

이 도서의 국립중앙도서관 출판예정도서목록(CIP)은 서지정보유통지원시스템 홈페이지(http://seoji.nl.go.kr)와 국가자료공동목록시스템(http://www.nl.go.kr/kolisnet)에서 이용하실 수 있습니다.(CIP제어번호: CIP2017015208)

계명교양총서 66

이방인 · 시지포스 신화

알베르 카뮈 저 | 김지은 역주

역주자 서문

이 책은 프랑스의 갈리마르(Éditions Gallimard) 출판사에서 발행한 알베르 카뮈(Albert Camus, 1913~1960)의 『이방인 *L'Étranger*』(1942)과 『시지포스 신화 *Le Mythe de Sisyphe*』(1942)를 번역한 것이다. 이 두 책은 프랑스가 독일 점령 하에 있던 1942년 5월과 10월에 연이어 출판되었다. 『시지포스 신화』의 경우 1948년의 개정 증보판에서는 다른 잡지에 발표한 바 있던 카프카(F. Kafka)에 관한 글이 부록으로 추가되었다.

이 두 책은 모두 카뮈의 부조리 사상을 담고 있다. 카뮈가 말하는 '부조리(不條理, absurd)'란 인생에서 의미를 찾으며 성실하게 살려고 노력하는 인간을 좌절시키는 세상의 비합리성을 말한다. 인간은 세상에서 삶의 목적과 의의를 찾으려 하나 세상은 언제나 침묵으로 일관하여 인간은 자신의 존재를 이유 없는 것, 우연적인 것, 즉 부조리한 것이라고 느끼게 된다. 그래서 카뮈는 인간의 명철한 의식과 세계의 맞닥뜨림이 부조리하다는 것을 선험적인 본질로 인정하고 그 부조리를 그대로 받아들이면서, 곧 부조리에 반항하면서 부조리 속에서 살아야 한다고 말한다. 다른 점은 『이방인』이 주인공 뫼르소를 통해 부조리를 드러내는 소설인 반면, 『시지포스 신화』는 '부조리에 관한 시론'이라는 그 부제에서 알 수 있듯이 '부조리 철학'을 체계적으로 다루고 있는 철학적 에세이이다.

『이방인』은 보통 사람들과는 다르게 생각하고 다르게 행동하는 주인공 뫼르소가 현실에서 소외되어 '이방인'으로서 살아가는 부조리의 세계를 '반항'이라는 깨어있는 의식으로 바라보게 되고, 종국에는 사형수로서의 자신의 죽음까지도 삶의 일부분으로 받아들이는 소설이다. 주인공 뫼르소는 자신이 왜 죽어야 하는지 모르는 그 '부조리한 죽음'의 운명보다 더 우월해 진다. 그는 '전에도 행복하였고 지금도 행복하다'고 분명하게 말하며, 사형 집행을 받는 날에는 단두대 주위에 많은 구경꾼들이 와서 '증오의 함성', 아니 '죽으면 안 된다는 함성'으로 맞아주기를 바라는 '행복한 뫼르소', 곧 '부조리를 극복한 뫼르소'가 된다.

『시지포스 신화』는 그리스 신화의 인물인 시지포스(Sisyphos)에서 부조리 인간의 전형을 가져온다. 시지포스가 자신의 노동이 무용하다는 부조리를 깨닫고도 그것을 기꺼이 받아들일 수 있을 만큼 '자유롭고 행복한 시지포스'로 거듭나듯이, 우리 인간도 명철한 의식으로 자신의 부조리한 운명을 직시할 때만이 자신의 운명을 넘어설 수 있다는 것을 제시하고 있는 철학적 에세이이다.

이 책에는 각주와 미주가 있다. 각주는 독자의 이해를 돕고자 역주자가 보탠 것이고, 미주는 『시지포스 신화』의 프랑스어판 원서에 있는 각주로 이 작품의 끝에 정리되어 있다. 그리고 이 책에서 언급된 책 이름은 『 』로, 논문 또는 작품 제목은 「 」로, 인용은 " "로, 강조는 ' '로 표기했다.

끝으로, 이 책은 '고전 작품 읽기를 통한 대학생들의 교양 능력의 향상'을 목적으로 하는 계명대학교의 「계명교양총서」의 하나로 기획된 것이다. 독자들은 『시지포스 신화』에서는 '부조리에 대한 정의'와 '부조리를 생각하는 방식', '실제 부조리를 사는 방식'과 '부조리한 창조의 조건' 등을 알아가고, 이해하는 시간을 가질 것이다. 독자들은 또한 『이방인』에서는 주인공 뫼르소는 '바보인가?, 한심한 녀석인가?', 아니면 '무죄의 인간인가?', 뫼르소는 '우리의 정서, 아니 인간적 정서와는 거리가 있는 인간 세계의 이방인인가?', 아니며 '거짓과 가식의 이 세계를 매 순간 자기 자신에게 솔직하면서 진실되게 살아가는 휴머니스트인가?', 또 아니면 '우리 모두를 대신해서 진실한 삶을 살아갈 것을 죽음으로 실천한 순교자인가?' 등의 질문을 던지면서 해석의 애매성을 지닌 이 책을 '자기식의 읽기'를 통해 세계와 대면하는 인간의 부조리와, 그 부조리를 '반항'을 통해 극복함으로써 어떻게 행복에 이르게 되는지를 알아가는 시간이 되기를 바란다.

2017년 6월

김 지 은

차례

역주자 서문 04

이방인

제1부 11
제2부 71

시지포스 신화

부조리의 추론 135
부조리한 인간 207
부조리한 창조 240
시지포스 신화 269

부록 : 275
프란츠 카프카의 작품에 나타난 희망과 부조리
미주 291

해설

1. 알베르 카뮈의 생애와 작품 299
2. 『이방인』의 요약과 작품 설명 303
3. 『시지포스 신화』 내용 설명 315
참고문헌 329

작가 연보 333

이방인

제1부
제2부

제1부

I

오늘, 엄마가 죽었다. 아니 어쩌면 어제였을지도 모른다. 양로원에서 온 전보 한 통을 받았다.

"모친 사망, 장례식 내일. 삼가 애도함."

이것만으로는 아무것도 알 수가 없다. 어쩌면 어제였는지도 모르겠다.

양로원은 알제[1]에서 팔십 킬로미터 떨어진 마랑고에 있다. 두 시에 버스를 타면 오후에 도착할 것이다. 그러면, 나는 밤샘을 할 수 있고 내일 저녁에 돌아올 것이다. 나는 사장에게 이틀의 휴가를 신청했고, 그는 평상시 같은 핑계로 그걸 거절할 수는 없었다. 그러나 못마땅한 태도를 취했다. 나는 그에게 이렇게까지 말했다.

"제 잘못이 아닙니다."

그는 대답하지 않았다. 그래서 나는 그에게 그 말은 하지 말았어야 했다고 생각했다. 어쨌든 변명 따위는 할 필요가 없었다. 나에게 애도의 뜻을 전해야 할 이는 차라리 그였다. 그러나 모레에는 분명 애도를 표할 것이다. 그

1_ '알제(Alger)'는 알제리(Algérie)의 수도이다. 알제리는 1830년대부터 프랑스의 식민지가 되었고, 1954년부터는 민족해방전선(FLN)을 중심으로 8년간 프랑스와 격렬한 알제리전쟁을 벌인 끝에 1962년 독립 국가를 이루게 된다<역주>.

때는 내가 상복을 입고 있을 테니까. 지금 당장은 어쩐지 엄마가 죽지 않은 것 같다. 장례식 후에는 반대로, 이 일은 정리가 될 것이고, 모든 것이 좀 더 공식적인 모습을 갖추게 될 것이다.

나는 두 시에 버스를 탔다. 날씨가 몹시 더웠다. 나는 평소처럼 셀레스트 식당에서 식사를 했다. 식당 사람들은 모두 나에 대해서 매우 마음 아파했다. 셀레스트는 나에게 말했다.

"어머니란 둘도 없는 분이지."

내가 출발할 때, 그들은 나를 문까지 배웅해주었다. 나는 약간 정신이 없었다. 에마뉘엘의 집까지 가서 검은 넥타이와 상장을 빌려야 했기 때문이었다. 그는 몇 달 전에 삼촌을 잃었다.

나는 출발시간에 늦지 않으려고 뛰었다. 이러한 서두름, 이러한 달음박질에 이어, 나를 슬며시 잠들게 한 건 분명 차의 덜컥거림, 기름 냄새, 하늘과 도로의 반사광이 보태진 이 모든 것 때문이었으리라. 나는 가는 길 내내 거의 잤다. 그리고 잠을 깼을 때는, 한 군인에게 기대어 허리를 굽힌 채 있었다. 그는 미소를 지으며 멀리서 왔느냐고 물었다. 나는 더 이상 말하기 싫어서 '네'하고만 대답했다.

양로원은 마을에서 2킬로미터쯤 떨어져 있었다. 나는 걸어서 갔다. 나는 곧장 엄마를 보고 싶었다. 그러나 수위는 내가 원장을 만나야만 한다고 했다. 그가 바빴기 때문에 나는 잠깐 기다렸다. 그 동안 내내 수위는 말을 하였고, 얼마쯤 시간이 흐른 뒤에 나는 원장을 만났다. 그는 자신의 사무실에서 나를 맞았다. 레지옹 도뇌르 훈장[2]을 단 체구가 작은 노인이었다. 그는 맑은

2_ 레지옹 도뇌르(Légion d'honneur) 훈장은 군인으로서나 문화적으로 공적이 있는 사람에게 대통령이 직접 수여한다. 1802년 나폴레옹 1세가 제정하였고, 다섯 계급(슈발리에·오피시에·코망되르·그랑도피시에·그랑크루아)으로 나뉜다<역주>.

눈으로 나를 쳐다보았다. 그리고 난 후 악수를 했는데, 너무 오래 잡고 있어서 나는 어떻게 손을 빼야 할지 알 수 없었다. 그는 기록을 훑어보고는 나에게 말했다.

"뫼르소 부인은 3년 전에 여기에 들어오셨군요. 당신이 유일한 부양자였군요."

나는 그가 무언가 나를 비난하는 것 같아서 그에게 설명을 하기 시작했다. 그러나 그가 내 말을 잘랐다.

"자신을 정당화할 필요는 없어요, 젊은이. 당신 어머니의 기록을 읽어보았어요. 당신이 생활비를 댈 수 없었겠더군요. 어머니에게 간병인이 필요했겠지요. 당신 월급은 별로 많지 않았고. 어쨌든, 어머니는 여기서 더 행복했어요."

"네, 그렇습니다, 원장님."하고 나는 말했다.

그가 덧붙였다.

"아시다시피, 어머니에겐 자기와 같은 연배의 친구들이 계셨어요. 그들과 함께 옛 시절에 일어난 이야기를 흥미롭게 나눌 수 있었지요. 당신은 젊어서, 당신과 함께 살았으면 분명 적적하셨을 겁니다."

그건 사실이었다. 집에 있었을 땐, 엄마는 아무 말도 없이 언제나 눈으로 나를 좇는 것으로 시간을 보냈다. 양로원에 온 후 첫 며칠 동안 그녀는 자주 울곤 했다. 그러나 그건 습관 때문이었다. 몇 달 후에 엄마를 그곳에서 나오게 했다면, 그때도 아마 우셨을 것이다. 언제나 습관 때문에. 마지막 몇 년 동안에 내가 더 이상 그곳에 가지 않은 것은 어느 정도는 그런 이유 때문이었다. 그리고 또한 버스정류장에 가서 표를 끊고, 두 시간을 도로 위에서 보내야 하는 수고를 차치하고라도, 양로원으로 엄마를 보러가는 것이 내 일요일을 잡아먹었기 때문이기도 했다.

원장은 여전히 나에게 이야기를 하고 있었다. 그러나 나는 더 이상 거의 그의 말을 듣지 않았다. 그러자 그는 나에게 말했다.

"당신이 어머니를 보고 싶어 할 거란 생각이 드는군요."

나는 아무 말 없이 일어섰고 그는 문 쪽으로 앞서갔다. 계단으로 나서자 그는 나에게 설명을 덧붙였다.

"우리는 어머니를 작은 영안실로 옮겨 모셔 놓았습니다. 다른 사람들이 동요하지 않도록 하기 위해서지요. 재원자들이 돌아가실 때마다 다른 사람들이 이삼일 동안 신경이 예민해지거든요. 그러면 그들을 돌보기가 힘들어 진답니다."

우리는 많은 늙은이들이 몇몇씩 모여서 수다를 떨고 있는 안뜰을 가로질러 갔다. 우리가 지나갈 때 그들은 입을 다물었다. 그리고 우리 뒤에서 대화는 다시 시작되었다. 앵무새들이 소리죽여 재잘거리는 것 같았다. 작은 건물의 문 앞에서 원장은 나를 두고 떠났다.

"난 이제 그만 가보아야겠소, 뫼르소 씨. 난 사무실에서 항상 대기하고 있소. 원칙적으로 장례식은 아침 열시에 치릅니다. 그래야 당신이 고인 곁에서 밤샘을 할 수 있을 테니까요. 마지막으로 한 마디 하자면, 당신 어머니께서는 친구들에게 종교적으로 장례를 치루고 싶다는 말을 자주 내비친 모양입니다. 필요한 준비는 다 해 두었소. 그래도 당신에게 미리 알려드리고 싶소."

나는 그에게 감사했다. 엄마는 무신론자는 아니었지만, 살아생전에 종교에 대해서 생각한 적은 한 번도 없었다.

나는 안으로 들어갔다. 석회로 하얗게 칠해져 있고, 채광창이 달린 아주 밝은 방이었다. 방에는 의자들과 X자 모양의 받침대들이 갖추어져 있었다. 그것들 중, 중앙에 두 개가 뚜껑이 덮인 관을 지탱하고 있었다. 호두 기름이

칠해진 관 뚜껑에는 완전히 박혀있지 않은 나사들만이 빛나고 있었다. 관 옆에는 흰 간호복을 입고, 머리에는 선명한 색의 스카프를 두른 아랍인 간호사가 서 있었다.

그때 수위가 내 등 뒤로 들어왔다. 아마 뛰어온 모양이었다. 그는 약간 말을 더듬었다.

"관 뚜껑을 덮었습니다만, 어머님을 볼 수 있도록 관의 나사를 풀어야겠군요."

그가 관 가까이에 갔을 때, 나는 말렸다. 그가 나에게 말했다.

"원하지 않으십니까?"

"그렇습니다."하고 대답했다.

그는 말을 멈추었고, 나는 그런 말을 할 필요가 있었을까 싶어져서 불편했다. 잠시 후에 그는 나를 쳐다보면서 물었다.

"왜죠?"

비난을 하려는 것이 아니라 이유나 알아보려는 것 같았다. 나는 말했다.

"이유는 없습니다."

그러자 그는 자신의 흰 수염을 만지작거리며, 나를 쳐다보지도 않고 단호하게 말했다.

"알겠습니다."

맑고 푸른 선한 눈을 가진 그는 얼굴을 살짝 붉혔다. 나에게 의자를 하나 권하고는 자기도 내 뒤에 조금 떨어져 앉았다. 간호사가 일어나 출구로 걸어갔다. 그때 수위가 나에게 말했다.

"저 사람은 피부궤양이 생겨서 저렇답니다."

나는 이해를 하지 못했기 때문에 간호사를 쳐다보았고, 그녀가 눈 아래에 머리를 빙 둘러 붕대를 감고 있는 것을 보았다. 코가 있는 곳에는 붕대가 편편했다. 그녀의 얼굴에는 붕대의 흰빛만이 보일 뿐이었다. 그녀가 떠났을 때 수위가 말했다.

"혼자 있게 해 드리겠습니다."

내가 어떤 행동을 취했는지 모르지만, 그는 내 뒤에 서 있었다. 내 등 뒤에 있는 그가 나를 거북하게 했다. 오후가 끝나갈 무렵의 방은 아름다운 빛으로 가득 찼다. 무늬말벌 두 마리가 창에 붙어 붕붕거렸다. 그리고 나는 졸음이 엄습해오는 것을 느꼈다. 나는 수위 쪽으로 몸을 돌리지 않고 말했다.

"이곳에 계신지 오래되셨습니까?"

그는 곧바로 대답했다.

"5년 됐습니다."

마치 오래 전부터 내가 그렇게 물어주기를 기다렸다는 듯이. 그리고 나서 그는 말이 아주 많아졌다. 그가 마랑고의 양로원에서 수위로 생을 마치게 될 거라고 누가 말했더라면 아마 그는 아연실색했을 것이다. 그는 예순 네 살이고 파리 태생이었다. 그 순간 나는 그의 말을 가로막았다.

"아! 이 고장 분이 아니시군요?"

그제야 나를 원장실로 안내하기 전에 그가 나에게 엄마에 대해 말한 게 떠올랐다. 그는 특히 이 나라에서 벌판은 날씨가 덥기 때문에 엄마를 빨리 묻어야 한다고 말했다. 자기가 파리에 살았었고, 그곳을 잊는 게 어려웠다는 것을 나에게 알려준 것도 그때였다. 파리에서는 사흘, 가끔은 나흘까지 시신과 함께 하기도 하지만, 여기에서는 그럴 시간이 없어서, 죽음을 실감할 겨를도 없이 벌써 운구차의 뒤를 좇아가야 한다는 것이었다. 그때 그의 아내가 말했다.

"입 다물어요. 그런 건 이분께 할 이야기가 아니에요."

영감은 얼굴을 붉히고는 사과를 했다. 나는 끼어들어 말했다.

"아니에요. 전혀 아닙니다."

나는 그가 말한 것이 일리가 있고 흥미롭다고 생각했다,

작은 영안실에서, 그는 자기가 극빈자여서 양로원에 오게 되었다고 말했다. 그는 자신이 정정하다고 느꼈기 때문에 이곳의 수위 자리를 자청했다고 한다. 나는 그에게 그도 결국 한 사람의 재원자이지 않느냐고 물었다. 그는 나에게 아니라고 말했다. 나는 이미 그가 몇몇 그보다 나이가 많지 않은 재원자들에 대해서 말하면서 '그들', '다른 사람들' 그리고 가끔이지만 '늙은이들'이라고 지칭하는 것을 듣고 놀랐다. 그러나 그들이 서로 같지 않다는 것은 당연하긴 하다. 그는 수위였고 어느 정도는 그들에 대한 권한도 가지고 있을 법했다.

그 순간 간호사가 들어왔다. 순식간에 해가 떨어졌다. 아주 빨리, 채광창 위로 어둠이 깔리기 시작했다. 수위가 스위치를 켰고, 나는 갑작스럽게 쏟아지는 빛으로 눈이 부셔 아무것도 볼 수 없었다. 그는 저녁을 먹으러 구내식당으로 갈 것을 나에게 권했다. 그렇지만 나는 배가 고프지 않았다. 그러자 그는 카페오레 한 잔을 가져다주겠다고 했다. 나는 카페오레를 아주 좋아하기 때문에 그 제의를 받아들였고, 그는 조금 후에 커피가 담긴 쟁반을 들고 왔다. 나는 마셨다. 그때 담배가 피우고 싶어졌다. 그러나 엄마 앞에서 담배를 피워도 되는지 알 수 없었기에 망설였다. 나는 깊이 생각했다. 그건 전혀 중요하지 않았다. 나는 수위에게 담배 한 대를 권했고, 우리는 담배를 피웠다.

어느 순간 그가 나에게 말했다.

"아시다시피, 모친의 친구분들도 밤샘을 하러 오실 겁니다. 관례지요. 저는 의자와 블랙커피를 가지러 가봐야겠어요."

나는 그에게 전등 중에 하나를 끌 수 있는지 물었다. 흰 벽에서 반사되는 강렬한 불빛으로 나는 무척 힘들었기 때문이다. 그는 그건 불가능하다고 말했다. 전기 가설이 그렇게 되어 있어서, 불을 전부 켜든지 아니면 다 끄든지 해야 한다는 것이었다. 나는 이제 더 이상 그에게 관심을 기울이지 않았다. 그는 나갔다가 다시 돌아와서 의자들을 배치하였다. 한 의자 위에 커피포트를 올려두고, 그 주위에 찻잔을 포개두었다. 그러고 나서 그는 엄마의 시신을 사이에 두고 내 맞은편에 앉았다. 간호사 또한 방 안쪽에 있었지만 나를 등지고 있었다. 나는 그녀가 뭘 하고 있는지를 볼 수 없었다. 그러나 팔의 움직임으로 보아 뜨개질을 하고 있다는 느낌이 들었다. 날씨는 온화했고, 커피를 마셔 몸도 따듯해졌다. 열려진 문으로 꽃향기가 밤공기를 타고 들어왔다. 내가 약간 졸았던 것 같다.

나를 깨운 것은 바스락거리는 소리였다. 눈을 감고 있었기에 방이 훨씬 더 흰빛으로 환한 것 같았다. 내 앞에는 그림자 하나 없었다. 사물 하나하나가, 각진 모퉁이 하나하나가, 모든 곡선이 눈에 선명하게 모습을 드러냈다. 엄마의 친구들이 들어온 것은 그때였다. 그들은 모두 열 명쯤 되었고 이 눈부신 빛 속으로 조용히 미끄러져 들어왔다. 그들은 의자 삐걱거리는 소리 하나 내지 않고 앉았다. 나는 지금껏 한 번도 사람을 본 적이 없는 것처럼 그들을 바라보았다. 그들의 얼굴은 물론 옷의 세세한 부분까지 하나도 놓치지 않았다. 그러나 나는 그들이 말하는 것을 듣지 못했다. 그들이 이곳에 있음을 겨우 느낄 뿐이었다. 거의 모든 여자들은 앞치마를 입고 있었고, 허리에 묶은 허리띠로 인해 그들의 처진 배는 더 튀어나와 보였다. 나는 늙은 여자들이 어느 정도까지 배가 나올 수 있는지를 여태까지 한 번도 눈여겨본 적이 없었다. 남자들은 거의 다들 매우 야위었고 지팡이를 짚고 있었다. 그들의 얼굴을 보면서 내가 놀라워한 것은 눈은 보이지 않고, 단지 주름투성이 한가운데 광채 없는 희미한 빛만이 보인다는 것이었다. 자리에 앉은 그들은 대부분 나를 쳐다보면서 어색하게 머리를 끄덕였다. 거의 모두가 이가 빠져버린 입속으로 입술이 말려들어가 있어서, 그들이 나에게 인사를 건네는 것인지 아니면 안면 경련으로 움질움질하는 것인지 알 수 없었다. 아마 내게 인사를 건넸을 것으로 믿는다. 그들이 내 맞은편의 수위 주위에 앉아 고개를 끄덕이고 있다는 것을 알아차린 것은 그때였다. 한 순간 나는 그들이 나를 심판하기 위해서 여기에 모여 있는 것이 아닌가 하는 우스꽝스러운 생각에 사로잡혔다.

얼마 후에 여자들 중의 한 명이 울기 시작했다. 그녀는 두 번째 줄에 있었는데 자기 동료들 중의 한 명에게 가려져서 잘 보이지 않았다. 그녀는 숨죽여 규칙적으로 훌쩍훌쩍 흐느꼈다. 결코 멈추지 않을 것처럼 보였다. 다른 사람들은 그녀가 훌쩍거리는 소리가 들리지 않는 모양이었다. 그들은 침울했다. 모두 맥없이 조용하게 있었다. 그들은 관이나 지팡이나 혹은 아무것이나 쳐다보았지만, 오직 그것 하나만 쳐다보았다. 그녀는 계속해서 울었다. 나는 그녀를 몰랐기 때문에 매우 놀랐다. 나는 그녀의 울음소리를 더 이상 듣지 않았으면 했다. 그렇지만 그녀에게 그 말을 감히 할 수 없었다. 수위가 그녀 쪽으로 몸을 기울여 그녀에게 말을 했지만, 그녀는 머리를 저어면서 알아들을 수 없게 무언가를 중얼거리고는 똑같이 울기를 반복했다. 그때 수위가 내 쪽으로 다가왔다. 내 가까이에 앉았다. 한참 시간이 흐른 뒤에 그는 나를 바라보지도 않고 알려 주었다.

"저분은 모친과 친분이 아주 두터웠습니다. 모친께서 여기서 유일한 친구였는데 이제는 아무도 없다고 하는군요."

우리는 그렇게 한참 동안 말없이 앉아 있었다. 그 여자의 한숨과 흐느낌이 이젠 뜸해졌다. 그녀는 코를 많이 훌쩍거렸다. 마침내 그녀가 잠잠해졌다. 나는 더 이상 잠은 오지 않았지만 피곤했고, 허리가 아팠다. 지금 나를 고통스럽게 하는 것은 여기에 있는 모든 사람들의 침묵이었다. 때때로 기이한 소리를 듣기도 했지만 그것이 무엇인지는 알 수 없었다. 마침내 나는 늙은이들 중 몇몇이 볼 안쪽을 빨아서 이 기이한 쩝쩝거리는 소리를 내고 있다는 것을 알아차렸다. 그들은 모두 자신들의 생각에 너무 빠져 있어서 그걸 깨닫지 못했다. 나는 그들 한가운데 누워있는 이 죽은 여인도 그들에게는 아무런 의미도 없겠다는 인상마저 받았다. 그러나 지금 생각해보면 그것은 잘못된 인상이었다고 생각한다.

우리 모두는 수위가 따라준 커피를 마셨다. 그 이후는 어찌 되었는지 모르겠다. 밤이 지나갔다. 나는 한 순간 눈을 떴다. 지팡이를 움켜쥔 손등에 턱을 괴고서 내가 깨어나기만을 기다린 것처럼 나를 뚫어지게 쳐다보고 있는 단 한 명을 제외하고는 늙은이들이 쭈그린 채 잠을 자고 있는 것을 보았다. 그리고 나서 나는 또다시 잠이 들었다. 나는 점점 더 허리가 아팠다. 잠에서 깼다. 채광창으로부터 하루가 미끄러지듯 시작되었다. 잠시 후 늙은이들 중의 한 명이 깨어났다. 엄청 심하게 기침을 했다. 그는 체크무늬가 있는 큰 손수건에 가래를 뱉어댔다. 그럴 때마다 뿌리를 뽑는 것 같이 용을 썼다. 그는 다른 사람들을 모두 깨웠고, 수위는 그들이 가야 할 시간이라고 말했다. 그들은 모두 일어났다. 이 불편한 밤샘으로 그들은 모두 얼굴이 잿빛이 되었다. 그들은 나가면서, 엄청 놀랍게도 모두 내게 악수를 청했다. 우리가 단 한 마디도 나누지 않은 이 밤 동안에 친밀감이 생기기라도 한 것처럼 말이다.

나는 피곤했다. 수위는 나를 자기의 집으로 데리고 갔고, 나는 대충 씻을 수 있었다. 나는 다시 카페오레를 마셨다. 아주 맛있었다. 내가 나왔을 때, 날이 완전히 밝았다. 바다와 마랑고를 가르는 언덕 위로 하늘은 붉은빛으로 물들어 있었다. 언덕 위로 부는 바람에 실려 온 소금 냄새가 여기까지 났다. 아름다운 하루가 시작되려는 참이었다. 나는 시골에 나와 본 지가 너무 오래 되어서, 엄마의 일만 아니었더라면 산책을 하면서 엄청 큰 기쁨을 맛볼 수 있을 텐데 하는 생각이 들었다.

나는 안뜰 플라타너스 아래에서 기다리면서 싱그러운 땅의 향기를 들이마셨다. 더 이상 졸음은 오지 않았다. 사무실의 동료들을 생각했다. 이 시간에 그들은 일을 하러 가기 위해서 일어났을 것이다. 나에게는 항상 가장 힘든 시간이었다. 나는 그런 것들에 대해 좀 더 생각에 잠겨있었는데, 건물 안에서 울려 퍼지는 종소리로 인해 주의가 산만해져 버렸다. 창문 너머에 소란스러운 움직임이 있은 뒤 모든 것이 조용해졌다. 태양이 하늘에 좀 더 높이 떠올랐다. 태양이 내 발을 덥히기 시작했다. 수위가 안뜰을 가로질러 와서는 원장이 나를 찾는다고 했다. 나는 그의 사무실로 갔다. 그는 나에게 몇 장의 서류에 사인을 하도록 했다. 그가 줄무늬가 있는 바지에 검은 옷을 입고 있는 것을 보았다. 그는 손에 전화기를 쥐고서 나를 불렀다.

"장의사 직원들이 조금 전부터 여기에 와 있어요. 그들에게 관을 봉하라고 하려고 합니다. 그 전에 마지막으로 당신의 어머니를 뵙기를 원하십니까?"

나는 아니라고 말했다. 그는 목소리를 낮추면서 전화기에 대고 지시를 했다.

"피자크, 일을 진행해도 된다고 사람들에게 말하게."

그리고 나서, 그는 자신이 장례식에 참석할 것이라고 말했다. 나는 그에게 고맙다고 말했다. 그는 자신의 책상 뒤에 앉고서는 짧은 다리를 꼬았다. 그는 나에게 담당 간호사 외에, 그와 나만이 참석할 거라고 일러주었다. 원칙적으로 재원자들은 장례식에 참석하지 못하게 되어 있었다. 그는 그들이 밤샘만은 할 수 있도록 해 주었다.

"인정의 문제이니까요."하고 그가 말했다. 그러나 이번에는 엄마의 오랜 친구인 '토마 페레' 씨가 운구행렬을 따르는 것을 허가해 주었다. 여기서 원장은 미소를 지었다. 그는 나에게 말했다.

"이해하시겠지만, 이건 약간 유치한 감정이지요. 그러나 그분과 당신 어머니는 거의 떨어지지 않았어요. 양로원에서 사람들이 놀리면서 페레에게 말했지요. '이분 당신 약혼녀지요.' 그러면 그는 웃었습니다. 그게 그들을 기쁘게 했지요. 그래서 그는 뫼르소 부인의 죽음에 큰 충격을 받았어요. 나는 그에게 허가를 거절하지 않으면 안 된다고 생각하지는 않았어요. 그렇지만 왕진의사의 충고에 따라서 어제의 밤샘은 금지했답니다."

우리는 꽤 오랫동안 서로 말이 없었다. 원장은 일어나 그의 사무실 창문 밖을 내다보았다. 한 동안 주의 깊게 지켜보고는 그가 말했다.

"마랑고의 사제님이 벌써 오셨군요. 일찍 오셨네요."

그는 나에게 바로 그 마을에 있는 교회에 가려면 걸어서 적어도 사십오 분은 걸린다고 미리 알려주었다. 우리는 아래로 내려갔다. 건물 앞에 주임 사제와 성가대 아이 두 명이 있었다. 그들 중의 한 명은 향로를 들고 있었고, 사제는 은사슬의 길이를 조절하느라 그 아이 쪽으로 몸을 굽히고 있었다. 우리가 다가가자, 사제가 굽힌 허리를 세웠다. 그는 나를 '형제님'[3]이라고

3_ 프랑스에서 사제가 남자 신도를 일반적으로 부르는 호칭은 '몽 피스(mon fils)'이다. 이 말은 글자 그대로의 의미로 '나의 아들'을 뜻하지만 우리나라에서는 '형제님'이라

부르며, 나에게 몇 마디 말을 했다. 그는 안으로 들어갔고, 나는 그의 뒤를 따랐다.

나는, 관의 나사못이 박혀 있고 검은 옷을 입은 네 명의 남자가 방안에 있다는 것을 한 눈에 알아보았다. 영구마차가 길에서 기다리고 있다고 원장이 내게 하는 말과 동시에 기도를 시작하는 신부의 목소리가 들렸다. 그 순간부터 모든 것이 아주 빨리 진행되었다. 남자들이 관을 덮는 천을 들고 관을 향해 나아갔다. 신부와 그의 수행 시동, 그리고 원장과 나는 밖으로 나왔다. 문 앞에 내가 모르는 한 여인이 있었다.

"뫼르소 씨입니다."하고 원장이 말했다. 나는 그 여인의 이름을 듣지 못했고, 단지 그녀가 담당 간호사라는 것만 이해했다. 그녀는 웃는 기색도 없이, 뼈가 앙상한 길쭉한 얼굴을 숙여 인사를 했다. 그리고 우리는 관이 지나갈 수 있도록 줄지어 늘어섰다. 우리는 관을 운구하는 사람들의 뒤를 따라 양로원을 나섰다. 문 앞에 영구마차가 기다리고 있었다. 그 마차는 모양이 길쭉한 데다 니스칠을 해서 윤이 나는 모양이 장방형의 필통을 연상케 했다. 그 옆에는 호상차지(護喪次知)[4]로서 우스꽝스러운 옷을 입은 작은 남자와, 남의 옷을 빌려 입은 듯 어색한 외양을 한 노인이 한 분 있었다. 나는 이분이 페레 씨라는 것을 알아차렸다. 그는 앞부분이 둥글고 챙이 넓은 부드러운 펠트 모자를 썼고(관이 문을 지나갈 때 그는 모자를 벗었다), 바지가 구두 위로 돌돌 말려있는 차림에다, 흰 셔츠의 큰 칼라에 비해 너무 작은 검정 넥타이를 매고 있었다. 검은 점들이 다닥다닥 박힌 코 밑에서 그의

고 부른다<역주>.

4_ 호상차지(護喪次知)는 초상(初喪) 치르는 데에 관한 온갖 일을 책임지고 맡아 보살피는 사람으로 호상(護喪)이라고도 함<역주>.

입술은 떨리고 있었다. 아주 가냘픈 그의 흰 머리카락은 축 늘어져 언저리가 못생긴 이상한 귀 밑으로 흘러내리고 있었다. 창백한 얼굴에 핏빛처럼 붉은 그 귀가 유별나게 내 눈길을 사로잡았다. 호상(護喪)이 우리에게 자리를 정해주었다. 사제가 맨 앞에서 걸었고, 그 뒤를 영구마차가 따랐다. 그 주위에 네 명의 남자, 그 뒤에 원장과 나, 그리고 행렬의 후미에 담당 간호사와 페레 씨가 뒤따랐다.

하늘은 이미 햇빛으로 가득했다. 햇빛이 땅위로 내려 쬐이고, 열기가 급속도로 올라왔다. 왠지는 모르지만 우리는 길은 떠나기 전에 오랫동안 기다렸다. 나는 어두운 색의 옷을 입고 있어서 더웠다. 키 작은 노인은 모자를 다시 쓰고 있다가 또다시 모자를 벗었다. 나는 그 쪽으로 약간 고개를 돌리고서는 그를 쳐다보았다. 그때 원장이 내게 그에 대한 이야기를 했다. 어머니와 페레 씨가 종종 간호사를 동반하고는 저녁에 마을까지 산책을 가곤했다고 했다. 나는 주위의 벌판을 바라보았다. 하늘에 맞닿을 듯 언덕을 따라 일렬로 서 있는 키프로스나무들, 적갈색과 초록색의 대지 그리고 잘 그린 것 같이 드문드문 흩어져 있는 집들을 보면서 나는 엄마의 마음이 어땠을지 이해할 수 있었다. 이 고장에서의 저녁은 우수에 잠긴 휴식 시간과도 같았으리라. 오늘, 이글거림으로 넘쳐나는 태양은 풍경을 전율케 하면서 비인간적이고도 적막한 분위기를 자아내고 있었다.

우리는 걷기 시작했다. 그때 페레 씨가 다리를 약간 절뚝거린다는 것을 알았다. 영구마차는 점점 속도를 냈고, 이 노인은 뒤로 쳐졌다. 영구마차 곁을 따라가던 남자들 중에 한 명도 뒤로 쳐져서 지금은 나와 나란히 걷고 있었다. 나는 태양이 그렇게 빨리 하늘로 솟아오르는 것을 보고 놀랐다. 벌써 오래전부터 벌판에서 윙윙거리는 벌레 소리와 타닥타닥 튀는 풀 소리가 난다는 것을 알아차렸다. 땀이 뺨을 타고 흘러내렸다. 나는 모자가 없었으므로 손수건으로 부채질을 했다. 그때 장의사 인부가 무어라고 말을 했는데 나는 잘 듣지 못했다. 동시에 그 인부는 오른손으로 모자 차양을 들어 올리면서 왼손에 쥐고 있던 손수건으로 머리의 땀을 닦았다. 나는 그에게 물었다.

"뭐라고요?"

그는 하늘을 가리키며 반복해서 말했다.

"찌는 날씨입니다!"

"그러네요."하고 나는 말했다.

잠시 뒤에 그가 물었다.

"저분이 댁의 어머니신가요?"

나는 또 "그렇습니다."하고 말했다.

"연세가 많으셨습니까?"

"그런 편이지요."

나는 정확한 나이를 몰라서 그렇게 대답했다. 그 이후로 그는 입을 다물었다. 뒤를 돌아보니, 페레 노인이 약 50미터쯤 뒤에서 따라오고 있는 것이 보였다. 그는 손에 든 펠트 모자를 흔들어 대며 걸음을 재촉하고 있었다. 나는 원장도 쳐다보았다. 그는 필요 없는 몸짓은 전혀 하지 않고 아주 점잖게 걷고 있었다. 이마에 땀방울이 좀 맺혀 있었지만 그는 닦으려 하지 않았다.

내가 보기엔 행렬의 걸음이 좀 더 빨라진 것 같았다. 주위에는 햇빛을 잔뜩 머금고서 빛나는 벌판이 한결같이 이어졌다. 하늘에서 쏟아지는 햇빛은 견딜 수가 없을 지경이었다. 그러자 우리는 최근에 새로 포장된 도로로 들어섰다. 햇볕으로 아스팔트가 갈라 터져 있었다. 발이 그 속에 빠지면서 타르의 번쩍거리는 속살이 그대로 열어젖혀졌다. 영구마차 위로 보이는 마부의 가죽모자는 이 검은 역청을 짓이겨 만든 것같이 보였다. 푸르고 흰 하늘과 드러난 타르의 끈적끈적한 검은 빛깔, 상복들의 음울한 검은 빛깔, 래커칠한 영구마차의 검은 빛깔 등과 같은 빛깔들의 단조로움 사이에서 나는 약간 정신이 멍해졌다. 햇빛, 영구마차에서 나는 가죽과 말똥 냄새, 니스칠 냄새와 향냄새, 잠을 이루지 못한 밤의 피곤함, 이 모든 것이 나의 시선과 생각을 어지럽게 했다. 나는 다시 한 번 더 뒤를 돌아보았다. 페레는 무더운 열기 덩어리 속으로 사라졌다가 아득히 멀리 보이더니, 이제는 더 이상 보이지 않았다. 눈을 사방으로 돌려 찾아보니, 그가 도로를 벗어나 들판을 가로질러 가는 것이 보였다. 나는 내 앞에서 도로가 굽어져 있다는 것을 확인했다. 나는 이 지방을 잘 아는 페레가 우리를 다시 따라잡기 위해 지름길로 접어든 것임을 알아차렸다. 굽어진 길모퉁이에 이르자 그는 우리를 따라잡았다. 그러고는 우리의 시야에서 또 사라졌다. 그는 다시 들판을 가로질러 갔고, 그러기를 여러 차례 반복했다. 나는 관자놀이에서 피가 뛰는 것을 느꼈다.

그 이후는 모든 것이 엄청 신속하고 확실하게, 또 자연스럽게 지나갔기 때문에 더 이상 아무것도 기억나지 않는다. 다만 한 가지 기억나는 것은 마을 입구에서 담당 간호사가 나에게 말을 한 것이다. 그녀는 얼굴과는 어울리지 않게 야릇하면서도 매끄럽고 떨리는 목소리를 가지고 있었다. 그녀가 나에게 말했다.

"천천히 가면 더위를 먹을 위험이 있어요. 그렇다고 너무 빨리 가면, 땀투성이가 되어 교회 안에서는 오한이 듭니다."

그 말이 옳았다. 달리 빠져나갈 방법이 없었다. 아직도 나는 이날의 몇몇 장면들을 기억하고 있다. 예컨대 마을 가까이에서 우리를 마지막으로 따라잡았을 때 페레의 그 얼굴. 흥분과 고통으로 굵은 눈물방울이 그의 뺨 위로 흘러넘쳤다. 그러나 주름살 때문에 더 이상 흘러내리지는 않았다. 눈물방울은 나뉘어졌다가 다시 모였다가 하면서, 일그러진 그의 얼굴 위에서 번들거리고 있었다. 그리고 또 성당, 보도 위에 서 있던 마을 사람들, 묘지 위의 붉은 제라늄 꽃들, 페레의 기절(마치 사지가 탈구된 꼭두각시 같았다), 엄마의 관 위로 뿌려지던 피처럼 붉디붉던 흙, 그 속에 섞이던 풀뿌리들의 하얀 속살, 또 사람들, 목소리들, 마을, 어느 카페 앞에서의 기다림, 모터의 끊임 없는 부르릉거림, 그리고 버스가 알제의 빛의 둥지 속으로 들어섰을 때의, 그리하여 이제는 드러누워 열두 시간 동안 실컷 잘 수 있겠구나 하는 생각이 들었을 때의 나의 기쁨 등을 기억한다.

II

잠에서 깨어나자, 이틀의 휴가를 신청했을 때 왜 사장이 못마땅한 기색을 보였는지가 이해되었다. 오늘이 바로 토요일이기 때문이었다. 사실 나는 그걸 잊고 있었지만 일어나면서 그 생각이 불현듯 떠올랐다. 사장은 아주 당연하게도 일요일까지 해서 이렇게 나흘 동안의 휴가를 내가 갖게 될 것이라고 생각했을 테니, 그 사실이 그를 기쁘게 할 리 만무했다. 그러나 한편으로 엄마의 장례식을 오늘 치르지 않고 어제 치른 것은 내 잘못이 아니며, 또 다른 한편으로 어쨌든 나는 토요일과 일요일은 쉬었을 것이다. 물론, 그렇다고 해서 사장의 마음을 이해할 수 없는 것도 아니다.

어제 하루가 피곤했기 때문에 일어나기가 무척 힘들었다. 면도를 하면서 오늘 무엇을 할까하고 생각하다가 수영을 하러 가기로 마음먹었다. 나는 전차를 타고 항구의 해수욕장으로 갔다. 그곳에서 나는 곧장 바닷물 속으로 뛰어들었다. 많은 젊은이들이 있었다. 물속에서 나는 마리 카르도나를 만났다. 이전에 그녀는 내가 일했던 사무실에서 타이피스트로 있었다. 그 당시 나는 그녀에게 마음이 끌렸었다. 그녀 또한 그랬다고 생각한다. 그러나 얼마 지나지 않아 그녀가 회사를 떠나는 바람에, 우리에게는 만날 기회가 없었다. 나는 그녀가 부표 위로 기어오르는 것을 도와주었다. 이 과정에 그녀의 젖가슴을 가볍게 건드리기도 했다. 나는 아직 물속에 있는데 그녀는 벌써 부표 위에 배를 깔고 엎드려 있었다. 그녀가 내 쪽으로 몸을 돌렸다. 눈 밑으로 머리카락을 흩어 내린 채 그녀는 계속 웃었다. 나는 부표 위의 그녀 곁으로 기어 올라갔다. 기분이 좋았다. 장난을 치는 척하면서 머리를 뒤로 젖혀, 그녀의 배를 베고 누웠다. 그녀가 아무 말도 하지 않기에 나는 계속 그렇게 있었다. 온 하늘이 눈에 들어왔다. 하늘은 푸른빛과 황금빛이었다. 나는 목덜미 밑에서 마리의 배가 천천히 오르내리는 것을 느꼈다. 우리는 반쯤 잠이 든 채로 오랫동안 부표 위에 그렇게 있었다. 햇볕이 너무 강해지자, 마리는 물속으로 뛰어들었고 나는 그녀의 뒤를 따랐다. 나는 그녀를 따라잡고서는, 허리에 손을 두르고 함께 헤엄을 쳤다. 그녀는 항상 웃었다. 둑에서 몸을 말리는 동안 그녀가 내게 말했다.

"당신보다도 내가 더 탄 것 같아요."

나는 그녀에게 저녁에 함께 영화 보러가지 않겠느냐고 물었다. 그녀는 또 다시 웃음을 터뜨리면서 페르낭델[5]이 나오는 영화를 보고 싶다고 말했다. 우리가 다시 옷을 입었을 때, 마리는 검은색 넥타이를 매고 있는 나를 보고 매우 놀라는 표정을 지으면서, 내가 상중인지를 물었다. 나는 엄마가 돌아가셨다고 말했다. 그녀는 언제부터였는지 물었고, 나는 "어제부터."라고 대답했다. 그녀는 약간 움칫했지만 어떤 말도 하지 않았다. 나는 그녀에게 그건 내 잘못이 아니라고 말하고 싶었지만, 그 말은 이미 사장에게 했다는 생각이 떠올랐기 때문에 그만두었다. 그건 아무 의미도 없었다. 어쨌든 누구에게나 항상 약간의 잘못은 있는 법이다.

저녁때가 되자 마리는 모든 일을 잊어 버렸다. 영화는 때로는 우스꽝스러웠지만 진짜 너무 터무니없었다. 마리는 자신의 다리를 내 다리에 기대고 있었다. 나는 그녀의 젖가슴을 어루만졌다. 영화가 끝나갈 무렵 나는 그녀에게 키스를 했지만 잘 되지 않았다. 영화관을 나와 그녀는 내 집으로 왔다.

5_ 페르낭델[Fernandel 1903~1971, 본명은 페르낭 조셉 데지레 콩탕뎅(Fernand Joseph Désiré Contandin)]은 샹송가수, 만담가를 거쳐 영화계에 진출한 프랑스 희극 배우의 전설이다<역주>.

내가 잠에서 깨어났을 때, 마리는 떠나고 없었다. 그녀는 친척 아주머니 집에 가야한다고 내게 얘기했었다. 오늘이 일요일이라는 생각이 들자 나는 따분해졌다. 나는 일요일을 좋아하지 않기 때문이다. 그래서 나는 다시 침대로 돌아가 긴 베개에 마리가 남긴 머리카락의 소금 냄새를 쫓다가 열 시까지 자버렸다. 그러고는 담배를 피워대면서 정오까지 그대로 누워있었다. 나는 평소처럼 셀레스트네 식당에서 점심을 먹고 싶지 않았다. 그들은 분명 나에게 이것저것 질문을 할 것이다. 나는 그것이 싫었다. 나는 계란 프라이를 했다. 빵도 없이 접시에다 입을 대고 먹어 버렸다. 빵이 떨어졌지만 사러 내려가기가 싫었다.

점심 식사 후에 나는 조금 지루했다. 아파트 안에서 이리저리 왔다갔다 어슬렁거렸다. 엄마가 계실 때는 둘이 살기에 적합한 아파트였다. 그러나 지금은 나 혼자 쓰기에는 너무 커서 식당의 탁자를 내 방으로 들여놓을 수밖에 없었다. 나는 이제 약간 내려앉은 밀짚의자들, 거울이 누레진 장롱과 화장대 그리고 동판침대만 두고서 이 방에서 생활하고 있다. 나머지는 되는 대로 방치되어 있다. 잠시 후 무엇이라도 해야겠기에 오래된 신문을 한 장 집어 읽었다. 나는 거기에 실린 크뤼센 소금 광고를 오려서, 신문에서 재미있는 기사들을 모아 두는 낡은 공책에다 붙였다. 그런 다음 나는 손을 씻고는 마침내 발코니로 나왔다.

내 방은 교외의 한길로 향해 있다. 오후의 날씨는 화창했다. 그러나 보도는 끈적끈적했고, 드문드문 있는 행인들은 바쁜 걸음을 재촉했다. 산책을 가는 가족들이 먼저 보였다. 두 어린 소년은 무릎아래까지 내려오는 반바지에 세일러복을 입고는 주름진 옷에 약간 당혹스러워하고 있었고, 어린 소녀는 장밋빛 큰 리본을 달고 검은색 에나멜 구두를 신고 있었다. 그들 뒤로 밤색 비단옷 차림을 한 거구의 어머니와 키가 작고 꽤 홀쭉한, 나도 얼굴을 알고 있는 아버지가 따라가고 있었다. 그는 둥글고 납작한 밀짚모자를 쓰고, 까만 나비넥타이를 메고, 손에 지팡이를 짚고 있었다. 그의 아내와 함께 있는 그를 보면서, 나는 왜 동네 사람들이 그를 두고 존경스럽다고 말하는지 이해가 갔다. 조금 후에, 머리에 기름을 바르고, 빨간 넥타이를 매고, 수가 놓아진 장식 손수건을 꽂고, 허리가 꽉 끼이는 양복 윗도리를 입고, 코가 네모난 구두를 신은 교외의 젊은이들이 지나갔다. 나는 그들이 시내로 영화 구경을 가는 길임을 짐작할 수 있었다. 그래서 그들은 이렇게 일찍 출발했고, 아주 큰 소리로 웃어대면서 전차를 타기 위해 서둘러 가고 있는 것이다.

그들이 지나간 뒤로 거리는 점점 인적이 뜸해졌다. 나는 도처에서 영화 상연이 시작되었다는 생각이 들었다. 이제 거리에는 상점을 지키는 주인들과 고양이들 외에는 아무것도 보이지 않았다. 거리를 따라 뻗어있는 무화과나무 위로 하늘은 맑았지만 강렬한 햇살이 비치지는 않았다. 맞은 편 보도에는 담배 가게 주인이 의자를 끌고 나와 문 앞에 자리를 잡고는, 등받이 위에 두 팔을 괸 채 의자에 걸터앉아 있었다. 바로 전에 미어터질 듯 만원이었던 전차는 거의 비어있었다. 담배 가게 옆의 조그만 카페 「피에로의 집」에서는 종업원이 텅 빈 가게 안에서 톱밥 부스러기를 비로 쓸고 있었다. 그야말로 일요일이었다.

나는 내 의자를 돌려 담배 가게 주인의 의자처럼 놓았다. 그것이 더 안락해 보였기 때문이다. 나는 담배 두 개비를 피고는 초콜릿 한 조각을 가지러 다시 들어갔다가, 창가에서 그것을 먹으려고 다시 돌아왔다. 얼마 안 있어 하늘이 어두침침해지기 시작했다. 나는 여름 소나기가 오려나 보다 하고 생각했다. 그러나 하늘이 조금씩 맑아졌다. 하지만 큰 구름 덩어리가 거리 위를 지나가면서 비의 징조마냥 사방을 더욱 어두컴컴하게 만들었다. 나는 오랫동안 하늘을 쳐다보고 있었다.

다섯 시가 되자 전차들이 소리를 내며 도착했다. 교외의 경기장으로부터 발판과 난간 위에까지 올라 앉아 있는 관람객 무리들이 실려 왔다. 이어서 들어온 전차들에는 운동선수들이 타고 있었는데, 나는 그들이 운동선수라는 것을 그들의 작은 가방만으로도 알아볼 수 있었다. 그들은 자신들의 클럽이 지지 않을 거라고 고함을 지르고 목청이 터져라 노래를 불렀다. 몇몇은 나에게 손을 흔들었다. 그중 한 명은 나에게 소리까지 쳤다.

"우리가 이겼어요."

그래서 나는 머리를 끄덕여 "알겠다."라고 했다. 그때부터 자동차들이 몰려들기 시작했다.

날이 조금 더 저물었다. 지붕 위로 하늘이 불그스름해지면서 저녁이 시작되자 거리는 활기를 찾았다. 산책 나갔던 사람들이 차츰 돌아오고 있었다. 나는 사람들 가운데에서 그 존경스러운 가장도 알아봤다. 아이들은 울거나 질질 끌려가고 있었다. 곧이어, 동네 영화관들에서 관람객들이 밀물같이 거리로 쏟아져 나왔다. 그들 중 젊은이들은 보통 때보다 더 결연한 몸짓을 하고 있는 것이 보였다. 나는 그들이 액션 영화를 보고 나오는구나 하고 생각했다. 시내의 영화관에서 돌아온 이들은 조금 늦게 도착했다. 그들은 한결 심각해 보였다. 여전히 웃고 있었지만, 가끔씩 피곤해 보였고 뭔가를 생각하는 것처럼 보였다. 그들은 맞은 편 보도를 왔다 갔다 하면서 거리에 그대로 머물렀다. 동네의 젊은 아가씨들이 모자를 쓰지 않은 채 서로 팔짱을 끼고 있었다. 청년들이 일부러 그녀들 옆으로 지나며 농을 걸자 아가씨들은 고개를 돌리며 웃어댔다. 그녀들 중 내가 알고 있는 몇몇은 나에게 손짓을 했다.

그때 갑자기 가로등들이 켜지며, 어두운 밤하늘에 나타나기 시작한 첫 별들이 흐릿해졌다. 그처럼 온갖 사람들과 불빛으로 가득 찬 보도를 보느라고, 나는 눈이 피곤해지는 것을 느꼈다. 젖은 보도는 가로등 불빛을 받아 빛났고, 전차들은 일정한 간격을 두고 들어오면서, 반짝이는 머리카락, 웃음 띤 얼굴 그리고 은팔찌 위로 그 불빛을 드리웠다. 잠시 후에 전차가 드물어지고, 나무와 가로등 위로 벌써 칠흑 같이 어두운 밤이 내리자, 거리는 어느새 텅 비고, 첫 번째로 나타난 고양이 한 마리가 다시 황량해진 거리를 천천히 가로질러 건너고 있었다. 나는 그때 저녁을 먹어야겠다는 생각을 했다. 오랫동안 의자 등받이에 기대어 있다 보니 목이 약간 아팠다. 내려가 빵과 파스타를 사왔다. 요리를 해서 선 채로 먹었다. 창가에서 담배를 한 대 피우고 싶었다. 그러나 날씨가 쌀쌀해져 조금 추웠다. 창문을 닫고 돌아오면서 나는 거울 속에서 알코올램프와 몇 덩이의 빵이 나란히 놓여 있는 탁자 모서리를 보았다. 나는 생각했다. 어쨌든 항상 지나가는 일요일이고, 엄마는 이제 땅속에 묻혔으며, 나는 다시 일을 시작할 것이고, 결국 변한 것이라곤 아무것도 없다고.

III

오늘 나는 사무실에서 일을 많이 했다. 사장은 친절했다. 그는 내가 너무 피곤하지는 않은지 물었고, 엄마의 나이 또한 알고 싶어 했다. 나는 실수를 하지 않으려고 "예순 살 정도"라고 말했다. 이유는 모르겠지만, 그는 안도하는 듯한 태도를 취하며, 그건 이미 끝난 일이라 여기는 듯했다.

내 책상 위에는 산더미처럼 쌓인 한 무더기의 선하증권이 있었다. 나는 그것을 모두 검토해야만 했다. 점심을 먹으러 사무실을 나서기 전에 나는 손을 씻었다. 나는 정오의 이 시간을 정말 좋아한다. 저녁때는 세면장에 걸어놓은 수건이 완전히 젖어 있어서 이때만큼 상큼하지 않다. 하루 종일 사용되었기 때문이다. 하루는 사장에게 그 점에 대해서 지적했다. 그는 그것을 유감스럽게 생각하지만 어쨌든 별로 중요하지 않은 하찮은 일이라고 대답했다. 나는 조금 늦게 12시 30분에 발송과에서 근무하는 에마뉘엘과 함께 밖으로 나왔다. 사무실은 바다로 향해 있었다. 우리는 태양이 이글거리는 항구의 화물선들을 바라보느라 한 순간 정신을 놓고 있었다. 바로 그때 트럭 한 대가 사슬의 부딪치는 소리와 폭발음을 내며 다가왔다. 에마뉘엘이 내게 "탈까!"하고 묻기에, 나는 뛰기 시작했다. 트럭은 우리를 지나쳤고, 우리는 그 뒤를 따라 맹렬히 달렸다. 나는 소음과 먼지에 휩싸였다. 더 이상 아무것도 보이지 않았다. 윈치들[6]과 기관들, 지평선 위로 춤추는 돛대 그리고 우리 옆을 지나치는 선채들 한가운데에서 이 뜀박질의 도를 넘는 맹렬한 속도만이 느껴졌을 뿐이다. 내가 먼저 받침대에 발을 붙이고서는 재빨리 뛰어

6_ '윈치(winch)'는 '밧줄이나 쇠사슬로 무거운 물건을 들어 올리거나 내리는 기계'를 말한다(『표준국어대사전』 참고)(역주).

올랐다. 그러고는 에마뉘엘이 올라앉도록 도왔다. 우리는 숨이 가빴다. 트럭은 먼지와 태양에 휩싸인 부두의 울퉁불퉁한 도로를 덜컥거리며 달렸다. 에마뉘엘은 숨이 넘어가도록 웃어댔다.

우리는 땀에 흠뻑 젖은 채 셀레스트네 식당에 도착했다. 그는 항상 그렇듯이 흰 콧수염을 하고서, 뚱뚱한 배에 앞치마를 두른 채 거기에 있었다. 그는 나에게 "어떻게 잘 지내느냐?"하고 물었다. 나는 그에게 그렇다면서 배가 고프다고 했다. 나는 아주 빨리 먹고는 커피를 마셨다. 그리고는 집으로 돌아와, 너무 많이 마셨던 포도주 기운에 잠시 잠을 잤다. 잠에서 깨자 담배를 피우고 싶었다. 늦었기 때문에 전차를 타려고 뛰었다. 오후 내내 일을 했다. 사무실 안은 몹시 더웠다. 저녁에 퇴근을 하면서 부두를 따라 천천히 걸어서 돌아오면서 나는 행복했다. 하늘은 초록색이었고, 나는 만족감을 느꼈다. 그러나 나는 감자를 삶아 먹고 싶었기 때문에 곧장 집으로 돌아왔다.

깜깜한 계단을 올라가다가, 나와 같은 층의 이웃인 살라마노 영감과 부딪혔다. 그는 개와 함께 있었다. 8년 전부터 그들은 늘 함께 하고 있다. 그 스패니얼 개는, 내가 보기에, 피부병인 습진에 걸려 털이 거의 모두 빠지고 반점과 거무스름한 딱지로 뒤덮여 있다. 작은 방에서 그 개와 함께 둘만 산 나머지 살라마노 영감은 마침내 그 개를 닮아 버렸다. 그는 얼굴에 불그스름한 저승꽃이 여기저기 피어 있었고, 털도 누렇고 듬성듬성했다. 그 개도 주인의 구부정한 허리를 그대로 닮아서, 주둥이를 앞으로 내밀고 목을 쭉 빼어들고 있었다. 그들은 마치 동일종인 것 같이 보였지만 서로를 혐오했다. 하루에 두 번, 열한 시와 여섯 시에 영감은 개를 산책시켰다. 8년 전부터 지금까지 그들은 산책코스를 한 번도 바꾸지 않았다. 리옹 가를 따라 그들이 나들이 하는 것을 볼 수 있었다. 개가 영감을 너무 끌어당겨 영감이 발부리가 걸려 넘어질 뻔하기도 한다. 그러면 그는 개를 때리면서 욕지거리를 해댄다. 개는 무서워서 벌벌 기며 끌려간다. 이번에는 영감이 개를 끌고 갈 차례이다. 개가 그것을 잊어버리고는 다시금 주인을 끌고 가다가는, 또 얻어맞고 욕을 먹는다. 그때는 둘 다 보도에 멈춰 선다. 개는 공포에 떨고 남자는 증오에 떨면서 서로를 노려본다. 매일이 그렇다. 개가 오줌을 누고 싶어 해도, 영감은 그럴 시간을 주지 않고 끌어당기기만 하니까, 스패니얼은 뒤에다 작은 오줌 방울을 찔끔찔끔 뿌리면서 따라간다. 어쩌다가 개가 방에서 오줌이라도 싸면 그때도 얻어맞는다. 벌써 8년째 계속되고 있는 일이다. 셀레스트는 늘 "불행한 일이야."라고 말하지만, 사실 그 속사정은 아무도 알 수 없었다. 내가 그를 계단에서 만났을 때, 살라마노는 개에게 욕지거리를 퍼붓고 있는 중이었다. 그가 개에게 "더러운 놈! 못된 놈!"이라고 말했고, 개는 끙끙거리며 신음했다. 내가 "안녕하세요."하고 말했지만, 이 영감은 그냥 욕지거리를 계속 해댔다. 그래서 나는 그에게 개가 무슨 짓을 했는지 물었다. 그는 나에게 대답하지 않았다. 그는 단지 "더러운 놈! 못된 놈!"이라고만 말할 뿐이었다. 나는 그가 개 위로 몸을 구부려 목줄의 무언가를 손보고 있는 중이라는 짐작이 갔다. 나는 더 크게 말을 했다. 그제야 그는 돌아보지도 않고 꾹 참고 있던 분노를 드러내며 "이 놈이 계속 여기서 버텨!"하고 대꾸를 했다. 그런 후 그는 네 발로 버틴 채 끙끙대는 개를 잡아끌면서 가버렸다.

바로 그때 같은 층에 사는 두 번째 이웃이 들어왔다. 동네에서는 그가 여자들을 등쳐먹고 산다고들 한다. 그렇지만 누군가 그에게 직업을 물으면, 그는 '창고관리인'이라고 말한다. 대체로 그에게 관심을 갖는 사람은 거의 없었다. 그러나 그는 종종 나에게 말을 걸고, 가끔은 잠시 동안이나마 내 방에 들리기도 한다. 내가 그의 말을 들어주기 때문이다. 내가 보기에 그가 말하는 것은 재미가 있다. 게다가 내가 그와 말을 하지 않아야 할 어떠한 이유도 없었다. 그의 이름은 레몽 생테스이다. 그는 키가 꽤 작은 편이고, 어깨가 넓으며, 권투선수 같은 코를 가지고 있다. 그는 언제나 단정한 옷차림을 하고 있다. 그 역시 살라마노에 대해 말하면서 "정말 불행한 일이 아닌가!"라고 했다. 그는 나에게 그런 모습을 보면 혐오감을 느끼지 않느냐고 물었다. 나는 아니라고 대답했다.

계단을 다 올라와서 막 헤어지려고 할 때 그가 나에게 말했다.

"우리 집에 소시지와 포도주가 있소. 괜찮으면 나와 함께 하지 않겠소? ..."

그렇게 되면 요리를 하지 않아도 된다는 생각에 나는 제의를 받아들였다. 그 또한 창문이 없는 부엌이 딸린 한 칸짜리 방에 살고 있었다. 그의 침대 위에는 연분홍색의 석고상 천사와 챔피언의 사진들, 그리고 두 세 장의 여자 나체사진이 걸려 있다. 방은 더러웠고, 침대는 흐트러져 있었다. 그는 먼저 석유램프에 불을 켜고 난 후, 호주머니에서 상당히 지저분한 붕대를 하나 꺼내어 오른손을 싸맸다. 나는 그에게 무슨 일이 있었느냐고 물었다. 그는 자기에게 시비를 건 놈과 싸웠다고 말했다.

"당신은 이해할 겁니다, 뫼르소 씨."하고 그가 말했다.

"내가 나쁜 놈은 아니지만 흥분은 좀 잘하는 편입니다. 그 녀석이 나에게 하는 말이, '네가 남자라면 전차에서 내려!'라는 것입니다. 내가 그에게 말했지요. '그냥 조용히 닥치고 있지!' 그는 나에게 내가 남자답지 못하다고 말하는 겁니다. 그래서 내가 내려서 그에게 말했지요. '그만해, 그게 좋을 거야, 그렇지 않으면 본때를 보여주겠어!' 그가 나에게 대거리를 하더군요. '뭐가 어째?' 그래서 내가 그에게 한방 날려주었지요. 그대로 나가자빠졌어요. 내가 그를 일으켜 세우려고 했지요. 그런데 그 녀석이 바닥에 자빠진 채로 나에게 발길질을 해대는 거예요. 그래서 무릎으로 한 번 내려찍고 주먹으로 두 대를 날려주었지요. 얼굴이 피투성이가 되었더군요. 나는 그에게 호된 맛을 보았느냐고 물었지요. 그가 '예'라고 하더군요."

그런 얘기 중에서도 생테스는 줄곧 붕대를 감고 있었다. 나는 침대 위에 앉아 있었다. 그는 말을 계속했다.

"제가 그에게 먼저 싸움을 건 게 아니라는 걸 아시겠지요. 내게 먼저 대든 건 그 녀석이었어요."

그건 사실이었고, 나는 그것을 인정했다. 그때 마침 그는 이 문제에 대해서 내게 조언을 듣고 싶다면서, 내가 남자다운 데다가 인생을 잘 알 테니 자기를 도와줄 수 있을 것이고, 그리고 나서는 자기가 내 친구가 될 거라고 말했다. 내가 아무 말도 하지 않자, 그는 다시 나에게 자기와 친구가 되고 싶은지 물었다. 나는 아무래도 상관없다고 말했더니, 그는 만족한 표정을 지었다. 그는 소시지를 꺼내어 프라이팬에 구웠고, 식탁에 잔과 접시와 스푼, 포크, 나이프를 차례로 놓았다. 그리고 두 병의 포도주도 올려놓았다. 이 모든 것이 말없이 행해졌다. 그런 후 우리는 자리를 잡고 앉았다. 먹으면서 그는 자기 이야기를 하기 시작했다. 처음에는 약간 망설였다.

"어떤 여자를 하나 알게 되었는데...... 말하자면 내 정부였지요."

그와 싸움을 했던 사내가 그 여자의 오빠였다. 그는 자기가 그녀를 부양했다고 말했다. 나는 아무 대답도 하지 않았다. 그러나 그는 곧 동네 사람들이 자기를 뭐라고들 말하는지 알고 있지만 양심에 꺼릴 것이 조금도 없고, 자신은 창고 관리인일 뿐이라고 덧붙였다.

"아까 얘기를 계속하자면, 그녀가 나를 속이고 있다는 것을 알게 되었어요."라고 나에게 말했다.

그는 그녀에게 딱 먹고 살 만큼만의 생활비를 주었다. 그 자신이 방세도 지불했고, 식비로 매일 20프랑을 주고 있었다.

"방세 300프랑, 식비 600프랑, 때때로 스타킹 한 켤레의 비용까지 치면 천 프랑은 되었지요. 그런데 마님은 일도 하지 않으면서, 그것으로서는 너무 빠듯해서 내가 대주는 돈으로는 생활을 할 수 없다고 말했지요. 그렇지만 내가 말했어요. '왜 반나절이라도 일하지 않는 거지? 그러면 내가 부담하고 있는 온갖 사소한 비용들을 상당히 덜어줄 수 있을 텐데. 이달에도 필요한 걸 전부 다 사 주었잖아. 날마다 20프랑씩 지불했지, 집세를 지불했지. 그런데 당신은, 당신은 말이야 오후에 친구들과 커피를 마시지 않나! 그들의 커피와 설탕 값도 당신이 내지? 그 돈이 나오는 곳은 나야. 난 당신에게 잘해 주는데 당신은 날 골탕 먹이잖아.' 그래도 그 여자는 일을 하지 않았고, 항상 생활비가 모자란다고 말했지요. 그런 식으로 나를 속이고 있다는 것을 알게 된 겁니다."

그는 그때 그 여자의 핸드백에서 복권을 한 장 발견했는데 그녀가 그것을 어떻게 구입했는지를 설명하지 못했다는 얘기를 내게 했다. 얼마 뒤에는 그 여자의 방에서 두 개의 팔찌를 저당 잡혔다는 것을 보여주는 공영전당표의 '차용증'을 발견했다. 그 때까지 그는 그런 팔찌가 있다는 것조차 몰랐다.

"내가 속고 있다는 것을 확실히 알게 되었죠. 그래서 나는 그 여자와의 관계를 끊었지요. 그러나 우선, 나는 그년을 두들겨 패 주었죠. 그리고는 그년이 저지른 짓을 죄다 말했지요. 나는 그년에게 자기가 원한 것이라고는 온통 그 짓을 하는 것뿐이라고 말해 주었죠. 뫼르소 씨는 이해하실 거예요. 이런 말도 했어요. '내가 네게 준 행복을 세상 사람들이 부러워하고 있다는 것을 넌 몰라. 넌 나중에 네가 누렸던 행복을 알게 될 거야.'"

그는 피가 나도록 그 여자를 두들겨 팼다. 그전에는 그 여자를 때리지 않았다.

"제가 그녀를 때리긴 했지만, 말하자면 살살 했던 것이지요. 그러면 그녀는 약간 우는소리를 냈지요. 나는 덧창을 닫아버리죠. 늘 그랬던 것처럼 그걸로 끝이었어요. 그렇지만 이번엔 심각해요. 말하자면 나로서는 그 여자를 속 시원히 벌하지 못했다는 거지요."

그래서, 바로 그 때문에 그는 그 문제에 대해 충고가 필요하다고 나에게 설명했다. 그는 검게 그을린 램프의 심지를 조절하려고 말을 멈추었다. 나는 계속해서 그의 말을 들었다. 나는 거의 1리터의 포도주를 마셨다. 관자놀이가 몹시 달아올랐다. 내 담배가 떨어져서 레몽의 것을 피웠다. 마지막 전차들이 지나가면서 교외의 먼 곳에서 들려오는 소음들을 실어갔다. 레몽은 이야기를 계속했다. 그가 난처한 일은, '여전히 그가 섹스를 하고 싶은 감정이 있다는 것'이었다. 그러나 그는 그녀를 응징하기를 원했다. 처음에는 그녀를 호텔로 데리고 와서, 스캔들을 일으켜 매춘 대장에 올리도록 '풍기 단속 경찰'을 부르려고 생각했었다. 그 다음으로는 그가 뒷골목에서 사귄 친구들에게 이야기를 했지만, 그들은 아무런 방법도 찾아내지 못했다. 사실 레몽이 내게 지적한 것처럼 뒷골목 출신이라는 것도 괴로운 일이었다. 그가 그 일을 그들에게 이야기하니까, 그들은 그녀에게 '낙인을 찍어버릴 것'을 제안했었다. 그러나 그것은 그가 원하는 것이 아니었다. 그는 좀 더 곰곰이 생각해 볼 작정을 했다. 그는 그전에 나에게 무언가를 물어보고 싶어 했다. 그렇지만 나에게 그것을 묻기 전에, 내가 그 이야기를 어떻게 생각하는지 알고 싶어 했다. 나는 아무런 생각도 들지 않지만 흥미롭긴 하다고 대답했다. 그가 속고 있다고 생각하느냐고 묻기에, 내가 봐서는 분명 속고 있는 것처럼 보인다고 말했다. 또 그 여자를 응징해야 한다고 생각하는지, 그리고 내가 그의 입장이라면 어떻게 할 건지를 묻기에, 나는 그에게 그건 누구도 전혀 알 수 없지만, 그가 그 여자를 응징하고 싶어 한다는 것을 이해한다고 대답했다. 나는 또 포도주를 약간 더 마셨다. 그는 담배에 불을 붙이고는 자신의 생각을 털어놓았다. 그는 그 여자에게 '엉덩이를 걷어차 버리겠다는 모욕과 동시에 그녀가 후회할 만한 내용이 담긴' 편지를 쓰기를 원했다. 그런 다음에 그녀가 다시 돌아오면, 그녀와 성관계를 갖고 '막 끝나려는 순간에' 얼굴에 침을 뱉고 내쫓아 버리는 것이다. 나는 그렇게 하면 확실히 응징이 될 거라고 생각했다. 그러나 레몽은 자기는 적절한 편지를 쓸 능력이 없다고 느꼈고, 그 편지를 쓰기 위해서 나를 떠올렸다고 말했다. 내가 아무 말도 하지 않자, 지금 곧 편지 쓰는 것이 곤란하냐고 물었다. 나는 아니라고 대답했다.

그러자 그는 포도주를 한 잔 마시고 일어섰다. 그는 접시들과 우리가 남긴 식은 소시지를 옆으로 밀쳐 내고는, 식탁의 방수포를 정성스럽게 닦았다. 그는 침실용 탁자의 서랍에서 바둑판무늬의 줄이 그어진 종이 한 장, 노란 봉투, 붉은 나무 펜대 그리고 보라색 잉크가 담긴 네모난 잉크병을 꺼내었다. 그가 그 여자의 이름을 말했을 때, 나는 그 여자가 무어 여자[7]라는 것을 알았다. 나는 편지를 썼다. 그냥 내키는 대로 쓰기는 했지만, 그의 마음에 들지 않게 쓸 이유가 없었으므로 그의 마음에 들도록 애를 썼다. 그리고 난 후 그에게 큰 소리로 편지를 읽었다. 그는 담배를 피면서 머리를 끄덕이며

7_ 무어인(Maures)이란 사하라 사막 서부의 모리타니로부터 모로코에 걸쳐 살며, 아라비아인·베르베르인·흑인의 혼혈로 구성된 종족을 말한다. 711년부터 이베리아 반도를 정복한 아랍계 이슬람교도도 동일한 무어인이다(『두산백과』 참조)(역주).

내가 읽는 것을 듣고 난 후 다시 한 번 읽어달라고 청하였다. 그는 완전히 만족해하면서 나에게 말했다.

"난 자네가 세상 물정에 밝다는 것을 잘 알고 있었지."

처음에는 그가 나에게 말을 튼다는 것을 알아차리지 못했다. 내가 그걸 알아차린 것은 그가 다음과 같이 나에게 막 선언하면서 나를 놀라게 했을 때이다.

"이젠, 자네는 진짜 내 친구야!"

그는 거듭 그런 식으로 자신의 말을 되풀이했고, 나는 "그래."라고 말했다. 그의 친구가 되는 것이 나에게는 별 상관이 없었지만, 그는 정말로 친구가 되고 싶어 하는 것 같았다. 그가 편지를 봉한 후, 우리는 포도주를 마저 마셨다. 그러고 나서 잠시 서로 아무 말도 없이 담배만 피웠다. 밖은 쥐 죽은 듯이 고요했다. 미끄러져 가는 자동차 소리가 들렸다. 나는 말했다.

"너무 늦었는데."

레몽도 늦었다고 생각했다. 그는 시간이 아주 빨리 지나간다고 말했는데, 어떤 의미에서 그건 사실이었다. 나는 졸렸지만 일어서기가 힘들었다. 내 얼굴에 틀림없이 피곤한 기색이 비쳤던 것 같다. 레몽은 나에게 자포자기 상태로 내 자신을 놓아버리면 안 된다고 말했다. 처음에는 무슨 말인지 알아차리지 못했다. 그때 그는 엄마의 죽음에 대해 알고 있었다면서, 그러나 언젠가는 예외 없이 닥치는 일이라고 내게 설명했다. 내 생각도 그러했다.

나는 일어섰다. 레몽은 내 손을 힘차게 움켜쥐고서는 사나이끼리는 항상 서로 이해할 수 있는 것이라고 말했다. 그의 방에서 나오면서 나는 문을 다시 닫고는, 층계참의 어둠 속에서 잠시 서 있었다. 집안은 조용했고, 계단 곬의 깊은 곳으로부터 으스스하고 습한 바람이 올라오고 있었다. 귓전에는 웅

웅거리는 내 맥박소리 밖에 들리지 않았다. 나는 꼼짝하지 않고 그 자리에 서 있었다. 그런데 살라마노 영감의 방에서 끙끙거리는 개 소리가 희미하게 들려왔다.

IV

나는 일주일 내내 아주 열심히 일했다. 레몽이 와서는 편지를 부쳤다고 말했다. 나는 에마뉘엘과 두 번 영화를 보러갔다. 그는 항상 스크린에서 벌어지는 일을 이해하지 못했다. 그래서 설명을 해 주어야만 했다. 어제는 토요일이었고, 약속했던 대로 마리가 집으로 왔다. 그녀에게 강한 성적 욕망을 느꼈다. 그녀가 빨간색과 흰색의 줄무늬가 있는 아름다운 원피스와 가죽 샌들을 신고 있었기 때문이었다. 탄탄한 젖가슴이 완연히 드러나 보였고, 햇볕에 그을린 갈색 얼굴이 꽃처럼 아름다웠다. 우리는 버스를 타고 알제에서 몇 킬로 떨어진 해변으로 갔다. 그 해변은 바위로 에워 쌓여 폭이 좁았고, 육지 쪽으로는 갈대가 우거져 있었다. 네 시의 태양은 그다지 뜨겁지 않았지만 물은 미지근했고, 길고 나른한 잔물결이 넘실대고 있었다. 마리가 나에게 놀이를 한 가지 가르쳐 주었다. 헤엄을 치면서 파도의 물마루에서 물을 들이마셔 입속에 거품을 가득 채우고 난 후, 반듯이 드러누워 그것을 하늘을 향하여 발사하는 것이었다. 그러면 거품같이 부드럽고 가벼운 레이스가 만들어져 공기 중으로 사라지거나 미지근한 보슬비가 되어 나의 얼굴 위로 다시 떨어졌다. 그러나 얼마 지나지 않아 소금의 짠맛으로 입에 불이 났다. 그때 마리가 다시 나타나 물속에서 나에게 몸을 찰싹 밀착시켰다. 마리는 자기의 입술을 나의 입에 갖다 대었다. 그녀의 혀가 내 입술을 시원하게 해주었고 우리는 한 동안 파도 속에서 뒹굴었다.

우리가 해변에서 다시 옷을 입었을 때, 마리는 매혹적인 눈빛으로 나를 쳐다보았다. 나는 그녀에게 입을 맞추었다. 그 순간부터 우리는 더 이상 말을 하지 않았다. 나는 그녀를 꼭 껴안았고, 우리는 서둘러 버스를 잡아타고 내 집으로 돌아와 침대에 몸을 던졌다. 창문은 열어놓은 채로 놔두었다. 여름밤이 우리의 그을린 몸뚱이 위로 흘러드는 것을 느끼는 게 기분 좋았다.

오늘 아침엔 마리가 머물러 있어서 나는 함께 점심을 먹자고 했다. 나는 고기를 사러 내려갔다. 다시 올라올 때, 레몽의 방에서 여자 목소리가 들려왔다. 조금 뒤에는 살라마노 영감이 자신의 개에게 으르렁거리는 소리가 들렸다. 계단의 나무 디딤판 위로 구두창 소리와 개가 발톱으로 긁는 소리가 나더니, 곧이어 "더러운 놈, 못된 놈"이라는 소리가 들렸고, 그들은 거리로 나가 버렸다. 영감의 이야기를 마리에게 해주었더니 그녀는 웃었다. 그녀는 내 파자마 중 하나를 소매를 걷어 올려 입고 있었다. 그녀가 웃었을 때, 나는 그녀에게 또다시 욕정을 느꼈다. 잠시 후에 마리는 나에게 내가 그녀를 사랑하느냐고 물었다. 나는 그녀에게 그건 아무 의미도 없지만 나는 사랑하고 있는 것 같지는 않다고 대답했다. 마리는 슬픈 표정을 지었다. 그러나 점심을 준비하면서 까닭 없이 그녀가 또 웃어서, 나는 그녀에게 입을 맞추었다. 바로 그때 레몽의 방에서 말다툼을 하는 소리가 터져 나왔다.

먼저 여자의 날카로운 목소리가 들렸다. 뒤이어 레몽이 말하는 소리가 들렸다.

"넌 날 농락했어. 넌 날 농락했어. 네가 날 농락했다는 걸 알게 해주지."

둔탁한 소리가 들리는가 싶더니 여자가 울부짖었다. 그 울부짖음이 얼마나 끔찍했던지 곧바로 층계참에 사람들이 가득 모여들었다. 마리와 나, 우리도 밖으로 나가보았다. 여자는 계속해서 울부짖었고, 레몽은 계속해서 때렸다. 마리가 나에게 이건 너무 가혹하다고 말했지만, 나는 아무런 대답도 하지 않았다. 마리가 나에게 경찰을 불러오라고 했지만, 나는 경찰은 좋아하지 않는다고 말했다. 그러나 3층에 세 들어 사는 배관공과 함께 경찰 한 명이 도착했다. 그가 문을 두드리자, 더 이상 아무 소리도 들리지 않았다. 더 세게 문을 두드리자, 잠시 후에 여자가 울음을 터뜨렸고 레몽이 문을 열었다. 그는 입에 담배를 물고 있었고, 아무 일도 없었던 냥 부드러운 표정을 짓고 있었다. 여자가 문으로 달려가서, 경찰에게 레몽이 자기를 때렸다고 신고를 했다.

"이름이 뭐야?"하고 경찰이 말했다.

레몽이 대답을 했다.

"말할 때는 입에서 담배를 빼!"하고 경찰이 말했다.

레몽은 주저하더니 나를 쳐다보고는 자신의 담배를 한 모금 더 빨았다. 그 순간 경찰이 두껍고 큼직한 손바닥으로 그의 얼굴 한복판에다 따귀를 한 대 힘껏 갈겼다. 담배가 몇 미터 떨어진 곳까지 날아갔다. 레몽은 안색이 변했다. 그러나 당장에는 아무 말도 하지 않았다. 그러더니 자신의 담배꽁초를 주워도 되는지 공손한 목소리로 물었다. 경찰은 주워도 된다고 하면서, 덧붙였다.

"하지만 다음부터는 경찰이 우스꽝스러운 사람이 아니라는 걸 알아 둬!"

그러는 동안 여자는 울면서 계속해서 같은 소리를 반복했다.

"저 사람이 날 때렸어요. 저 사람은 뚜쟁이예요."

그때 레몽이 물었다.

"경찰관님, 아무 남자에게나 뚜쟁이라고 말해도 좋다고 법에 나와 있습니까?"

그러나 경찰은 그에게 '주둥아리 닥치라'고 호통을 쳤다. 그때 레몽은 여자 쪽으로 몸을 돌리고는 말했다.

"두고 봐, 요년아, 다시 만나게 될 거야!"

경찰은 레몽에게 닥치라고 한 뒤, 여자는 가도 좋고, 레몽에게는 자기의 방에 그대로 있으면서 경찰서에 소환될 때까지 기다리라고 말했다. 경찰은 레몽에게 그렇게 덜덜 떨 정도로 술에 취한 것을 창피한 줄 알아야 한다고 덧붙였다. 이 말을 듣자 레몽이 그에게 말했다.

"나는 취하지 않았소, 경찰 나리. 단지, 난 여기 당신 앞에 있으니 몸이 떨리는 거지요. 이건 어쩔 수 없습니다."

레몽은 문을 닫았고, 모든 사람은 자리를 떴다. 마리와 나는 점심 준비를 마쳤다. 그러나 그녀는 배가 고프지 않다고 해서 내가 거의 다 먹었다. 마리는 한 시에 떠났고, 나는 조금 더 잤다.

세 시경에 누가 문을 두드리는가 했는데, 레몽이 들어왔다. 나는 누운 채로 있었다. 그는 내 침대 가장자리에 걸터앉았다. 그는 한동안 아무 말이 없었다. 나는 그의 일이 어찌 되었는가 하고 물었다. 그는 자기가 원했던 대로 했으나, 여자가 자신의 따귀를 한 대 쳐서 그 여자를 두들겨 패줬다고 이야기했다. 그 나머지 일은 내가 목격한 대로였다. 내가 보기에는 이제 여자가 혼이 났으니까, 그도 만족해야 한다고 말했다. 그의 생각도 그렇다는 것이었다. 그리고 그는 경찰이 뭘 하든 간에 여자가 이미 얻어맞았다는 사실은 전혀 바꿀 수 없다고 지적했다. 그는 또 경찰이라는 작자들을 잘 알고 있으며, 그들을 상대하기 위해서 어떻게 해야 하는지 알고 있다고 덧붙였다. 그러면서 그는 경찰이 따귀질 한 것에 그가 대응하기를 기대했느냐고 나에게 물었다. 나는 전혀 아무것도 기대하지 않았고, 게다가 경찰을 좋아하지 않는다고 대답했다. 레몽은 아주 만족해하는 표정을 지었다. 그는 나에게 외출을 함께 하겠느냐고 물었다. 나는 일어나서 머리를 빗기 시작했다. 그때 그는 나에게 증인이 되어 주어야겠다고 말했다. 그건 내게는 별 상관없는 일이지만, 무슨 말을 해야 좋을지 알 수 없었다. 레몽의 말로는, 그 여자가 그를 농락했다고 진술하기만 하면 된다는 것이었다. 나는 그의 증인이 되는 것을 받아들였다.

우리는 외출을 했고 레몽이 나에게 코냑을 한 잔 샀다. 그러고는 당구를 한 판 치고 싶어 했고, 나는 근소한 차이로 졌다. 그 다음에는 사창가에 가고 싫어 했으나, 나는 그런 것을 좋아하지 않았기 때문에 싫다고 했다. 그리하여 우리는 천천히 집으로 돌아왔다. 레몽은 계집을 혼내줄 수 있었던 것을 얼마나 만족스럽게 여기고 있는지를 말했다. 나는 그가 나에게 아주 친절하다는 사실을 알게 되었고, 나는 즐거운 한 때라고 생각했다.

멀리서부터 나는 출입문 문턱에서 안절부절 못하고 있는 살라마노 영감을 알아보았다. 우리가 다가갔을 때 나는 그가 개와 함께 있지 않다는 것을 알았다. 그는 사방을 구석구석 살펴보다가는, 제자리에서 빙빙 돌기도 하고 컴컴한 복도를 뚫어지게 들여다보기도 하고서는, 앞뒤가 맞지 않는 말을 중얼거리다가 붉게 충혈된 작은 눈으로 다시 거리를 뒤지기 시작했다. 레몽이 무슨 일이냐고 물었을 때 그는 곧바로 대답하지 않았다.

"빌어먹을 놈! 못된 놈!"이라고 그가 중얼거리는 소리만이 어렴풋이 들렸다. 그리고 영감은 계속해서 어쩔 줄 모르고 서성거렸다. 나는 그에게 개가 어디에 있느냐고 물었다. 그는 불쑥 나에게 개가 사라졌다고 대답했다. 그러더니 갑자기 그가 쉴 새 없이 말을 쏟아냈다.

"여느 때처럼, 그놈을 연병장에 데리고 갔었소. 노점상 주변에 사람들이 많았지요. 나는 「탈주왕」을 보려고 잠시 걸음을 멈췄소. 그리고는 다시 출발하려는데 그놈이 이미 없어진 거야. 물론 오래 전부터 그놈에게 좀 덜 큰 목줄을 사주어야겠다고 생각하고 있었지만, 이 못된 것이 그렇게 달아나 버리리라고는 전혀 상상도 못했지요."

그러자 레몽이 개가 길을 잃었을 수도 있으니 다시 돌아올 거라고 설명했다. 그는 주인을 다시 찾아 수십 킬로미터나 걸어온 개들의 예를 들려주었다. 그럼에도 불구하고 영감은 더 불안해하는 듯 보였다.

"그렇지만 당신도 알다시피 그 사람들이 나에게서 그놈을 빼앗아 갈 거요. 누군가가 그걸 길러주기라도 한다면 좋겠지만. 그러나 그건 불가능할 거요. 그 놈의 딱지가 모든 사람들에게 혐오감을 줄 테니까. 경찰들이 그놈을 잡아갈 거요. 틀림없어요."

그래서 나는 그에게 경찰서의 유기동물보호소에 가야한다는 것과 수수료를 얼마쯤 내면 개를 돌려받을 수 있다는 것을 말해 주었다. 그는 나에게 그 수수료가 비싼지 물었다. 나는 그것까지는 알지 못했다. 그때 그가 버럭 화를 내며 욕설을 퍼붓기 시작했다.

"그 못된 것 때문에 돈을 내다니. 아! 죽어버리라지!"

레몽은 웃으며 집으로 들어갔다. 나도 그를 뒤따랐고, 우리는 이층 층계참에서 헤어졌다. 잠시 뒤에 영감의 발자국 소리가 들리더니 그가 내 문을 두드렸다. 문을 열자 잠시 문간에 서 있다가 나에게 말했다.

"미안해요. 미안해요."

나는 그에게 들어오라고 권했으나 그는 사양했다. 그는 자신의 신발 끝만 내려다보고 있었고, 딱지가 앉은 그의 손이 떨리고 있었다. 나를 쳐다보지도 않고 그는 물었다.

"경찰들이 내게서 그놈을 빼앗아 가지는 않겠지요. 그렇죠, 뫼르소 씨. 그들은 내게 그놈을 돌려주겠지요. 그렇지 않으면 난 대체 어떻게 되는 거지요?"

나는 그에게 유기동물보호소는 소유주가 나타나기를 기다리며 사흘 동안 개들을 보호한 후에, 좋을 대로 적당히 처분한다고 말했다. 그는 묵묵히 나를 쳐다보았다. 그리고 난 후 그는 나에게 "잘 자시오."라고 말했다. 그가 자기 방으로 돌아가 방문을 닫더니, 방안에서 왔다 갔다 하는 소리가 들렸다. 그의 침대가 삐걱거렸다. 그리고는 벽 너머로 나지막하게 나는 이상한 소리를 듣고, 나는 그가 울고 있다는 것을 알았다. 왠지 모르겠지만, 나는 엄마 생각을 했다. 그러나 그 이튿 날 아침에는 일찍 일어나야 했다. 나는 배가 고프지 않아서 저녁도 먹지 않고 누워 잤다.

V

레몽이 내 사무실로 전화를 했다. 그의 친구 중 한 사람이(레몽은 그 친구에게 나에 대해서 얘기했다고 한다) 알제 인근에 있는 작은 별장에서 일요일 하루를 함께 보내자고 나를 초대한다는 것이었다. 나는 정말 가고 싶지만, 그날 여자 친구와 약속이 되어 있다고 대답했다. 그러자 레몽은 바로 그 여자 친구도 초대한다고 했다. 친구의 부인이 남자들 사이에서 혼자가 아니라는 것에 아주 좋아할 것이라고 했다.

사장이 시내에서 걸려오는 전화를 받는 것을 좋아하지 않는다는 것을 알기 때문에 나는 즉시 전화를 끊고 싶었다. 그러나 레몽은 나에게 끊지 말고 조금 기다리라고 하더니, 이 초대 건은 저녁에라도 전할 수 있을 테지만, 그보다도 다른 것을 알려주고 싶다는 것이었다. 그는 하루 종일 아랍인 무리들에 의해 미행을 당했는데 그 중에는 옛 정부의 오빠도 있다는 것이었다.

"만약 오늘 퇴근길에 집 근처에서 그 놈을 보면 나에게 알려줘."

나는 알았다고 말했다.

잠시 후 사장이 나를 불렀다. 그 순간 나는 짜증이 났다. 그가 내게 전화는 덜 하고 일은 더 잘하라고 말할 거라는 생각이 들었기 때문이다. 그런데 전혀 다른 이야기였다. 그는 나에게 아직 전혀 구체화되지 않은 계획에 대해서 말하려 한다고 밝혔다. 그는 단지 그 문제에 대한 나의 의견을 듣고 싶어 했다. 그가 파리에다 출장소를 개설해서 현지의 큰 회사들과 직접 사업을 하려고 하는데, 내가 거기에 갈 마음이 있는지를 물었다. 그렇게 되면 나는 파리에 살게 되고 연중에 얼마간은 여행도 할 수 있게 될 것이다.

"자네는 젊고, 내가 보기에는 틀림없이 그런 생활이 자네 마음에 들 것

같은데.”

그렇기는 하지만 사실 내게는 이러나저러나 별 상관없다고 말했다. 그러자 사장은 내가 생활의 변화에 흥미가 없는지 물었다. 나는 누구도 결코 자신의 생활을 바꿀 수 없을 뿐더러, 어쨌든 모든 생활은 별 차이가 없으며, 또 이곳에서의 내 생활이 조금도 불편하지 않다고 대답했다. 그는 불만스러운 듯이, 나는 항상 동문서답을 하고 야심도 없는데, 그것은 사업을 하는 데는 치명적이라고 말했다. 그러고 나서 나는 일을 하려고 자리로 돌아왔다. 내가 그를 언짢게 하지 않았으면 더 좋았을 테지만, 그렇다고 내 생활을 바꾸어야 할 하등의 이유도 찾을 수 없었다. 내 인생을 곰곰이 생각해 봐도 나는 불행하진 않았다. 내가 학생이었을 때는 그런 류의 야심을 많이 가지고 있었다. 그러나 내가 학업을 포기해야 했을 때, 그런 모든 것이 실제로는 중요하지 않다는 것을 일찌감치 깨달았던 것이다.

저녁에 마리가 찾아와서 자기와 결혼할 마음이 있는지 물었다. 나는 그건 아무래도 상관없지만 마리가 원한다면 할 수 있다고 대답했다. 그러자 그녀는 내가 자기를 사랑하는지 알고 싶어 했다. 나는 이미 한 번 그렇게 말한 것처럼 그건 나에게 아무 의미도 없지만 아마 그녀를 사랑하고 있지 않는 것 같다고 대답했다.

“그렇다면 왜 나와 결혼한다는 거죠?”라고 그녀가 말했다.

나는 그건 전혀 중요하지 않으며, 마리가 바란다면 우리는 결혼할 수 있다는 것이라고 설명했다. 게다가 결혼을 요구한 것은 그녀였고, 나로서는 그러자고 했을 뿐이었다. 그러자 마리는 결혼은 중대한 일이라고 지적했다.

“그렇지 않아.”라고 나는 대답했다.

그녀는 한동안 입을 다물고 있다가 말없이 나를 쳐다보았다. 그러다 그녀가 말했다. 그녀는 다만 내가 자기와 같은 식으로 집착하게 될 다른 어떤 여자로부터 똑같은 청혼을 받았을 때, 그것을 받아들일지를 알고 싶어 했다.

"물론이지."라고 나는 대답했다.

그러자 마리는 자기가 나를 좋아하는지 자문하는 듯했고, 나로서는 그 점에 대해서는 전혀 알 길이 없었다. 또다시 잠시 침묵이 흐른 후에, 그녀는 내가 좀 별스러운 면이 있는데, 분명 그것 때문에 나를 좋아하지만, 그러나 아마 어느 날 똑같은 이유로 내가 싫어질지도 모른다고 중얼거렸다. 내가 더 할 말이 없어 잠자코 있으니까, 그녀는 웃으면서 내게 팔짱을 끼고는 나와 결혼하고 싶다고 선언하듯 말했다. 나는 그녀가 원하기만 하면 우리는 당장 결혼할 수 있다고 대답했다. 그때 나는 사장의 제안에 대해 이야기했고, 마리는 내게 파리에 대해 알고 싶다고 말했다. 내가 잠시 동안 파리에 살아본 적이 있다고 하자 그녀는 그곳이 어떠한지 물었다. 나는 대답했다.

"더러워. 비둘기들과 어두침침한 안뜰들이 있지. 사람들은 모두 피부가 허옇고."

그 후에 우리는 대로를 따라 시내를 가로질러 걸었다. 여자들은 예뻤다. 나는 마리에게 그녀도 그것을 알아차렸는지 물었다. 마리는 그렇다고 대답하고, 내 기분을 이해한다고 말했다. 잠시 동안 우리는 아무 말이 없었다. 그렇지만 나는 그녀와 함께 있고 싶었다. 그녀에게 셀레스트네 식당에서 저녁을 함께 먹으면 어떻겠느냐고 물었다. 마리는 정말 그러고는 싶지만 다른 볼일이 있다고 했다. 그때 우리는 내 집 근처에 이르렀기에, 나는 마리에게 잘 가라고 인사했다. 그녀는 나를 쳐다보면서 말했다.

"내가 무슨 일을 해야 하는지 알고 싶지 않아?"

나는 정말 그걸 알고 싶었지만 미처 물어볼 생각을 하지 못했는데, 마리는 바로 그것을 나무라는 눈치였다. 그때 나의 당혹스러운 표정을 보고서 그녀는 또다시 웃고는, 나를 향해 몸 전체를 기울이더니 입술을 내게로 내밀었다.

나는 셀레스트네 식당에서 저녁을 먹었다. 막 먹기 시작하는데 키가 작은 이상한 여자가 들어와서는 내 테이블에 앉아도 괜찮으냐고 물었다. 물론 그래도 된다고 대답했다. 그녀는 불규칙적으로 몸을 흔들어 댔고, 사과처럼 작은 얼굴에 빛나는 눈을 가지고 있었다. 그녀는 재킷을 벗고 앉아서는 열심히 메뉴판을 살펴보더니 셀레스트를 불러 명확하면서도 빠른 목소리로 그녀가 먹을 모든 요리를 즉각적으로 주문했다. 그러고는 오르되브르[8]를 기다리면서 그녀는 핸드백을 열고 네모진 종잇조각과 연필을 꺼내어 미리 계산을 해보고서는, 팁까지 더해진 정확한 금액을 작은 호주머니에서 꺼내어 자기 앞에 내놓았다. 그때 오르되브르가 나왔고, 그녀는 그것을 단숨에 먹어 치웠다. 다음 요리를 기다리면서 또다시 핸드백에서 푸른색 연필과 주간 라디오 프로그램이 실린 잡지를 꺼냈다. 그 여자는 정성을 들여서 거의 모든 방송을 하나하나씩 표시하기 시작했다. 잡지가 십여 쪽쯤 되었기 때문에 식사를 하는 동안 내내 꼼꼼하게 그 일을 계속했다. 나는 벌써 식사를 끝냈지만 그녀는 아직도 똑같은 방법으로 표시를 하고 있었다. 그리고 난 후 그녀는 벌떡 일어서서 로봇같이 정확한 몸짓으로 재킷을 챙겨 입고는 훌쩍 떠나 버렸다. 나도 아무 할 일이 없었으므로, 덩달아 나가서는 잠시 그 여자의 뒤를 밟았다. 그녀는 인도의 가장자리를 따라 믿기 힘들 만큼 엄청난 속도와 정확한 걸음으로 옆으로 비켜서지도 않고 되돌아보지도 않고 제 갈 길

8_ '오르되브르 (hors-d'oeuvre)'는 서양 요리에서, 식욕을 돋우기 위하여 식사 전에 나오는 간단한 요리, 또는 술안주로 먹는 간단한 전채(前菜) 요리를 말한다(『표준국어대사전』 참조)(역주).

만 가고 있었다. 나는 마침내 시야에서 그녀를 놓쳐버려 가던 길을 되돌아 왔다. 나는 그녀가 기묘한 여자라고 생각했지만 금방 그녀를 잊어버렸다.

내 방 문간에서 나는 살라마노 영감을 보고는 방으로 들어오게 했다. 그는 유기동물보호소에도 없는 걸 봐서 개를 잃어버린 것 같다고 했다. 그곳 담당자들이 아마 개가 차에 치여 죽었을 것이라고 말하더라는 것이다. 영감은 경찰서에 가보면 그런 걸 알아볼 수 있는지 물었다. 그들은 그에게 이런 종류의 미미한 일은 매일 일어나기 때문에 아무 흔적도 남겨지지 않는다고 대답하더라는 것이었다. 나는 살라마노 영감에게 다른 개를 한 마리 구하면 되지 않느냐고 말했지만 그는 그 개와 정이 들었다고 말했는데, 그로서는 지극히 당연한 지적이었다.

나는 침대 위에 웅크리고 앉았고 살라마노는 탁자 앞 의자에 앉았다. 그는 나와 마주보고 앉아서는 두 손을 무릎 위에 놓고 있었다. 낡은 펠트 모자를 쓴 채였다. 그는 누레진 콧수염 아래로 말토막을 씹어 삼키듯이 중얼거리고 있었다. 그런 그가 좀 귀찮기는 했지만 나는 특별히 할 일도 없었고 잠도 오지 않았다. 무슨 말이라도 해야 했기에 나는 그의 개에 대해서 물었다. 그는 아내가 죽은 뒤부터 그 개를 길렀다고 한다. 그는 꽤 늦게 결혼을 했었다. 젊은 시절에는 연극을 하고 싶어했다. 군대에 있을 때는 군대 연예단에서 보드빌[9]에 출연하기까지 했다. 그러나 그는 결국 철도국에 들어가게 되었는데, 그걸 후회하지는 않았다. 왜냐하면 지금 약간의 퇴직연금을 받을 수 있기 때문이었다. 그는 아내와 그리 행복한 편은 아니었지만, 전체적으로 그녀에게 꽤 익숙해져 있었다. 아내가 세상을 떠났을 때 그는 상당히 외

9_ '보드빌(vaudeville)'이란 노래·춤이 섞인 경가극(經歌劇)이다(역주).

로움을 느꼈다. 그때 작업장 동료에게 개 한 마리를 부탁해서는 아주 어린 놈을 갖게 되었다. 처음에는 젖병을 물려서 길러야만 했다. 그러나 개는 사람보다 오래 살지 못하므로 그들은 함께 늙고 말았다. 살라마노가 말했다.

"그놈, 성격이 나빴어. 때때로 우리는 말다툼을 했지. 그래도 그놈은 좋은 개였어."

내가 좋은 혈통의 개라고 말하자 살라마노는 만족해하는 것처럼 보였다. 그는 또 덧붙였다.

"게다가, 병들기 전의 모습을 본 적이 없지요? 그놈한테 가장 보기 좋은 게 털이었지요."

개가 피부병에 걸린 이후부터 살라마노는 매일 아침저녁으로 연고를 발라주었다. 그러나 그의 말로는, 개의 진짜 병은 노화이고, 노화는 치유가 불가능하다는 것이었다.

그때 내가 하품을 하자 영감은 이제 가보아야겠다고 말했다. 나는 그에게 더 있어도 된다고 했고, 그의 개에게 일어난 일이 걱정이 된다고 말했다. 그는 나에게 고마워했다. 그는 엄마가 그 개를 엄청 좋아했다고 말했다. 어머니 얘기를 하면서 그는 '당신의 가엾은 어머니'라고 불렀다. 그는 엄마가 돌아가신 이후 내가 꽤 가련할 거라는 짐작을 내놓았지만, 나는 아무 대답도 하지 않았다. 그때 그는 조금 어색한 표정을 지으며 빠른 어조로, 동네 사람들이 엄마를 양로원에 보냈다고 나를 나쁘게 생각하고 있다는 것을 알고 있지만, 자기는 나를 알고, 내가 어머니를 얼마나 사랑했는지를 알고 있다고 말했다. 아직 이유는 알 수 없지만, 나는 지금까지 사람들이 그 점에 대해서 나를 안 좋게 여긴다는 사실을 몰랐으며, 나는 엄마를 돌볼 충분한 돈이 없었기 때문에 양로원에 보내는 것이 당연한 것으로 보였다고 대답했다. 그리고 나는 덧붙였다.

"게다가, 어머니는 오래전부터 내게 할 말도 없으셨고, 완전히 혼자가 되어 적적했어요."

"그럼요, 양로원에서는 최소한 친구라도 사귈 수 있지요."라고 그가 말했다.

그리고 나서 그는 양해를 구했다. 자러가고 싶어 했다. 그의 생활은 이제 바뀌었는데, 앞으로 뭘 해야 할지 잘 알지 못했다. 그를 알게 된 이래 처음으로 그는 슬그머니 나에게 손을 내밀었고, 나는 그의 피부가 거북이 등껍질 같다고 느꼈다. 그는 살짝 웃고는 떠나기 전에 나에게 말했다.

"오늘 밤에는 개들이 짖지 않았으면 좋겠소. 그놈이 내 개라는 생각이 끊임없이 들거든요."

VI

일요일, 나는 잠을 깨기가 힘들었다. 마리가 나를 부르면서 흔들어야 했다. 우리는 일찍부터 해수욕을 하고 싶어서 아침도 먹지 않았다. 나는 완전히 텅 빈 느낌이 들었고 머리도 약간 아팠다. 담배 맛이 썼다. 마리는 내가 '초상을 치르는 사람의 표정'을 하고 있다면서 나를 놀려댔다. 마리는 마로 된 흰색 원피스를 입었고, 머리는 풀어 늘어뜨리고 있었다. 내가 예쁘다고 하니까 그녀는 좋아서 웃었다.

내려가면서 우리는 레몽의 방문을 두드렸다. 레몽은 곧 내려온다고 대답했다. 거리로 나오자, 피곤하기도 했고 또 덧창을 열지 않고 있었던 탓도 있어서 벌써 쨍쨍 내리쬐는 대낮의 뜨거운 태양에 나는 따귀라도 얻어맞는 기분이었다. 마리는 기뻐서 폴짝폴짝 뛰면서 날씨가 좋다는 말을 멈추지를 않았다. 나는 기분이 좀 나아지는 것을 느꼈고, 배가 고프다는 것을 깨달았다. 마리에게 그 말을 하자, 그녀는 우리가 입을 두 벌의 수영복과 수건이 들어 있는 방수포 가방을 보여 주었다. 기다리는 수밖에 없었다. 이윽고 레몽이 그의 방문을 닫는 소리가 들렸다. 그는 파란색 바지와 소매가 짧은 흰 셔츠를 입고 있었다. 게다가 둥글고 납작한 밀짚모자를 쓰고 있어서, 마리가 웃음을 터뜨렸다. 그리고 아주 하얀 그의 팔뚝은 검은 털로 덮여 있었다. 나는 그것이 약간 혐오스러웠다. 그는 휘파람을 불면서 내려왔는데, 아주 만족스러운 표정이었다. 나에게 인사했다.

"안녕, 친구."

그는 마리를 '아가씨'라고 불렀다.

그 전날 우리는 경찰서에 갔고, 나는 그 여자가 레몽을 '농락했다'고 증언했다. 레몽은 경고만 받았을 뿐 무사히 나왔다. 내 진술을 확인하는 사람은 없었다. 문 앞에서 레몽과 그 이야기를 나눈 후 우리는 버스를 타기로 결정했다. 해변은 아주 멀지는 않았지만, 그렇게 하면 더 빨리 갈 수 있을 것이기 때문이었다. 레몽은 우리가 일찍 도착하면 자기의 친구도 기뻐할 거라고 생각했다. 우리가 출발하려고 할 때, 레몽이 갑자기 나에게 맞은편을 보라는 눈짓을 했다. 나는 담배 가게의 진열장에 등을 기대고 서 있는 한 무리의 아랍인들을 보았다. 그들은 아무 말 없이 우리를 쳐다보고 있었는데, 마치 우리가 돌이나 고목에 지나지 않는 듯한 태도였다. 레몽은 내게 왼쪽에서 두 번째가 그 녀석이라고 말했는데, 신경이 좀 쓰이는 눈치였다. 그렇지만 그건 이제 끝난 이야기라고 덧붙였다. 마리는 영문을 모른 채 무슨 일이 있느냐고 우리에게 물었다. 나는 저 아랍인들이 레몽에게 앙심을 품고 있다고 말했다. 마리는 곧 바로 출발하기를 원했다. 레몽은 가슴을 펴고서 서둘러야겠다고 말하면서 웃었다.

우리는 약간 더 떨어져 있는 버스 정류장을 향해서 갔고, 레몽은 아랍인들이 우리를 쫓아오지는 않는다고 알려주었다. 나는 뒤를 돌아다보았다. 그들은 같은 장소에 계속 있었고, 우리가 방금 떠나온 곳을 여전히 무관심한 태도로 바라보고 있었다. 우리는 버스를 탔다. 레몽은 완전히 마음이 놓인 듯 마리에게 줄곧 농담을 했다. 내가 보기에 마리가 그의 마음에 든 것 같았지만, 마리는 그에게 거의 대꾸를 하지 않았다. 이따금 그녀는 웃으면서 레몽을 쳐다볼 뿐이었다.

우리는 알제의 교외에서 내렸다. 바닷가는 버스 정류장에서 멀지 않았다. 그러나 바다가 굽어보이는 해변 쪽으로 곧게 뻗은 작은 언덕 하나를 지나야만 했다. 언덕은 이미 완연히 짙어진 쪽빛 하늘을 배경으로 노란 돌들과 새

하얀 수선화들로 뒤덮여 있었다. 마리는 방수포 가방을 크게 휘둘러 수선화의 꽃잎들을 떨어뜨리는 장난을 치며 즐거워했다. 우리는 초록색 혹은 흰색 울타리가 쳐진 작은 별장들 사이로 걸어갔다. 어떤 별장들은 베란다까지 위성류 나무 아래에 가려져 있었고, 어떤 별장들은 바위들 한가운데 그대로 드러나 있었다. 언덕 끝에 이르기도 전에 벌써 고요한 바다가 나타났고, 더 멀리 맑은 물속에 졸고 있는 듯한 거대한 곶이 보였다. 가벼운 모터 소리가 고요한 대기를 뚫고 우리에게까지 들려왔다. 그리고 아득히 멀리 반짝이는 바다 위로 보일까 말까 할 정도의 작은 트롤선 한 척이 앞으로 나아가는 것이 보였다. 마리는 창포를 몇 송이 꺾었다. 바다로 내려가는 언덕길에서 바라보니, 벌써 몇몇 사람들이 수영을 하고 있는 모습이 눈에 들어왔다.

레몽의 친구는 해변 기슭에다 지은 조그마한 목조 별장에 살고 있었다. 집은 바위를 등지고 있었고, 집의 전면을 떠받치고 있는 기둥들은 물속에 이미 잠겨 있었다. 레몽이 우리를 소개했다. 그의 친구 이름은 마송이었다. 그는 키가 크고 어깨가 넓은 건장한 사나이였는데, 파리 말씨를 쓰는 통통하고 예쁘장하게 생긴 키가 작은 아내와 함께 있었다. 그는 곧 우리에게 편하게 지내자고 말하고는, 바로 그날 아침에 낚시한 생선 튀김이 있다고 했다. 나는 그에게 집이 어쩌면 이렇게도 예쁘냐고 말했더니, 그는 토요일과 일요일 그리고 휴일마다 이곳에 와서 지낸다는 것이었다. 그리고 덧붙였다.

"아내는 누구와도 잘 지냅니다."

마침 그의 부인은 마리와 함께 웃고 있었다. 아마 그때 처음으로 내가 결혼을 하게 될 것이라는 생각이 실제로 들었다.

마송은 수영을 하고 싶어 했지만, 그의 부인과 레몽은 가고 싶어 하지 않았다. 우리 셋은 바닷가로 내려왔고, 마리는 곧장 물속으로 뛰어들었다. 마송과 나는 잠시 기다렸다. 그는 말투가 느렸는데, 나는 그가 말을 끝맺을 때마다 '그뿐만 아니라'를 습관적으로 덧붙인다는 것을 알아차렸다. 실제로 그가 이야기하는 내용상 아무것도 덧붙일 것이 없을 때에도 그랬다. 마리에 대해서 그는 말했다.

"멋있군요. 그뿐만 아니라 매력적이에요."

그 후 나는 더 이상 그의 말버릇에 주의를 기울이지 않게 되었다. 태양이 가져다주는 뜨거운 기운을 느끼느라 정신을 빼앗겼기 때문이었다. 발밑에서 모래가 뜨거워지기 시작했다. 나는 물에 들어가고 싶은 욕구를 계속 참고 있다가, 마침내 마송에게 말했다.

"들어가 볼까요?"

나는 물속으로 뛰어들었다. 마송은 천천히 물에 들어와서는 더 이상 발이 땅에 닿지 않았을 때에야 몸을 던졌다. 그는 개구리헤엄을 쳤고, 상당히 서툴렀다. 그래서 나는 그를 내버려 두고 마리와 합류했다. 물은 차가웠고, 수영을 하니 기분이 좋았다. 마리와 함께 멀리까지 헤엄쳐 갔는데, 우리는 몸짓과 만족감에서 서로 일치되는 것을 느꼈다.

바다 한가운데로 나가서 우리는 몸을 띄웠다. 하늘로 향한 내 얼굴 위로 내리쬐는 태양은 입으로 흘러드는 물의 마지막 장막까지 걷어주었다. 우리는 마송이 해변으로 돌아가서는 햇볕에 드러눕는 것을 보았다. 멀리서도 그는 거구로 보였다. 마리는 함께 헤엄치고 싶어 했다. 내가 뒤쪽에서 마리의 허리를 붙잡자, 마리는 온 팔 힘을 다해 앞으로 나아가려 했고, 나는 그러는 그녀를 발로 물장구를 치면서 도왔다. 이렇게 아침나절 내내 철석거리는 물소리와 함께 하다 보니, 마침내 나는 지치기 시작했다. 그래서 나는 마리를 남겨두고 호흡을 조절하면서 규칙적으로 헤엄을 쳐서 돌아왔다. 해변에서 나는 마송 옆에 배를 깔고 누워 얼굴을 모래에다 묻었다. 나는 그에게 '좋은데'라고 말했고, 그도 같은 생각이었다. 얼마 지나지 않아 마리가 돌아왔다. 나는 돌아누워 마리가 다가오는 것을 바라다보았다. 그녀의 몸은 온통 소금물로 끈적끈적해 보였고, 머리는 뒤로 늘어뜨리고 있었다. 마리는 나와 옆구리를 서로 붙인 채 누웠다. 그녀의 체온과 함께 태양이 쏟아내는 열기로 인해 나는 살포시 잠이 들었다.

마리가 나를 흔들어 깨워서는 마송은 벌써 집으로 올라갔으며, 이젠 점심을 먹어야 할 시간이라고 말했다. 나는 배가 고팠으므로 벌떡 일어났지만, 마리는 내가 오늘 아침부터 지금까지 한 번도 키스를 해주지 않았다고 했다. 그건 사실이었다. 나도 키스를 하고 싶었다. 마리가 말했다.

"물속으로 들어가요!"

우리는 뛰어가서 첫 번째의 잔물결 속에다 몸을 던졌다. 함께 개구리헤엄을 몇 번 쳐 가는 중에 마리가 내게 찰싹 달라붙었다. 그녀의 다리가 내 다리에 휘감기는 것을 느꼈고, 나는 그녀를 원했다.

우리가 돌아왔을 때, 마송은 벌써 우리를 부르고 있었다. 내가 배가 몹시 고프다고 말했더니, 그는 곧장 자기 아내에게 내가 자기의 마음에 든다고 말했다. 빵은 맛있었고, 나는 내 몫의 생선을 탐욕스럽게 먹어치웠다. 다음으로 고기와 감자튀김이 나왔다. 우리는 모두다 아무 말 없이 먹기만 했다. 마송은 자주 포도주를 마시면서 쉬지 않고 내 잔을 채워주었다. 커피가 나왔을 때, 나는 머리가 좀 무거워 담배를 많이 피웠다. 마송과 레몽, 그리고 나는 비용을 분담하여 8월을 해변에서 함께 보낼 것을 의논했다. 마리가 갑자기 말했다.

"지금 몇 시인지나 아세요? 열한 시 반이에요."

우리는 모두가 놀랐다. 그러나 마송은 우리가 너무 일찍 식사를 했지만 점심시간이라는 것은 결국 배고플 때의 시간이므로 자연스럽지 않느냐고 말했다. 왜인지는 모르겠지만 이 말에 마리는 웃음을 터뜨렸다. 나는 마리가 술을 좀 지나치게 마신 탓이라고 생각했다. 그때 마송이 나에게 자기와 함께 해변으로 산책을 나가지 않겠느냐고 물었다.

"내 아내는 점심식사 후에 항상 낮잠을 자지요. 난 그게 싫어요. 난 걸어야 하거든요. 그게 건강에 좋다고 항상 아내에게 얘기하지요. 그렇지만 결국 본인이 하고 싶은 대로 할 수밖에 없지요."

마리는 자기는 남아서 마송 부인이 설거지하는 것을 돕겠다고 말했다. 그러려면 남자들은 밖으로 내보내야 한다고 키기 작은 파리 여인이 말했다. 우리 셋은 해변으로 내려갔다.

태양은 거의 수직으로 모래 위에 내려 쪼이고 있었고, 바다에 반사되는 그 빛은 견딜 수가 없을 정도였다. 해변에는 더 이상 아무도 없었다. 언덕의 가장 자리를 따라 바다를 굽어보며 솟아있는 작은 별장들 안에서는 접시며 식기들 소리가 들렸다. 지면에서 올라오는 돌의 열기 속에서 숨쉬기조차 어려웠다. 처음에는 레몽과 마송이 내가 모르는 일들과 사람들의 얘기를 했다. 나는 그들이 서로 알고 지낸지 오래되었으며, 한 때에는 같이 살기도 했다는 것을 알게 되었다. 우리는 물가 쪽으로 가서는 바다를 따라 거닐었다. 가끔씩 아주 잔잔하고 긴 물결이 밀려와 우리의 캔버스화를 적셨다. 나는 맨머리 위로 내리쬐는 태양 때문에 반쯤 졸고 있었기 때문에 아무것도 생각할 수 없었다.

그때 레몽이 마송에게 뭔가를 말했지만 내게는 잘 들리지 않았다. 그러나 그와 동시에 나는 우리와는 상당히 떨어진 해변의 끝에서 푸른색 작업복을 입은 두 명의 아랍인이 우리 쪽을 향해서 오는 것을 발견했다. 나는 레몽을 쳐다보았고, 그는 말했다.

"그 놈이야."

우리는 계속해서 걸었다. 마송은 그들이 어떻게 여기까지 우리를 쫓아올 수 있었는지 물었다. 그들이 분명히 우리가 비치백을 들고 버스를 타는 것을 보았을 거라고 나는 생각했지만 아무 말도 하지 않았다.

아랍인들은 천천히 앞으로 다가오고 있었는데, 이미 생각보다 훨씬 더 가까워져있었다. 우리는 걷는 속도를 바꾸지는 않았다. 레몽이 말했다.

"싸움이 벌어지면 마송, 넌 두 번째 녀석을 맡아. 난 날 노리는 놈을 책임질 테니. 뫼르소, 자네는 또 다른 놈이 오면 그건 자네 몫이야."

"그래."하고 나는 대답했고, 마송은 두 손을 호주머니 속에 넣었다.

뜨겁게 달아오른 모래가 지금 내게는 붉게 보였다. 우리는 일정한 걸음걸이로 아랍인들을 향해서 나아갔다. 우리들 사이의 거리는 일정하게 줄어들었다. 서로의 거리가 몇 걸음밖에 되지 않았을 때 아랍인들이 멈추었다. 마송과 나는 걸음을 늦추었으나, 레몽은 똑바로 자신이 맡은 녀석을 향해 갔다. 나는 레몽이 그에게 뭐라고 했는지는 잘 듣지 못했지만, 그 녀석이 머리로 들이받으려는 시늉을 했다. 그러자 레몽이 먼저 한 대 후려치고는 곧장 마송을 불렀다. 마송은 우리가 미리 지목했던 녀석에게 가서 힘껏 두 방을 먹였다. 아랍 녀석은 얼굴을 밑바닥에 처박고는 물속에 납작해져 있었다. 그런 상태로 몇 초 동안 있었는데, 그의 머리 주변에서는 거품이 물위로 부글거렸다. 그러는 동안에 레몽도 그 녀석을 후려쳐서 얼굴이 피투성이가 되었다. 레몽이 나에게 고개를 돌리더니 말했다.

"이 자식 꼬락서니 좀 보라구."

"조심해, 칼을 가지고 있어!"

내가 소리쳤으나, 레몽은 이미 팔을 찔렸고, 입을 베었다.

마송이 앞으로 펄쩍 뛰어나갔다. 그러나 다른 아랍 녀석이 일어나서 무기를 들고 있는 녀석의 뒤에 섰다. 우리는 움직이지 못했다. 그들은 우리에게 눈을 떼지 않은 채 칼로 우리를 위협하면서 천천히 뒷걸음질로 물러섰다. 충분히 거리가 벌어졌다는 것을 알자 그들은 부리나케 달아나 버렸다. 그동안 우리는 태양 아래 못 박힌 듯 서 있었고, 레몽은 피가 흐르는 팔을 움켜쥐고 있었다.

마송은 즉시, 매주 일요일마다 언덕 별장으로 와서 지내는 의사가 있다고 말했다. 레몽은 곧바로 그 의사에게 가기를 원했다. 그러나 그가 말을 할 때마다 상처에서 흐르는 피가 입안에서 거품을 일으켰다. 우리는 그를 부축해서 가능한 한 빨리 별장으로 돌아왔다. 거기서 레몽은, 상처가 얕으므로 의사에게 직접 갈 수 있다고 말했다. 그는 마송과 함께 떠났고, 나는 남아서 여자들에게 무슨 일이 있었는지를 설명했다. 마송 부인은 울었고, 마리는 겁에 질려 파래졌다. 나로서는 그들에게 설명하는 것이 성가셨다. 그래서 결국 입을 다물고는 바다를 바라보며 담배를 피웠다.

한 시 반경에 레몽이 마송과 함께 돌아왔다. 그는 팔에는 붕대를 감고, 입가에는 반창고를 붙이고 있었다. 의사가 그에게 별것 아니라고 말했지만, 레몽은 아주 우울해 보였다. 마송은 그를 웃게 하려고 애를 썼다. 그러나 그는 여전히 말이 없었다. 그가 해변으로 내려간다고 말했을 때 나는 그에게 어디로 갈 거냐고 물었다. 마송과 나는 우리도 같이 가 주겠다고 말했다. 그러자 그는 화를 내면서 우리에게 욕을 했다. 마송은 그의 비위를 거스르지 말아야 한다고 말했다. 그런데도 나는 그를 뒤따라 나섰다.

우리는 오랫동안 해변을 걸었다. 태양은 이제 짓누르는 듯했다. 햇볕은 모래와 바다 위에 조각조각으로 부서지고 있었다. 나는 레몽이 자신이 어디로 가는지를 알고 있다는 인상을 받았지만, 그건 아마 틀린 것 같았다. 해변의 맨 끝까지 가서, 우리는 마침내 커다란 바위 뒤에서 모래밭으로 흐르고 있는 조그마한 샘에 이르렀다. 거기서 우리는 바로 그 두 아랍 녀석을 발견했다. 그들은 기름기가 낀 작업복을 입고 누워 있었다. 그들은 아주 평안하고 거의 만족스러워 보였다. 우리가 다가가도 전혀 흔들림이 없었다. 레몽을 찌른 녀석도 아무 말 없이 레몽을 쳐다볼 뿐이었다. 다른 녀석은 작은 갈대피리를 불고 있었는데, 곁눈으로 우리를 쳐다보면서 그 악기에서 낼 수 있는 세 개의 소리를 끊임 없이 반복했다.

그러는 동안 거기에는 태양과 침묵, 그리고 흐르는 샘물 소리와 피리의 세 음조만이 존재할 뿐이었다. 이윽고 레몽이 그의 바지 뒷주머니로 손을 가지고 갔지만 상대편은 움직이지 않았다. 둘은 여전히 서로 마주보고 있다. 나는 피리를 불고 있는 녀석의 발가락 사이가 몹시 벌어진 것을 주목했다. 그러나 레몽은 자신의 상대에게 눈을 떼지 않고 나에게 물었다.

"저 놈을 죽여 버릴까?"

나는 내가 안 된다고 말하면, 그가 완전히 제풀에 흥분해서 분명 방아쇠를 당길 거라고 생각했다. 그래서 단지 이렇게 말했다.

"그놈이 아직 너에게 아무 말도 하지 않았어. 그런 식으로 쏘아버린다는 것은 비열하지."

침묵과 열기의 한 가운데서 여전히 물 흐르는 소리와 피리 소리만이 자그맣게 들릴 뿐이었다. 그러자 레몽이 말했다.

"그러면 내가 그놈에게 욕을 해야겠군. 그놈이 대거리를 하면, 그놈을 죽여 버릴 거야."

나는 대답했다.

"바로 그거야. 하지만 그놈이 칼을 꺼내지 않으면 방아쇠를 당겨서는 안 돼."

레몽은 약간 흥분하기 시작했다. 상대방은 여전히 피리를 불고 있었고, 두 녀석 모두 레몽의 움직임을 하나하나 지켜보고 있었다. 내가 레몽에게 말했다.

"쏴선 안 돼. 그놈을 남자대 남자로 상대해. 네 총은 나에게 줘. 다른 녀석이 끼어들거나 칼을 꺼내면 내가 그놈을 죽여 버릴게."

레몽이 나에게 권총을 주었을 때, 그 위로 햇볕이 미끄러지듯이 반사되었다. 그러나 우리는 마치 우리 주위의 모든 것이 막힌 것처럼 여전히 움직이지 않고 있었다. 우리는 눈도 깜짝 않고 서로를 똑바로 노려보고 있었다. 여기에서는 모든 것이 바다와 모래와 태양, 피리 소리와 물소리가 가져다주는 이중적 정적 가운데 정지해 있었다. 그 순간 나는 총을 쏠 수도 있고 쏘지 않을 수도 있다고 생각했다. 그러나 갑작스럽게 아랍 녀석들이 뒷걸음치며 바위 뒤로 기어들어 갔다. 그래서 레몽과 나는 우리가 갔던 길을 되돌아왔다. 레몽은 기분이 좀 나아진 것처럼 보였고, 집으로 돌아가는 버스에 대해 이야기했다.

나는 별장까지 그와 동행했으나, 그가 나무 계단을 오르는 동안 나는 첫 번째 계단 앞에 그대로 서 있었다. 햇볕을 받아 머리는 멍했고, 나무 계단을 올라가서는 다시 여자들과 대면해야 한다는 생각에 의욕이 꺾여버렸던 것이다. 그러나 열기가 너무나 맹렬해서 하늘에서 쏟아지는 눈부신 태양의 비를 맞으면서 계속 서있는 것도 고통스러운 일이었다. 여기에 머물거나 떠나거나 매한가지였다. 잠시 후에 나는 다시 해변을 향해 걷기 시작했다.

해변은 변함없이 붉게 이글거리고 있었다. 모래 위에서 바다는 잔물결에 숨이 막혀 온통 가쁜 숨을 헐떡거렸다. 나는 바위 쪽으로 천천히 걸어갔다. 이마가 태양 아래에서 팽창하는 것을 느꼈다. 이 모든 열기가 나를 짓누르며 내 갈 길을 가로 막고 있었다. 그리하여 얼굴 위에 이 엄청나게 무더운 바람이 와 닿는 것을 느낄 때마다 나는 이를 악물고, 바지 주머니 속의 주먹을 움켜쥐고서 태양과 태양이 쏟아붓는 이 불가해한 취기를 이겨 내려고 온 몸에 긴장을 늦추지 않았다. 모래나 흰 조개껍질이나 유리 조각에서 발하는 빛이 칼날처럼 번득일 때마다 내 턱은 경련을 일으켰다. 나는 오랫동안 걸었다.

멀리 빛과 바닷물보라가 만들어 내는 눈부신 후광에 둘러싸인 거무스름한 작은 바위덩어리가 보였다. 나는 바위 뒤의 서늘한 샘을 생각했다. 나는 그곳 샘물의 속삭임을 다시 듣고 싶었고, 태양과 더위와 싸우는 수고와 여자의 눈물에서 도망가고 싶었고, 마침내는 그늘과 휴식을 되찾고 싶었다. 그러나 좀 더 가까이 다가갔을 때, 나는 레몽과 상대했던 녀석이 다시 돌아와 있는 것을 보았다.

그는 혼자였다. 그는 두 손을 목덜미 아래에 받치고, 얼굴은 바위의 그늘에 두고, 몸 전체는 햇볕에 둔 채 반듯이 누워있었다. 열기로 인해 그의 푸른색 작업복에서 김이 났다. 나는 약간 놀랐다. 나로서는 그건 끝난 이야기였고, 그 사건에 대해 생각지도 않은 채 거기에 갔다.

그는 나를 보자마자 몸을 약간 일으키고는 호주머니에 손을 넣었다. 나도, 물론, 윗옷 속에 있는 레몽의 권총을 꽉 잡았다. 그때 그는 다시 뒤로 물러섰지만, 자신의 호주머니에서 손을 끄집어내지 않은 채였다. 나는 그에게서 제법 멀리, 한 십여 미터쯤 떨어져 있었다. 나는 이따금, 반쯤 감은 눈꺼풀 사이로 감지되는 그의 시선을 간파할 수 있었다. 그러나 대개의 경우 그의 모습은, 불타오르는 대기 속에서 춤추듯 내 눈앞에 어른거렸다. 파도소리는 정오 때보다 한층 더 나른하고 평온해졌다. 이전과 똑같은 모래 위에 똑같은 태양, 똑같은 빛이 여기에 그대로 연장되고 있었다. 벌써 2시간 전부터 낮은 나아가지 않고 멈춰서, 끓어오르는 쇳물의 바다 속에 그 닻을 내리고 있었다. 수평선 위로 조그마한 증기선이 지나갔다. 내가 얼핏 쳐다보고는 그 검은 점만을 알아본 것은 계속 아랍 녀석으로부터 눈을 떼지 않고 있었기 때문이었다. 내가 뒤로 돌아서기만 하면 그걸로 모두 끝나는 것이라고 생각되었다. 그러나 태양에 전율하는 온 해변이 내 뒤로 죄어들고 있었다. 나는 샘을 향해서 몇 걸음 걸었다. 아랍 녀석은 움직이지 않았다. 어쨌든, 그는 아직 제법 멀리 떨어져 있었다. 아마도 얼굴 위에 드리운 그늘 때문이었는지 그는 웃고 있는 것처럼 보였다. 나는 기다렸다. 태양의 열기가 내 뺨으로 퍼져나가고, 땀방울이 눈썹에 맺히는 것을 느꼈다. 엄마의 장례식을 치르던 그날과 똑같은 태양이었다. 그때처럼 특히 머리가 아팠고, 이마의 모든 핏줄이 한꺼번에 피부 밑에서 뛰고 있었다. 더 이상 견딜 수 없는 그 열기 때문에 나는 앞으로 한 걸음 움직였다. 그것이 바보짓이며, 한 걸음 옮긴다할지라도 태양으로부터 벗어나지 못한다는 것을 나는 알고 있었다. 그렇지만 나는 한 걸음, 다만 한 걸음 더 앞으로 나아갔다. 그러자 이번에는 아랍 녀석이 몸을 일으키지 않은 채 자신의 단도를 끄집어내어, 햇볕이 내리쬐는 한가운데서 나에게로 겨누었다. 빛이 강철 위에서 반사되자, 그것은 번쩍거리는 길쭉한 칼날이 되어 내 이마를 쑤셔대는 것 같았다. 바로 그 순간 눈썹에 맺혀 있던 땀이 한꺼번에 눈꺼풀 위로 흘러내려 미지근하고 두터운 막으로 눈두덩을 덮어 버렸다. 이 눈물과 소금의 장막에 가려 내 눈은 보이지 않았다. 나는 이마 위로 울리는 태양의 심벌즈와, 여전히 정면의 단도에서 발사되는 눈부신 빛의 칼날만을 희미하게 느낄 뿐이었다. 이 불타는 칼날은 내 속눈썹을 갉아

먹고, 고통스러운 내 눈을 후벼 팠다. 바로 그때 모든 것이 흔들렸다. 바다는 무겁고 뜨거운 바람을 실어왔다. 하늘이 끝까지 활짝 열려 불이 비 오듯 뿜어대도록 내버려 두는 것 같았다. 나는 온몸이 긴장되었고, 총을 든 손에 경련이 났다. 방아쇠가 당겨졌다. 나는 권총 자루의 매끈한 배를 만졌다. 바로 거기에서, 둔탁하고 귀를 멍멍하게 하는 소리와 함께 모든 것이 시작되었다. 나는 땀과 태양으로부터 해방되었다. 나는 한낮의 균형과, 내가 행복해 했던 해변의 이례적인 침묵을 깨뜨려 버렸다는 것을 깨달았다. 그때, 나는 그 움직이지 않는 몸뚱이에 다시 네 발을 쏘았다. 총알은 눈에 보이지 않게 박혀 버렸다. 그것은 마치 내가 불행의 문을 두드리는 네 번의 짧은 노크 소리와도 같았다.

제2부

I

체포된 뒤 곧 나는 여러 번 심문을 받았다. 그러나 그것은 신원 확인을 위한 심문이었으므로 시간이 오래 걸리지 않았다. 처음에 경찰에서는 아무도 내 사건에 관심이 없어 보였다. 일주일 후 예심판사는 그와 반대로 호기심을 가지고 나를 관찰했다. 우선 그는 나의 이름, 나의 주소, 나의 직업, 나의 출생일과 출생지만을 물었다. 그리고 나서 내가 변호사를 선임했는지를 알고 싶어 했다. 나는 아니라고 털어놓았고, 변호사를 선임하는 것이 절대적으로 필요한 건지에 대해 물었다.

"왜지요?"하고 그가 말했다.

나는 내 사건이 아주 단순해 보인다고 대답했다. 그는 이렇게 말하면서 웃었다.

"그렇게 생각할 수도 있지요. 그렇지만 법이란 것이 있어요. 당신이 변호사를 선임하지 않으면 우리가 국선변호인을 지정하게 됩니다."

나는 사법부가 그러한 세세한 것에 신경을 써 준다니 정말 편리하다는 생각이 들었다. 나는 그에게 그 말을 했다. 그는 내 말에 동의하고는 법이 참으로 잘 되어 있다고 결론지었다.

나는 처음엔 그를 진지하게 대하지 않았다. 그는 커튼이 처진 방에서 나를 맞았다. 그의 책상 위에는 나를 앉힌 안락의자를 비추는 단 하나의 램프만이 놓여 있었고, 그 자신은 어두움 속에 앉아 있었다. 나는 이미 책들에서 이와 유사한 장면의 묘사를 읽었던 일이 있었는데, 이 모든 것이 내게는 놀이처럼 여겨졌다. 우리들의 대화가 끝난 후에, 이젠 반대로 내가 그를 쳐다보았다. 그는 말쑥한 얼굴에 깊고 푸른 눈, 큰 키, 긴 회색의 콧수염과 거의 백발에 가까운 풍성한 머리숱을 가진 남자였다. 그는 매우 합리적으로 보였고, 입술을 삐쭉거리는 신경질적인 버릇이 있기는 해도 어떻든 호감이 가는 사람으로 보였다. 방을 나오면서 나는 그에게 악수를 청하려고까지 했다. 그러나 바로 그 순간, 내가 사람을 죽였다는 사실을 떠올렸다.

다음날 변호사 한 사람이 나를 만나러 구치소에 왔다. 그는 작고 동글동글하고 상당히 젊어 보였고, 머리카락을 정성스럽게 빗어 올려붙이고 있었다. 더위에도 불구하고(나는 셔츠바람이었다) 그는 끝이 접힌 칼라가 있는 어두운 빛깔의 양복에 검고 흰 굵은 줄무늬가 있는 이상한 모양의 넥타이를 매고 있었다. 그는 내 침대 위에다 겨드랑이에 끼고 온 서류가방을 내려놓고, 자기소개를 하고는 내 서류를 검토했다고 말했다. 내 사건은 까다롭기는 하지만, 내가 자기를 믿어주기만 하면 재판에 이길 것을 의심하지 않는다는 것이었다. 나는 그에게 감사했다. 그는 나에게 말했다.

"문제의 핵심을 이야기합시다."

그는 침대 위에 앉아서는, 내 사생활에 대한 정보 조사가 이루어졌다고 나에게 설명했다. 어머니가 최근에 양로원에서 돌아간 사실을 알고는 마랑고로 조사를 갔었고, 이때 예심판사들은 엄마의 장례식 날 '내가 무심한 태도를 보였다'는 사실을 알아냈다는 것이었다. 변호사가 나에게 말했다.

"이해하시겠지만, 당신에게 이 질문을 하는 것이 저로서도 약간 거북스럽습니다. 하지만 이것은 아주 중요합니다. 내가 그것에 대해 대답할 거리를 아무것도 찾지 못하면 이것은 기소를 위한 중대한 논거가 될 수 있습니다."

그는 내가 도와주기를 원했다. 그는 내가 그날 슬펐었느냐고 물었다. 이 질문에 나는 매우 놀랐다. 만약 내가 그런 질문을 해야만 했다면 나는 상당히 거북했을 것이라는 생각이 들었다. 그렇지만 나는 자문해 보는 습관이 별로 없어서, 그걸 말로 표현한다는 것이 나로서는 어렵다고 대답했다. 분명 엄마를 매우 사랑했지만, 그건 아무 의미도 없는 것이다. 정상적인 사람이면 누구나 사랑하는 사람의 죽음을 바랐던 적이 어느 정도는 있는 법이다. 여기서 변호사는 내 말을 잘랐는데, 매우 동요하는 것처럼 보였다. 그는 나에게 법정에서도, 그리고 예심판사에게도 이 말을 하지 않겠다고 약속하게 했다. 그렇지만 나는 그에게 내 육체적 욕구가 종종 내 감정을 흐트러뜨리는 경우가 있다고 설명했다. 엄마의 장례식을 치르던 그날, 나는 아주 피곤했고 졸음에 쫓겼다. 그렇기 때문에 나는 그날 무슨 일이 있었는지 잘 알 수가 없다. 내가 확실히 말할 수 있는 것은 엄마가 돌아가시지 않았으면 더 좋았으리라는 것뿐이다. 그러나 내 변호사는 만족해 보이지 않았다. 그가 나에게 말했다.

"그걸로는 충분치 않아요."

그는 심사숙고했다. 그는 나에게 그날 내가 나의 자연적인 감정을 억눌렀다고 말할 수 있는지 물었다. 내가 대답했다.

"아니요, 왜냐하면 그건 사실이 아니니까요."

그는 내가 그에게 약간의 혐오감을 불러일으키기라도 한 듯이 이상한 태도로 나를 쳐다보았다. 그는 나에게 어쨌든 양로원의 원장과 직원들이 증인으로서 심문을 받을 터인데, '그것이 나를 궁지에 몰아넣을 수도 있다'고 거의 악의적으로 말했다. 나는 그에게 그런 이야기는 내 사건과 아무 관계도 없다는 것을 지적했지만, 그는 내가 사법기관과 관계해 본 적이 한 번도 없음이 분명하다고 말할 뿐이었다.

그는 화가 난 표정으로 나가 버렸다. 나는 그를 붙잡고 내가 더 잘 변호를 받기 위해서가 아니라, 감히 말해 보자면, 자연스럽게 그의 호감을 사고 싶다는 것을 설명하고 싶었다. 무엇보다도 내가 그를 불편하게 한다는 것을 알았다. 그는 나를 이해하지 못했고, 오히려 어느 정도 원망하기까지 했다. 나는 내가 세상 사람들과 같다는 것을, 절대적으로 세상 사람들과 같다는 것을 그에게 분명하게 표명하고 싶었다. 그러나 이 모든 것이 사실상 별 소용이 없었고, 나는 게으름 때문에 그걸 포기해 버렸다.

그로부터 얼마 지나지 않아 나는 예심판사 앞에 다시 인도되었다. 오후 2시였는데, 이번에는 그의 사무실은 천 커튼에 의해 간신히 누그러뜨려진 빛으로 가득했다. 매우 무더운 날씨였다. 그는 나를 앉게 했고, 아주 정중하게 나의 변호사가 '갑자기 일이 생겨서' 올 수 없다는 것을 알려주었다. 그러나 내게는 그의 질문에 대답하지 않거나, 내 변호사가 배석하기를 기다릴 권리가 있었다. 나는 혼자서도 답변할 수 있다고 말했다. 그는 탁자 위의 버튼을 손가락으로 눌렀다. 한 젊은 서기가 들어와 바로 내 등 뒤에 자리를 잡았다.

우리는 둘 다 안락의자에 편안하게 자리를 잡고 앉았다. 심문이 시작되었다. 그는 우선 사람들이 나를 과묵하고 감정을 밖으로 잘 드러내지 않는 성격을 가진 이로 이야기들 하는데, 그것에 대해 내가 생각하는 것을 알고 싶어 했다. 나는 대답했다.

"그건 그다지 할 말이 없어서입니다. 그래서 입을 다물고 있는 겁니다."

그는 첫 심문 때처럼 웃으면서, 최상의 이유라고 인정하고는 덧붙였다.

"하기야, 그건 별것 아닙니다."

그는 입을 다물고는 나를 쳐다보았고, 상당히 갑작스럽게 자세를 바로 잡고는 아주 빠르게 나에게 말했다.

"내가 알고 싶은 것은 당신입니다."

나는 그가 이런 식으로 말하는 바를 잘 이해하지 못했으므로 아무 대답도 하지 않았다. 그는 덧붙였다.

"당신의 행동에는 내가 이해하기 힘든 것들이 있어요. 나는 당신이 내가 그것들은 이해할 수 있도록 도와줄 것이라는 것을 확신합니다."

나는 모든 것이 지극히 단순하다고 말했다. 그는 그날 하루 나에게 있었던 일을 되새겨 이야기하라고 윽박질렀다. 나는 그에게 이미 이야기했던 것을 다시 요약하여 되풀이했다. 레몽, 해변, 물놀이, 싸움, 다시 해변, 작은 샘, 태양, 다섯 발의 총알. 한 마디가 끝날 때마다 그는 말했다.

"좋아요, 좋아."

꺼꾸러진 몸뚱이에 이야기가 미치자, 그는 "좋습니다."라고 하면서 내 이야기를 인정하며 받아들였다. 나는 이렇게 똑같은 이야기를 되풀이하는 것에 지쳤고, 그렇게 말을 많이 한 적은 여태껏 없었던 것 같았다.

잠시 동안의 침묵 후에, 그는 일어서더니 나를 도와주고 싶다고 했다. 무엇보다도 내가 꽤 흥미로운 사람이기 때문에 하나님의 도움으로 나를 위해 무언가를 할 수 있을 것이라고 말했다. 그러나 그전에 그는 나에게 몇 가지 질문을 더 하고 싶어 했다. 불쑥 그는 내가 어머니를 사랑했느냐고 물었다. 나는 대답했다.

"예, 세상의 모든 사람들처럼 사랑했습니다."

그러자 지금까지 규칙적으로 타자를 치고 있던 서기가 키를 잘못 눌렀음이 분명했다. 그는 당황한 나머지 다시 뒤로 물러야만 했다. 여전히 정연한 논리도 없이, 판사는 그때 내가 다섯 발을 연이어서 쏘았는지를 물었다. 나는 잠시 생각을 하고 나서, 우선 한 발을 먼저 쏘았고, 몇 초 후에 다른 네 발을 쏘았다고 분명하게 말했다. 그러자 그가 말했다.

"첫 발 후에 두 번째 발까지 기다렸던 이유가 뭐죠?"

다시 한 번 더 나는 붉은 해변을 떠올렸고, 태양의 열기로 인해 이마가 타는 듯한 느낌을 받았다. 그러나 이번에는 나는 아무 대답도 하지 않았다. 침묵이 이어지는 내내, 판사는 안절부절 못하는 것 같았다. 그는 앉아서 자신의 머리카락을 마구 헝클더니 책상 위에 팔꿈치를 괸 다음, 기묘한 표정으로 내 쪽을 향해 약간 몸을 기울였다.

"왜, 왜 당신은 땅에 쓰러져 있는 시체에 방아쇠를 당겼지요?"

이 물음에도 나는 무슨 대답을 해야 할지 알 수 없었다.

판사는 두 손을 이마에 갖다 댄 채, 약간 달라진 목소리로 질문을 되풀이했다.

"왜죠? 당신은 그걸 나에게 이야기해야만 합니다. 왜죠?"

나는 여전히 입을 다물고 있었다.

갑자기 그는 일어서서 자기 사무실의 끝으로 성큼성큼 걸어가더니 서류함의 서랍을 열었다. 거기서 은으로 된 그리스도의 십자고상(十字苦像)을 하나 꺼내어 나를 향해 다시 오면서 흔들어 댔다. 그리고 완전히 바뀐, 거의 떨리는 목소리로 그는 소리를 질렀다.

"당신은 압니까, 이분을?"

"예, 물론입니다."하고 나는 말했다.

그러자 그는 아주 빠르게 열정적인 태도로, 자신은 하나님에 대한 신앙심을 가지고 있으며, 자신의 확신은 어떠한 사람도 하나님이 용서하지 않을 만큼 큰 죄를 짓지 않는다는 것이며, 용서를 받기 위해서 인간은, 참회를 통해, 영혼이 텅 비어 모든 것을 받아들일 준비가 되어 있는 어린아이처럼 되어야 한다고 말했다. 그는 자신의 몸을 완전히 탁자 위로 기울이고는, 거의 내 머리 위에다 십자고상을 흔들어 댔다. 사실 나는 그의 논리를 따라가기가 무척 힘들었다. 왜냐하면, 먼저 나는 더웠을 뿐만 아니라 그의 사무실에는 굵은 파리들이 있어서 그것들이 내 얼굴에 달라붙었기 때문이다. 그 다음으로 나는 그의 태도에 좀 겁이 나기도 했다. 동시에 나는 그것이 우스꽝스럽다는 것을 깨달았는데, 이는 결국 살인범이 바로 나였기 때문이었다. 그렇지만 그는 계속했다. 내가 대강 이해한 바에 의하면, 그의 생각으로는 나의 고백, 즉 권총의 두 번째 발을 쏘려고 기다렸다는 사실은 유독 이해할 수 없는 모호한 점이라는 것이었다. 나머지에 대해서는 아주 좋은데, 오직 그 점에 대해서만은 그는 이해를 하지 못하고 있다는 것이었다.

나는 그가 고집을 부리는 것은 잘못이라고 그에게 막 말하려고 했다. 이 마지막 사항은 그다지 중요하지 않았기 때문이었다. 그러나 그는 내 말을 잘랐고, 벌떡 일어서서는 내가 하느님의 존재를 믿느냐고 물으면서 마지막으로 한 번 더 권유의 말을 던졌다. 나는 아니라고 대답했다. 그는 분개하며 앉아 버렸다. 그는 나에게 그건 불가능하며, 모든 사람이 하나님의 존재를 믿으며, 심지어 그분을 외면하는 사람들조차 하나님을 믿는다고 말했다. 그것이야말로 그의 신념이며, 만약 그것을 조금이라도 의심하려 든다면, 자신의 삶은 무의미해진다고 말했다. 그는 외쳤다.

"당신은 내 인생이 무의미해지기를 바라는 겁니까?"

내 생각에 그건 나와 아무 관계없는 일이었다. 나는 그 점을 그에게 말했다. 그러나 그는 탁자를 가로질러와, 내 눈 앞에 그리스도의 십자고상을 들이밀고는 이성을 잃은 듯 소리를 질렀다.

"나, 나는 기독교인이야. 나는 이분에게 네 죄에 대해 용서를 구하고 있어. 그분이 너를 대신해 고통을 당했다는 것을 어떻게 믿지 않을 수가 있지?"

나는 그가 나에게 너라고 말을 놓는 것을 바로 알아차렸지만, 나는 그 이야기에 진절머리가 났다. 더위의 열기는 점점 더 높아져 갔다. 별로 이야기를 귀담아 듣고 싶지 않은 누군가로부터 벗어나고 싶을 때 내가 늘 그렇게 하듯이, 나는 그의 말에 수긍하는 체했다. 놀랍게도, 그는 더 의기양양해져 말했다.

"이봐, 이보라고, 너도 신앙을 갖고, 그분에게 너를 맡기려는 거잖아. 그렇지 않아?"

분명히, 나는 한 번 더 아니라고 했다. 그는 다시 안락의자에 주저앉았다.

그는 매우 피곤해 보였다. 그는 한 동안 조용히 있었고, 그간 이야기를 따라잡느라 멈추지 않았던 타자기는 여전히 마지막 남은 문장들을 계속치고 있었다. 이윽고 그는 약간 슬픈 표정으로 나를 주의 깊게 쳐다보고 나서는 중얼거렸다.

"나는 당신의 영혼만큼 무정한 영혼은 본 적이 없소. 내 앞에 온 범죄자들은 이 고통의 형상 앞에서 항상 눈물을 흘렸어요."

나는 그건 단지 그들이 범죄자들이었기 때문이라고 대답하려 했다. 그러나 나 또한, 나도 그들과 같다는 생각을 했다. 그것은 내가 염두에 둘 수도 없었던 생각이었다. 그때 판사가 나에게 심문이 끝났다는 것을 알리려는 것처럼 일어섰다. 그는 여전히 약간 피곤한 표정으로 내가 한 행위를 후회하느냐고만 물었다. 나는 잠시 생각을 좀 하고 나서, 진정한 후회라기보다는 오히려 상당한 지루함을 경험했다고 말했다. 나는 그가 나를 이해하지 못하는구나 하는 인상을 받았다. 그러나 그날, 이야기는 더 이상 깊이 들어가지 못했다.

그 뒤 나는 예심판사를 자주 만났다. 다만 만날 때마다 나는 변호사를 대동했다. 이때 심문은 나로 하여금 이전 내 진술의 어떤 점들을 좀 더 명확하게 말하게 하는 정도에 그쳤다. 그렇지 않으면 판사는 내 변호사와 소송비용 부담금에 대해 얘기하는 것이었다. 그러나 실상 그때마다 그들은 나에게는 전혀 신경을 쓰지 않았다. 어쨌든 조금씩 심문의 어조가 변했다. 판사는 더 이상 내게 흥미를 갖지 않는 것처럼 보였고, 어떤 의미로는 내 사건을 규정지어 버린 것처럼 보였다. 그는 더 이상 내게 하느님 이야기를 하지 않았으며, 나는 첫날처럼 흥분 상태에 빠진 그의 모습을 다시 보지 못했다. 그 결과 우리의 대화는 좀 더 따뜻해졌다. 몇 가지 질문이 있고, 내 변호사와 약간 대화를 하고 나면 심문은 끝이었다. 내 사건은, 판사 자신의 말에 의하면 순조롭게 진행되고 있었다. 또한 이따금 나누는 대화가 일반적인 성격을 띨 때는, 나도 거기에 끼워주곤 했다. 나는 그제야 숨통이 트이는 것 같았다. 그럴 때에는 아무도 나에게 심하게 굴지 않았기 때문이다. 모든 것이 너무 자연스러웠고, 너무 잘 해결되었으며, 너무 간결하게 행해졌기 때문에 나는 '가족의 일원인 것 같다'는 터무니없는 인상을 받았다. 그리하여 예심이 진행된 지 11개월 후에는, 판사가 자신의 사무실 문에서 내 어깨를 두드리며, "오늘은 이것으로 끝입니다. 반기독교인 양반."이라고 나에게 따뜻한 태도로 말하면서 나를 배웅하는 이 흔치 않은 순간들을 무엇보다도 즐겼다는 사실에 나 스스로도 놀랄 지경이었다고 말할 수 있다. 이렇게 판사의 방문을 나서면 나는 다시 호송경관들의 손에 넘겨졌다.

II

내가 결코 이야기하고 싶지 않았던 일들도 있다. 교도소에 들어온 지 며칠 뒤, 나는 장차 내 인생의 이 시기에 대해서는 말하고 싶지 않을 것이라는 것을 깨달았다.

그 뒤, 나는 이 같은 혐오감을 더 이상 중요하게 생각하지 않았다. 사실 처음 며칠은 실제로 교도소에 있다는 것이 실감나지 않았다. 나는 막연히 무슨 새로운 일이 생기기를 기대하고 있었다. 모든 것이 시작된 것은, 마리의 처음이자 유일한 방문이 있고 난 이후부터였다. 그녀의 편지를 받은 날부터(마리는 자기가 나의 아내가 아니기 때문에 더 이상 방문하는 것이 허락되지 않는다고 내게 말했다), 바로 그날부터, 나는 감방이 내 집이고, 내 삶은 거기서 멈춰서 있다고 느꼈다. 체포되던 날 우선 나는, 대부분이 아랍인들인 여러 명의 수감자들이 이미 들어 있는 방에 갇혔다. 그들은 나를 보며 웃었다. 그리고는 내가 무슨 일을 저질렀느냐고 물었다. 내가 아랍인 한 명을 죽였다고 말하자 그들은 조용히 입을 다물고 있었다. 그러나 잠시 후 저녁이 되자, 그들은 내가 누워야 할 돗자리를 어떻게 펴야 하는지를 설명해 주었다. 한 쪽 끝을 말아 그걸 베개로 사용할 수 있었다. 밤새도록 빈대들이 얼굴 위를 기어 다녔다. 며칠 후 나는 독방으로 격리되어 판자 침대 위에서 자게 되었다. 변기통과 철제 대야도 있었다. 교도소는 도시의 아주 높은 곳에 있었으므로, 작은 창문을 통해서 바다를 볼 수 있었다. 어느 날 창살에 달라붙어 얼굴을 빛을 향해서 내밀고 있는데, 교도관이 들어와 나에게 면회를 온 사람이 있다고 말했다. 나는 마리일 거라고 생각했다. 바로 마리였다.

면회실에 가기 위해 나는 긴 복도를 지나, 계단을 거쳐, 마지막으로 또 다른 복도를 따라갔다. 나는 넓게 트인 공간을 통해서 채광이 잘된 아주 큰 방에 들어갔다. 방은 세로로 칸을 지른 두 개의 커다란 창살에 의해 세 부분으로 나누어져 있었다. 두 창살 사이에는 면회객과 죄수를 분리하는 8미터 내지 10미터 정도 되는 공간이 있었다. 나는 줄무늬가 있는 원피스를 입고, 볕에 그을린 얼굴로 내 앞에 서 있는 마리를 알아보았다. 내가 있는 쪽에는 십여 명의 수감자들이 있었는데 대부분이 아랍인들이었다. 마리는 무어 사람들에게 둘러싸인 채 두 명의 여자 면회객 사이에 있었다. 한 명은 검은 옷을 입고서는 입술을 꼭 다물고 있는 키가 작은 노파였고, 다른 한 명은 모자도 안 쓴 뚱뚱한 여자였는데 과장된 몸짓을 하면서 큰 소리로 떠들어 대고 있었다. 창살 사이의 거리 때문에 면회객과 죄수들은 큰 소리로 말을 해야만 했다. 내가 들어섰을 때, 크고 텅 빈 벽에 부딪쳐 울리는 왁자지껄한 목소리와, 하늘에서 유리창으로 쏟아져 들어와 방안에 반사되는 강렬한 빛으로 말미암아 나는 현기증이 났다. 나의 감방은 훨씬 더 조용하고 어두웠었다. 이곳에 적응하기 위해서는 몇 초간의 시간이 필요했다. 그렇지만 마침내 햇빛이 환한 가운데서 뚜렷이 드러난 각각의 얼굴들을 똑똑히 볼 수 있었다. 나는 교도관 한 명이 두 창살 사이의 복도 끝에 앉아 있는 것을 보았다. 대부분의 아랍인 죄수들과 그들 가족은 서로 마주본 채 쭈그리고 앉아 있었다. 그들은 소리를 지르지 않았다. 소란스러움에도 불구하고 그들은 아주 낮게 말을 하면서 서로 상대의 목소리를 들을 수 있었다. 아래로부터 올라오는 그들의 희미한 송알거림은 그들의 머리 위에서 뒤섞이는 이야기 소리를 받쳐주는 일종의 저음부를 형성하고 있었다. 이 모든 것을 나는 마리를 향해 나아가면서 한순간에 알아차렸다. 벌써 창살에 달라붙어 있던 그녀는 나를 향해 온 힘을 다해 미소 짓고 있었다. 나는 그녀가 더할 나위 없이 아름답다고 생각했지만, 그걸 그녀에게 말할 수는 없었다.

"어때요?"하고 마리가 매우 큰소리로 말했다.

"그냥, 괜찮아."

"불편하진 않아요? 뭐 필요한 것 없어요?"

"아무것도 없어."

우리는 둘 다 입을 다물었다. 마리는 여전히 웃고 있었다. 뚱뚱한 여자가 내 옆의 남자를 향해 고함을 쳤다. 분명 그는 그녀의 남편 같았고, 순진한 눈매에 키가 큰 금발의 사내였다. 그것은 이미 시작된 대화의 연속이었다.

"잔이 그를 맡으려고 하질 않아." 여자는 목이 터져라 고함을 질렀다.

"응, 그래?" 남자가 말했다.

"내가 그 여자에게 당신이 나오는 대로 그를 데려갈 거라고 말했는데도, 그녀는 그를 맡을 수 없대."

그때 마리도 레몽이 내게 인사 전해 달랬다고 소리를 쳤고 나는 "고마워."라고 말했다. 그러나 내 목소리는 "그도 잘 지내?"라고 묻는 내 옆 사나이의 목소리에 묻혀 버렸다. 그의 아내는 "지금보다 더 건강했던 적이 없었어."라고 말하면서 웃었다. 내 왼편에 있는, 키가 작고 섬세한 손을 가진 청년은 아무 말도 하지 않았다. 그는 그 키 작은 노파의 맞은편에 있었는데, 둘 다 뚫어지게 서로를 쳐다보고 있는 것이 눈에 띄었다. 그러나 마리가 나에게 희망을 가져야 한다고 소리를 쳤기 때문에 나는 더 이상 그들을 관찰할 시간이 없었다. 나는 "그래."라고 말했다. 동시에, 나는 그녀를 쳐다보았고, 그녀의 원피스 위로 어깨를 껴안고 싶었다. 나는 그 얇은 천을 느껴 보고 싶었고, 그것 이외에 무엇에다 희망을 가져야 할지 잘 알 수 없었다. 그러나 마리가 계속 미소 짓는 것으로 보아 아마도 그녀가 말하고 싶었던 것도 바로 그것이었으리라. 이제 나에게는 그녀의 반짝이는 치아와 눈가의 잔주름밖에 보이지 않았다. 그녀는 다시 소리쳤다.

"당신이 교도소에서 나오면 우리 결혼해요!"

"그럴 것 같아?"하고 나는 대답했다.

그러나 그것은 무엇보다도 무엇이든 말하기 위해서였다. 마리는 그때에 아주 빨리, 그리고 여전히 아주 높은 목소리로 예라고 하며, 나는 무죄 선고를 받게 될 것이고, 우리는 다시 해수욕을 하러 가게 될 것이라고 말했다. 그러나 곁에 있던 다른 여자도 고함을 치며 서기과에 바구니 하나를 맡겨 두었다고 말했다. 그녀는 거기에 넣은 모든 것을 쭉 나열했다. 모두 비싼 것들이기 때문에 확인을 해야 한다는 것이었다. 나의 또 다른 옆 사람과 그의 어머니는 여전히 서로 마주보고 있었다. 아랍인들의 웅얼거림은 우리의 발밑에서 계속되었다. 밖에서는 빛이 유리창에 부딪쳐 부풀어 오르는 것 같았다.

나는 몸이 좀 불편해지는 느낌이 들어서 그곳에서 빨리 벗어나고 싶었다. 소음이 고통스러웠다. 그러나 다른 한편으로는 마리와의 시간을 계속 누리고 싶었다. 그 뒤로 얼마만큼의 시간이 지났는지 모른다. 마리는 자기의 일에 관한 이야기를 하면서 끊임없이 웃고 있었다. 웅얼거리는 소리, 외치는 소리 그리고 서로 이야기를 나누는 소리가 서로 뒤섞였다. 내 옆에서 서로 마주보고 있는 키 작은 청년과 그 노파만이 침묵의 고도(孤島)를 이루고 있었다. 서서히 교도관들이 아랍인들을 데리고 갔다. 맨 앞사람이 나가자 거의 모든 사람이 입을 다물었다. 그 작은 노파는 창살 가까이에 다가왔고, 그와 동시에 교도관 하나가 그녀의 아들에게 신호를 했다. 아들이 "잘 가요, 엄마."라고 말하자, 노파는 창살 사이로 손을 밀어 넣고는 아들에게 느리고도 오랫동안 자상하게 손을 흔들었다.

노파가 떠나자, 손에 모자를 든 한 남자가 들어와서 그 자리를 차지했다. 그러자 다른 재소자 한 명이 들어왔고, 그들은 활기차게 얘기를 나누었는데 목소리는 낮았다. 방안이 다시금 조용해졌기 때문이었다. 내 오른편에 있는 남자를 데리고 나갈 차례가 되자, 그의 아내는 더 이상 소리를 지를 필요가 없다는 것을 깨닫지 못한 듯이 목소리를 낮추지 않고 말했다.

"몸조심하고, 조심해."

그리고 나서 내 차례가 되었다. 마리는 나에게 키스하는 몸짓을 했다. 나는 방을 나서기 전에 돌아다보았다. 마리는 얼굴을 창살에 비벼대며 이러지도 저러지도 못하는 어색한 미소를 여전히 지으며 꼼짝도 않고 서 있었다.

마리가 내게 편지를 보낸 것은 그 후 얼마 지나지 않아서였다. 바로 그때부터 내가 전혀 이야기하고 싶지 않은 일들이 시작되었다. 어쨌든 아무것도 과장하지 말아야 하는데, 그것은 다른 이들에 비하여 내게는 더 쉬운 일이었다. 그럼에도 수감 생활 초기에 가장 힘들었던 것은 내가 자유로운 인간의 사고를 가졌다는 것이었다. 예를 들면 나는 해변으로 가고 싶은 욕구, 바닷물에 뛰어들고 싶은 욕구에 사로잡혔다. 내 발밑의 첫 물결 소리, 물속에 몸 담그기 그리고 거기서 느끼는 해방감을 상상할 때, 나는 갑자기 교도소의 벽이 그 얼마나 나를 옥죄는가를 느꼈다. 그러나 그것은 몇 달 동안만 지속되었다. 그 후로는 죄수로서의 생각밖에 없었다. 나는 매일 안뜰에서 하는 산책이나 내 변호사의 방문을 기다렸다. 그 외의 나머지 시간들은 아주 잘 조절해서 보낼 수 있었다. 그 당시 나는, 만약 마른 나무둥치 안에서만 살게 되면서 머리 위 하늘에 피는 꽃만을 바라보게 된다고 하더라도, 나는 점점 더 거기에 익숙해질 수 있으리라는 생각을 자주 했다. 그래서 나는 새들이 지나가는 것이나 구름과 만나는 것을 기다렸을 것이다. 마치 내가 여기서 내 변호사의 야릇한 넥타이를 기다리는 것처럼, 또 저 바깥세상에서 마리의 육체를 껴안기 위해 토요일까지 기다리느라 인내하는 것처럼 말이다, 그런데 곰곰이 생각해 보니 나는 마른 나무둥치 속에 있지 않았다. 나보다 더 불행한 사람들도 있는 것이었다. 하기야 그건 엄마의 생각이었다. 엄마는 자주 그것을 되풀이 말씀하셨는데, 사람은 결국 모든 것에 익숙해지는 것이라고 했다.

게다가 나는 보통 그런 지경에까지 가본 적이 없었다. 첫 몇 달 동안은 힘들었다. 그러나 내가 기울여야 했던 바로 그 노력 덕택에 이 몇 달을 보내는데 도움이 되었다. 예를 들면, 나는 여자에 대한 욕정이 고통거리였다. 그건 당연한 일이었다. 나는 젊었으니까. 나는 결코 특별히 마리만을 생각하지는 않았다. 나는 여자를, 여자들을, 내가 알았던 모든 여자들을, 내가 그들을 사랑했던 모든 상황들을 너무 생각해서 나의 감방은 그 모든 얼굴들로 채워졌고, 내 욕정으로 가득 찼다. 어떤 점에 있어서는, 그것으로 인해 내 마음이 혼란스럽기도 하였으나, 또 다른 점에서는 시간을 보낼 수 있게 해주었다. 나는 마침내 식사 시간에 주방 보조원과 동행하던 수석교도관의 호감을 얻게 되었다. 나에게 여자 이야기를 먼저 꺼낸 것은 그였다. 그는 다른 사람들도 첫 번째로 고통스러워하는 것이 그것이라고 말했다. 나는 그에게, 나도 그들과 다를 바 없으며 그러한 대우는 부당하다고 생각한다고 말했다.

"그러나, 당신을 교도소에 가두는 것은 바로 그 때문이지요."라고 그가 말했다.

"어떻게, 그 때문이라는 것입니까?"

"당연히 그렇지요. 자유라는 게 바로 그런 겁니다. 당신에게서 그 자유를 박탈하는 거지요."

나는 한 번도 그런 것을 생각해 본 일이 없었다. 나는 그의 말에 동의하면서 말했다.

"맞습니다. 그렇지 않다면 징벌이라는 게 어디에 있겠어요?"하고 나는 말했다.

"당신, 당신은 문제를 이해하는군요. 다른 사람들은 이해 못합니다. 그러나 그들도 결국 스스로 욕구를 채우게 되지요."

그런 후 교도관은 가버렸다.

담배도 고통거리였다. 내가 교도소에 들어왔을 때, 그들은 내 허리띠, 내 구두끈, 내 넥타이 그리고 내 호주머니에 넣어 다니던 모든 것, 특히 내 담배를 압수했다. 일단 독방으로 들어와서 나는 담배를 돌려줄 것을 요구했다. 그러나 그것은 금지되어있다고 말했다. 첫 며칠은 매우 힘들었다. 내게 가장 고통을 준 것은 아마 그것이었을 것이다. 나는 침대의 판자에서 벗겨낸 나무 조각을 빨고는 했다. 나는 하루 종일 끊임없는 구역질을 달고 다녔다. 나는 아무에게도 해가 되지 않는 그것을 왜 빼앗는지 이해하지 못했다. 나중에야 나는 그것 또한 징벌의 일부임을 이해했다. 그러나 그 시점에서는 담배를 피우지 않는 일에 익숙해져서, 그것은 이미 나에게는 아무 징벌도 되지 못했다.

그러한 불편을 제외한다면, 나는 별로 불행하지 않았다. 모든 문제는, 다시 한 번 말하지만 시간을 죽이는 일이었다. 마침내 나는, 회상하는 법을 터득한 순간부터 더 이상 전혀 지루하지 않게 되었다. 가끔 나는 내 방을 생각하는 것으로 시작했다. 상상으로 방의 한 쪽 모퉁이에서 출발해서 내가 다니던 길에 있는 모든 것을 머릿속으로 열거하면서 출발점으로 되돌아오는 식이었다. 처음에는 빨리 끝나 버렸다. 그러나 다시 시작할 때마다 그것은 조금씩 더 길어졌다. 왜냐하면 나는 각 가구를 기억해 내고, 가구마다 그 속에 들어 있는 각각의 물건들을 하나하나씩 기억했고, 또 그 물건마다 그 세부 특징을 골고루 생각하고, 그러한 세부 특징들에 있어서도 상감, 균열 혹은 이가 빠진 가장자리라는지, 그것들의 빛깔 또는 결 같은 것을 생각했기 때문이다. 그와 동시에 나는 내 물건 목록의 흐름을 놓치지 않고 완전하게 나열하려고 애를 썼다. 그리하여 몇 주일 후에는 내 방에 있는 것을 헤아려 보는 것만으로도 여러 시간을 보낼 수 있었다. 그렇게 내가 깊이 생각하면 할수록 진가를 인정받지 못했던 것과 잊고 있었던 것들이 내 기억 속에서 더 많이 튀어나왔다. 그때 나는 이런 식으로 단 하루라도 산 사람이라면 교도소에서 백년쯤은 어렵지 않게 살 수 있으리라는 것을 깨달았다. 그런 사람이라도 얼마든지 추억할 거리가 있어 심심하지는 않을 것이다. 어떤 의미에서 그것은 유리한 일이었다.

잠도 고통거리였다. 처음에 나는 밤에도 잘 자지 못했고, 낮에는 전혀 자지 못했다. 조금씩 나의 밤들은 나아졌고 낮에도 잘 수 있었다. 최근 몇 달 동안 나는 매일 열여섯 시간에서 열여덟 시간을 잤다고 말할 수 있다. 그래서 나에게 남은 시간은 여섯 시간이었는데, 그것은 식사하기, 생리적 욕구 해결하기, 추억 회상하기 그리고 체코슬로바키아의 역사 읽기로 보낼 수 있었다.

짚을 넣은 매트와 침대의 판자 사이에서, 사실 나는 거의 천에 달라붙은 노래지고 투명한 오래된 신문조각 하나를 발견했었다. 그것에는 첫 대목이 떨어져 나갔지만 체코슬로바키아에서 일어났음이 틀림없는 사회면 기사가 하나 실려 있었다. 어떤 남자가 큰 돈을 벌기 위해 체코의 어느 한 마을을 떠났다. 25년 후에 그는 부자가 되어 아내와 어린 자식을 데리고 돌아왔다. 그의 어머니는 고향 마을에서 여동생과 함께 호텔을 경영하고 있었다. 그들을 놀라게 해 주려고 그 남자는 자기 아내와 아이를 다른 거처에 남겨두고 혼자 어머니의 집으로 갔는데, 어머니는 그가 들어갔을 때 그를 알아보지 못했다. 그는 장난삼아 방을 하나 빌릴 생각을 했다. 그는 자기의 돈을 보여주었다. 그날 밤 그의 어머니와 여동생이 돈을 훔치기 위해 그를 망치로 때려 살해해서 시체를 강에 던져버렸다. 그날 아침나절에 아내가 와서 그 사실을 모른 채 여행자의 신분을 밝혔다. 그 어머니는 목을 메달아 죽었다. 그 여동생은 우물에 몸을 던졌다. 나는 아마 이 이야기를 수천 번은 읽었을 것이다. 한편으로 그 이야기는 있을 법하지 않지만, 또 다른 한편으로는 그럴 법도 한 이야기였다. 어쨌든 여행자는 어느 정도 자업자득이었고, 결코 장난은 함부로 할 것이 아니라고 나는 생각했다.

그처럼 잠을 자고, 지난 일을 돌이켜 생각하고, 신문 사회면을 읽고, 빛과 어둠이 바뀌면서 시간이 지나갔다. 교도소에서는 결국 시간관념을 잃어버리고 만다는 것을 나는 분명 읽은 적이 있었지만, 그때는 그것이 나에게 그다지 큰 의미로 다가오지 않았었다. 하루하루가 어느 정도로 긴 동시에 짧을 수 있는 것인지 나는 이해하지 못했던 것이다. 요컨대, 하루하루라는 것이 살아가기에는 물론 길지만, 너무 느슨해진 나머지 마침내 서로 서로 겹쳐져서 경계가 없어지고 마는 것이었다. 하루하루는 거기서 이름을 잃어버리게 되는 것이었다. 어제 혹은 내일이라는 말만이 나에게는 유일하게 의미를 가지고 있었다.

어느 날 교도관이 내가 여기에 들어온 지 다섯 달째라고 말했을 때, 나는 그의 말을 믿기는 했지만 이해하지는 못했다. 나로서는 언제나 똑같은 날이 끊임없이 내 독방에서 펼쳐지는 것이었고, 나는 언제나 같은 일을 계속하고 있는 것이었다. 바로 그날 교도관이 나간 후, 나의 철 식판 속에 비친 나를 들여다보았다. 나의 모습은 내가 그것을 보고 미소를 지으려고 애쓸 때조차도 여전히 경직된 채로 있는 것처럼 보였다. 나는 그 모습을 내 앞에서 흔들어 보았다. 나는 미소를 지었지만, 그 모습은 똑같이 경직되고 슬픈 표정이었다. 날이 저물어 가고 있었다. 내가 그것에 대해 이야기하고 싶지 않은 시간이었고, 저녁의 소리가 교도소의 모든 층에서 침묵의 행렬을 지어 올라오는 이름 없는 시간이었다. 나는 하늘로 난 창살 구멍 가까이로 가서는, 마지막 남은 빛 속에서 다시 한 번 내 모습을 응시했다. 그 모습은 여전히 경직돼 있었다. 뭐 놀라울 게 있겠는가? 그 순간은 나 또한 경직되어 있었던 것이니까. 그러나 그와 동시에, 몇 달 만에 처음으로 나는 분명하게 내 목소리를 들었다. 나는 그것이 이미 오래 전부터 내 귀에 울렸던 바로 그 목소리임을 알아차렸고, 그 동안 줄곧 내가 혼자서 이야기를 했었다는 것을 깨달았다. 나는 그때 간호사가 엄마의 장례식에서 했던 말을 기억했다. 정말 어떻게 빠져나갈 방법이 없다. 교도소 안에서의 저녁이 어떤 것인지를 아무도 상상할 수는 없는 것이다.

III

사실상 여름은 아주 빨리 지나가고 또 다시 여름이 왔다고 말할 수 있다. 초여름의 더위가 심해져 갈 무렵 나에게 무언가 새로운 일이 닥치리라는 것을 나는 알고 있었다. 내 사건은 중죄 재판소의 마지막 개정기에 포함되어 있었고, 그 개정기는 6월에 끝나는 것이었다. 변론이 시작되었을 때 밖에는 태양의 열기가 완전 최고조에 달했다. 내 변호사는 변론이 이삼일 이상은 지속되지 않을 것이라고 단언했다. 그는 덧붙였다.

"더구나, 당신 사건이 이번 회기의 가장 중요한 사건이 아니기 때문에 재판관이 서두를 겁니다. 뒤이어 곧장 존속살해 사건이 심의를 받게 되어 있거든요."

아침 7시 30분 담당자들이 나를 데리러 왔고, 나는 죄수 호송차에 실려 재판소로 옮겨졌다. 호송경관 두 명의 지시에 따라 나는 어두침침한 조그만 방에 들여보내졌다. 우리는 문 가까이에 앉아서 기다렸다. 문 뒤에서는 말소리, 호명 소리, 의자 소리 그리고 동네 축제에서 연주회 후 춤을 출 수 있도록 홀을 정리할 때 나는 것과 같은 아주 소란스러운 소리가 들렸다. 호송경관들은 나에게 재판을 기다려야만 한다고 말했고, 그들 중 한 명이 나에게 담배를 권했지만 나는 거절했다. 그는 또 잠시 후 나에게 '겁이 나느냐'고 물었다. 나는 아니라고 대답했다. 어쨌든 어떤 의미로는 재판을 본다는 것은 나에게 흥미로웠다. 내 생에 그걸 볼 기회는 전혀 없었다. 그러자 두 번째 호송경관이 말했다.

"그렇지요. 그러나 결국은 지치게 되죠."

잠시 후에 작은 벨소리가 방안에서 울렸다. 그러자 그들은 나에게서 수갑을 벗겼다. 그들은 문을 열고 나를 피고석에 들어가게 했다. 법정은 초만원을 이루고 있었다. 블라인드에도 불구하고 햇볕이 여기 저기 비춰들었고, 공기는 벌써 질식할 지경이었다. 창문은 그냥 닫힌 채로였다. 내가 앉자 호송경관들이 나를 좌우에서 에워쌌다. 그 순간 나는 내 앞에 열 지어 앉아 있는 얼굴들을 알아보았다. 모두들 나를 쳐다보고 있었다. 나는 그들이 배심원이라는 것을 알아차렸다. 그러나 나는 무엇이 그 얼굴들을 서로 구별 짓고 있는 특징인지를 말할 수 없었다. 나는 한 가지 인상만을 받았다. 말하자면 나는 전차의 긴 좌석 앞에 있고, 이 익명의 승객들이 모두 조롱거리를 찾아보려고 새로 탑승하는 승객을 이리저리 훑어보는 것과 같았다. 나는 그것이 멍청한 생각이라는 것을 잘 알고 있었다. 왜냐하면 그들 배심원이 찾아내려는 것은 조롱거리가 아니라 범죄이기 때문이었다. 그렇지만 그 차이는 그리 크지 않다는 것이 하여튼 나에게 떠오른 생각이었다.

나는 또한 닫힌 법정 안에 들어찬 그 모든 사람들 때문에 약간 어리둥절했다. 나는 또다시 법정 안을 둘러보았지만 어느 얼굴 하나도 구별할 수 없었다. 처음에 나는 그 모든 사람들이 나를 보기 위해서 몰려들었다는 사실을 알아차리지 못했던 것 같다. 평소에 사람들은 나란 사람에게 별로 관심을 두지 않았던 것이다. 내가 이 모든 소란의 원인이라는 것을 이해하기 위해서는 노력이 필요했다. 내가 호송경관에게 말했다.

"참 사람이 많기도 하군요!"

그는 나에게 그건 신문 때문이라고 대답하면서, 나에게 배심원석 아래의 탁자 가까이에 자리 잡고 있는 한 무리를 가리켰다. 그는 말했다.

"그 사람들이 저기 왔구먼."

"누구 말이오?"하고 내가 물었다.

"신문기자들."이라고 그는 되풀이했다.

그는 그 기자들 중의 한 명을 알고 있었는데, 그 순간 그를 본 그 기자가 우리를 향해서 걸어왔다. 그 기자는 꽤 나이가 든 호감이 가는 남자였는데, 얼굴을 약간 찡그리고 있었다. 그는 아주 열렬하게 호송경관과 악수를 했다. 그 순간 나는, 같은 세계의 사람들끼리 서로 만나서 반가워하는 클럽에서처럼, 이곳의 모든 사람들이 서로 만나고, 서로를 부르고, 서로 대화한다는 것을 알아차렸다. 또한 나는 내가 약간은 침입자 같은 잉여적인 존재라는 기묘한 느낌이 들었다. 그렇지만 그 기자는 웃으면서 나에게 말을 걸었다. 그는 모든 것이 나를 위해 잘되길 바란다고 말했다. 나는 그에게 감사했고, 그는 덧붙였다.

"아시겠지만, 우리는 당신 사건을 약간 부풀려 다루었죠. 여름은 신문사로서는 별로 기사거리가 없는 한산한 계절이거든요. 그리고 뭔가 기사거리가 될 만한 것은 당신 사건과 존속살해 사건밖에 없으니까요."

그리고 나서 그는, 그가 조금 전에 떠나 온 무리 가운데 엄청나게 큰 검은 테 안경을 끼고서 살찐 족제비처럼 생긴 키작은 사나이를 가리켰다. 그는 나에게 그가 파리의 한 신문사 특파원이라고 말했다.

"하기야, 그가 당신 사건 때문에 온 것은 아니요. 그렇지만 그는 존속살해 사건의 소송을 보고할 책임이 있기 때문에, 동시에 당신 사건도 함께 전송하라는 지시를 받은 겁니다."

나는 그 말에 대해서도 그에게 고맙다고 말할 뻔했다. 그러나 나는 그게 우스꽝스러운 일일 것이라고 생각했다. 그는 내게 다정한 손짓을 살짝 하고는 우리를 떠났다. 우리는 다시 몇 분을 더 기다렸다.

내 변호사는 법복을 입고 많은 다른 동료들에게 둘러싸여 도착했다. 그는 기자들 쪽으로 가서 악수를 했다. 벨이 법정에 울릴 때까지 그들은 농담을 했고, 웃었고, 아주 편안한 것처럼 보였다. 모든 사람이 자기의 자리로 되돌아갔다. 내 변호사는 내 쪽으로 와서 악수를 하면서, 나에게 하는 질문들에 짧게 대답하고, 먼저 나서지 말고, 나머지는 그에게 맡기라고 조언했다.

내 왼쪽에서 의자를 뒤로 미는 소리가 들리더니, 코안경을 쓰고 붉은 옷을 입은 키가 크고 마른 남자가 정성스럽게 자신의 법복을 여미며 앉는 것이 보였다. 검사였다. 서기가 개정을 알렸다. 동시에 두 개의 커다란 선풍기가 윙윙거리기 시작했다. 두 명은 검은 옷을 입고, 세 번째는 붉은 옷을 입은 세 명의 판사가 소송서류철을 들고 들어와서는 법정이 내려다보이는 단상을 향하여 아주 빠르게 걸어갔다. 붉은 법복을 입은 남자는 중앙의 의장석에 자리 잡고 앉아서, 앞에 법관 모자를 벗어 놓고 손수건으로 작은 대머리를 닦고는 공판을 개시한다고 선언했다.

신문 기자들은 벌써 만년필을 손에 들고 있었다. 그들은 모두 무관심하고 약간 비웃는 듯한 태도였다. 그렇지만 그들 중 회색 플란넬 정장에 푸른색 넥타이를 하고 있는 아주 젊은 청년만은 자기 앞에 만년필을 내려놓고는 나를 바라보고 있었다. 약간 비대칭인 듯한 그의 얼굴에서 아주 맑은 두 눈밖에 보이지 않았다. 그 눈은 주의 깊게 나를 관찰하고 있었는데, 이렇다 할 어떤 감정을 명확하게 표현하고 있지는 않았다. 그러자 나는 내가 내 자신을 쳐다보고 있는 듯한 야릇한 인상을 받았다. 아마도 그 때문에, 그리고 또한 내가 그곳의 관행을 잘 알지 못했기 때문에 나는 뒤이어 일어난 모든 일, 즉 배심원들의 추첨과, 변호사, 검사, 배심원에게 한 재판장의 질문(매번 모든 배심원들의 머리가 재판장석 쪽으로 동시에 돌아갔다), 내가 지명과 이름들을 알아들을 수 있었던 기소장의 빠른 낭독, 그리고 내 변호사에게 한 새로운 질문 등을 그렇게 잘 이해하지 못했던 것이다.

그러나 재판장은 증인호출 절차를 진행하겠다고 말했다. 서기가 몇몇 이름들을 불렀다. 그 이름들은 내 주의를 끌었다. 조금 전까지 혼잡하던 방청객들 한가운데서 한 사람씩 일어서서는 옆문으로 사라지는 것이 보였는데, 거기에는 양로원 원장, 수위, 토마스 페레 노인, 레몽, 마송, 살라마노, 마리가 있었다. 마리는 나에게 살짝 불안해하는 몸짓을 했다. 나는 그들을 더 일찍 알아보지 못한 것에 대해 다시금 놀라고 있었는데, 바로 그때 마지막으로 호명된 셀레스트가 일어섰다. 그의 곁에는 언젠가 그의 식당에서 보았던 키가 자그마한 여자가 재킷을 입고서 반듯하고 엄숙한 표정으로 앉아 있는 것이 보였다. 그녀는 강렬한 시선으로 나를 바라보고 있었다. 그러나 재판장이 말을 시작했기 때문에 나는 깊이 생각해 볼 시간이 없었다. 재판장은 곧 본격적으로 심리가 시작될 것이라고 말했고, 방청객들에게 정숙하라고 요청할 필요는 없을 것으로 생각한다고 말했다. 그에 의하면, 그는 사건의 변론을 공명정대하게 진행시키기 위하여 거기에 있으므로, 자기는 객관적으로 사건을 검토하고자 한다는 것이었다. 배심원이 내리는 평결은 정의의 정신에 입각하여 행해질 것이고, 어떠한 경우에도 조그만 사고라도 생기면 방청객들에게 퇴장을 명할 것이라고 말했다.

더위는 점점 더 심해졌다. 방청객들이 신문을 가지고 부채질하는 것이 눈에 띄었다. 그 때문에 구겨진 종이에서는 작은 소리가 계속해서 났다. 재판장이 신호를 보내자, 서기가 밀집으로 짠 세 개의 부채를 가지고 왔고 세 명의 판사는 즉시 그것을 사용했다.

심문은 곧바로 시작되었다. 재판장은 나에게 조용하면서도, 다정스러워 보이기까지 한 어조로 질문을 했다. 다시 한 번 내 신분을 말하게 했다. 성가심에도 불구하고 그것은 아주 당연하다고 생각했다. 왜냐하면 한 사람을 다른 한 사람으로 잘못 알고 재판을 한다는 것은 너무나 심각한 일일 것이기 때문이다. 그리고 나서 재판장은 내가 했던 일에 대해서 이야기를 다시 시작했다. 그는 나에게 세 문장씩 말을 하면서, "위 내용이 사실입니까?"라고 물었다. 매번 나는 변호사의 지시에 따라 "예, 그렇습니다. 재판장님"하고 대답했다. 시간이 오래 걸렸다. 재판장이 자신의 이야기에 상당한 세심함을 보였기 때문이다. 그 시간 내내, 신문기자들은 받아쓰고 있었다. 그들 중 가장 젊은 기자와 키가 작은 자동인형 같은 여자의 시선이 느껴졌다. 전차의 긴 좌석 같은 곳에 앉은 사람들은 모두 재판장에게로 고개를 돌리고 있었다. 재판장은 기침을 하고, 소송기록을 넘기더니 부채질을 하면서 내게로 눈을 돌렸다.

그는 나에게 이제부터 언뜻 보아 내 사건과 무관해 보이지만 아주 밀접한 관련이 있을 수 있는 문제들을 다루어 보겠다고 말했다. 나는 그가 다시 엄마에 대해서 이야기할 것이라는 것을 알아차렸고, 동시에 그것이 얼마나 나를 난처하게 하는가를 느꼈다. 그는 나에게 왜 엄마를 양로원에 보냈느냐고 물었다. 나는 엄마를 돌보고 간병할 돈이 없었기 때문이라고 말했다. 그는 나에게 그것이 개인적으로 부담이 되었느냐고 묻기에, 나는 엄마도 나도 서로 서로에게, 나아가 다른 누구에게도 아무것도 바라지 않았으며, 우리는 둘 다 각자의 새로운 생활에 익숙해졌다고 대답했다. 그러자 재판장은 그 점에 대해서는 더 이상 따져 묻지 않겠다고 말한 다음, 검사에게 다른 질문이 없느냐고 물었다.

검사는 나에게 반쯤 등을 돌리고 있었다. 그는 나를 쳐다보지도 않은 채, 재판장이 허락한다면 내가 아랍인을 죽일 의도를 가지고 혼자서 샘으로 되돌아갔는지 알고 싶다고 말했다.

"아니요."하고 나는 말했다.

"그렇다면 왜 저 사람이 무기를 가지고 있었고, 왜 바로 그 장소로 되돌아갔던 걸까요?"

나는 그건 우연이었다고 말했다. 그러자 검사는 냉혹한 어조로 말했다.

"현재로서는 여기까지입니다."

그 후로 모든 것이 좀 혼란스러웠다. 적어도 내게는 그랬다. 그러나 잠시 협의를 하고 나서 재판장은 공판을 휴정하고, 오후에 속개하여 증인심문을 계속하겠다고 선언했다.

나는 깊이 생각할 여유가 없었다. 끌려 나와서 호송차에 실려 교도소로 이송되어서는 식사를 했다. 아주 짧은 시간, 기껏해야 피곤하다는 걸 느낄 정도의 시간이 지나자 그들이 나를 데리러 왔다. 모든 것이 다시 시작되었다. 나는 똑같은 법정 안에서, 똑같은 얼굴들 앞에 앉았다. 다만 더위는 더욱 더 심해졌다. 마치 기적이나 일어난 듯 모든 배심원들, 검사, 내 변호사와 몇몇 신문기자들도 밀짚 부채를 가지고 있었다. 젊은 기자와 작은 여자는 여전히 거기에 있었다. 그러나 그들은 부채질을 하지 않았고, 아무 말도 없이 또 다시 나를 쳐다보고 있었다.

나는 얼굴에 흐르는 땀을 훔쳐 냈다. 양로원 원장의 이름을 부르는 소리를 듣고서야 비로소 그 장소와 나 자신에 대한 의식을 조금이나마 되찾을 수 있었다. 엄마가 나에 대해서 불평을 하더냐는 질문에 원장은 그렇다고 답했다. 그러나 친족에 대한 불평을 말하는 것은 어느 정도는 재원자들의 기이한 버릇이라고 말했다. 재판장은 그녀를 양로원에 넣은 것에 대해서 그녀가 나를 비난했는지 명확하게 말하라고 했고, 원장은 또 다시 예라고 말했다. 그러나 이번에는 아무 말도 덧붙이지 않았다. 또 다른 질문에 그는 장례식 날 나의 담담함에 놀랐었다고 대답했다. 담담함이 무엇을 의미하는지를 물으니 원장은 자신의 구두 끝을 쳐다보다가는, 내가 엄마를 보고 싶어 하지 않았으며, 단 한 번도 눈물을 흘리지 않았고, 엄마의 무덤 앞에서 묵도도 올리지 않고 장례식 후에 곧장 떠났다고 말했다. 그를 또 다시 놀라게 한 한 가지 일이 있는데 장의사 직원의 말에 따르면 내가 엄마의 나이를 모르더라는 것이었다. 한 순간 침묵이 흘렀고, 재판장이 그가 말한 것이 바로 나에 대한 것이 맞느냐고 물었다. 원장이 그 질문을 이해하지 못했기 때문에 재판장이 말했다.

"절차상 필요한 질문입니다."

그리고 나서 재판장이 차석검사[1]에게 증인에게 할 질문이 없느냐고 묻자, 검사는 나를 향해서 너무 생기 넘치고 승리에 찬 시선을 보내며 소리쳤다.

"아! 없습니다. 그것으로 충분합니다."

나는 수 년 만에 처음으로 울고 싶은 바보 같은 생각이 들었다. 여기 이 모든 사람들이 얼마나 나를 미워하는가를 느낄 수 있었기 때문이다.

배심원단과 내 변호사에게 할 질문이 있는지를 물은 후에, 재판장은 수위의 증언을 청취했다. 모든 다른 사람들에게서와 마찬가지로 그에게도 동일한 절차가 반복되었다. 수위는 도착하지마자 나를 바라보더니, 눈길을 돌렸다. 그는 질문에 대답했다. 그는 내가 엄마를 보고 싶어 하지 않았으며, 담배를 피웠으며, 잠을 잤으며, 카페오레를 마셨다고 말했다. 그때 나는 법정에

1_ 프랑스에서 검사(procureur)는 판사와는 달리 경질 가능하며, 법정에서 국가를 대리하여 법률의 적용을 요구한다. 이 검사를 돕는 역할을 하는 이가 차석검사(avocat général)이다<역주>.

가득 모인 방청객들을 격앙케 하는 무언가를 느꼈고, 처음으로 내가 유죄라는 것을 깨달았다. 재판장은 수위에게 카페오레 이야기와 담배 이야기를 반복하도록 했다. 차석검사는 빈정거리는 눈빛으로 나를 쳐다보았다. 그 순간 내 변호사가 수위에게 그도 나와 함께 담배를 피우지 않았느냐고 물었다. 그러나 검사는 이 질문을 듣고 벌떡 일어나 거칠게 이의를 제기했다.

"도대체 여기서 어느 쪽이 죄인입니까? 증인을 중상모략해서 변함없이 결정적인 증언들을 최소화하려는 이 방법들은 도대체 무엇이란 말입니까?"

그럼에도 불구하고, 재판장은 수위에게 질문에 대답을 할 것을 요구했다. 영감은 당황한 모습으로 말했다.

"제가 잘못했다는 것은 잘 압니다. 그렇지만 저분이 권한 담배를 감히 거절할 수 없었습니다."

끝으로 나에게 더 덧붙일 말이 없느냐고 묻기에 나는 대답했다.

"아무것도 없습니다. 다만 증인의 말이 옳다는 것 이외에는. 제가 그에게 담배를 권한 건 사실입니다."

그때 수위는 약간 놀라움과 일종의 감사함을 보이는 눈빛으로 나를 바라보았다. 그는 망설이더니 나에게 카페오레를 권한 건 자기였다고 말했다. 내 변호사는 큰 소리로 의기양양해서 배심원들이 그 점을 감안해 달라고 말했다. 그러나 검사가 우리의 머리 위로 벼락같이 소리를 치면서 말했다.

"예, 그럼요, 배심원들께서는 그것을 감안하실 것입니다. 그리고 배심원들께서는, 모르는 남이야 커피를 권할 수도 있었겠지만, 아들은 자신에게 생명을 준 분의 시신 앞에서 그것을 사양했어야만 했다는 결론을 내리리라 봅니다."

수위는 자기 자리로 돌아갔다.

토마 페레의 차례가 되었을 때는 서기가 그를 증인대까지 부축해야만 했다. 페레는 무엇보다 내 어머니와 각별한 친분이 있었으며, 나를 장례식날 단 한번밖에 보지 못했다고 말했다. 내가 그날 무엇을 했느냐는 질문에 그는 대답했다.

"여러분도 이해하시겠지만, 저 자신은 마음이 너무 아팠습니다. 그래서 아무것도 보지를 못했습니다. 마음속 슬픔 때문에 아무것도 눈에 보이지 않았습니다. 저로서는 너무 큰 슬픔이었으니까요. 게다가 저는 기절까지 했습니다. 그래서 저 분을 볼 수가 없었습니다."

차석검사는 적어도 내가 우는 것을 보았는지 물었다. 페레는 아니라고 대답했다. 그때 검사가 자기 차례가 되어 말했다.

"배심원 여러분들은 이 점을 고려할 것입니다."

그러나 내 변호사는 화를 내었다. 그는 내가 보기에도 과장된 목소리로 페레에게 물었다.

"내가 울지 않는 것을 보았느냐."

페레는 "보지 못했다."고 대답했다.

방청객들이 웃음을 터뜨렸다. 그리고 내 변호사는 한 쪽 소매를 걷어 붙이면서 단호한 어조로 말했다.

"이것이 바로 이 소송사건의 모습입니다. 모든 것이 사실 같지만, 사실인 것은 하나도 없습니다!"

검사는 딱딱한 얼굴을 하고서는 소송서류의 제목을 연필로 톡톡 찍고 있었다.

5분간의 휴정 사이에 내 변호사는 모든 것이 잘되어 간다라고 말했다. 휴정이 끝나자 피고측의 요구로 호출된 셀레스트의 증언을 들었다. 피고측이란 바로 나였다. 셀레스트는 가끔씩 내 쪽으로 시선을 던졌으며, 두 손으로 파나마모자를 돌렸다. 그는 새 양복을 입고 있었는데, 그것은 일요일에 몇 번 나와 함께 승마구경을 하러 가기 위해 입었던 것이었다. 그러나 그가 단지 놋단추 하나로 셔츠를 잠근 걸로 봐서 깃을 달 수 없었던 것 같았다. 내가 그의 단골손님이었느냐는 질문에 그가 대답했다.

"그렇습니다. 그러나 또한 친구이기도 했습니다."

그가 나에 대해서 생각하는 것을 물었고, 그는 내가 남자다운 남자라고 대답했다. 남자다운 남자라고 말하는 것이 무슨 뜻이냐고 물으니까, 그는 모든 사람들이 이 말이 의미하는 것을 알고 있다고 진술했다. 내가 내성적인 성격을 가진 것을 알고 있었느냐고 물었고, 그는 다만 내가 쓸데없는 말을 하지 않는다는 것을 알고 있었다고 대답했다. 차석검사는 내가 규칙적으로 식비를 내었는지를 물었다. 셀레스트는 웃으면서 진술했다.

"그건 우리 두 사람 사이의 사사로운 일입니다."

그는 다시 한 번 내 범죄에 대해서 어떻게 생각하느냐의 질문을 받았다. 그때 그는 증언대 위에 손을 올려놓았다. 뭔가 할 말을 미리 준비해 온 것 같았다. 그가 말했다.

"제게 있어서 그건 불행입니다. 불행, 모든 사람들이 불행이 무엇인지를 알지요. 불행에 여러분은 무방비하게 당할 수밖에 없지요. 그렇습니다! 제 생각으로는 그건 불행입니다."

그는 계속하려고 하였으나, 재판장이 그만하면 됐다고 말하면서 감사하다고 했다. 그러자 셀레스트는 약간 얼떨떨해 한 듯했다. 그러나 그는 말을 더하고 싶다고 진술했다. 재판장은 그에게 짧게 이야기하라고 요청했다. 그는 또다시 그것은 불행이라고 되풀이했다. 그러자 재판장이 그에게 말했다.

"네. 알아들었습니다. 그러나 우리의 할 일은 그런 종류의 불행을 심판하기 위해서입니다. 감사합니다."

마치 자신의 지혜와 선의가 한계에 이르렀다는 듯이, 셀레스트는 그때 나를 향해 고개를 돌렸다. 내가 보기에 그의 눈은 빛나고, 입술은 떨리고 있는 것처럼 보였다. 그는 나를 위해서 아직 자기가 할 수 있는 것이 무엇인지를 나에게 묻는 것처럼 보였다. 나는 아무 말도 하지 않았고, 어떤 행동도 하지 않았지만, 내 생에 처음으로 한 인간을 껴안고 싶은 마음이 강렬했다. 재판장은 다시 그에게 증인대에서 내려갈 것을 명했다. 셀레스트는 법정의 방청석으로 가서 앉았다. 남은 재판 내내 그는 몸을 앞으로 약간 기울여 무릎 위에 팔꿈치를 괴고, 파나마모자를 두 손으로 잡은 채 오가는 모든 이야기를 경청하고 있었다. 마리가 들어왔다. 그녀는 모자를 쓰고 있었고, 여전히 아름다웠다. 그러나 나는 그녀가 모자를 쓰지 않고 머리를 자연스럽게 풀어놓았을 때가 더 좋았다. 내가 앉은 자리에서 나는 그녀의 봉긋한 젖가슴의 무게를 짐작할 수 있었고, 항상 약간 두툼한 그녀의 아래 입술도 알아 볼 수 있었다. 그녀는 매우 불안해 보였다. 곧 그녀에게 나를 언제부터 알았느냐고 묻는 질문이 시작되었다. 그녀는 자신이 우리 회사에서 함께 일하던 시기를 말했다. 재판장은 그녀가 나와 어떤 관계였는지를 알고 싶어 했다. 마리는 자기가 나의 친구라고 말했다. 또 다른 질문에 그녀가 나와 결혼하기로 되어 있는 것은 사실이라고 대답했다. 서류를 넘기고 있던 검사가 불쑥 언제부터 우리의 애정관계가 시작되었느냐고 물었다. 마리는 그 날짜를 말했다. 검사는 그 날이 엄마의 사망 다음날인 것 같다고 냉정한 태도로 지적했다. 그리고 나서 약간 빈정대는 말투로, 자기는 그런 미묘한 상황을 강조하여 드러내기를 원치 않으며, 마리의 도덕적 가책도 잘 이해하지만(여기서 그의 어조는 더욱 냉혹해졌다) 그는 자신의 의무상 부득이 예의에 어긋날 수밖에 없다고 말했다. 그리고 나서 검사는 내가 그녀와 육체관계를 맺었던 그날 하루의 일은 요약해 달라고 마리에게 요구했다. 마리는 말하고 싶어 하지 않았지만 검사의 집요함 앞에, 우리가 해수욕을 갔던 일, 영화 구경 갔던 일, 그리고 내 집으로 돌아온 일을 이야기했다. 차석검사는 예심에서 마리의 진술을 듣고 이날의 영화 프로그램을 조사해 보았다고 말한 후, 마리 자신이 직접 그때 어떤 영화가 상영되고 있었는지를 이야기해 주기 바란다고 덧붙였다. 마리는 거의 질린 목소리로, 사실 그것은 페르낭델 출연의 영화였다고 말했다. 그녀가 이야기를 끝냈을 때 법정은 침묵에 휩싸였다. 그때 검사가 일어서서 아주 근엄하게, 내가 진실로 감동적이라고 느낀 목소리로, 나를 손가락으로 가리키면서 천천히 그리고 분명하게 말했다.

"배심원 여러분, 자신의 어머니가 사망한 바로 그 다음 날, 이 사람은 해수욕을 하고, 부정한 관계를 맺기 시작했으며, 코미디 영화를 보러가서 희희낙락거린 것입니다. 여러분께 드릴 말씀이라곤 더 이상 없습니다."

여전히 계속되는 침묵 속에서 그는 자리에 앉았다. 그런데, 갑자기 마리가 울음을 터뜨리며, 사실은 그렇지 않고 다른 일이 있다고, 자신이 생각하는 것과는 정반대로 말하도록 강요됐다고, 그녀는 나를 잘 알고 내가 한 번도 나쁜 짓을 한 적이 없다고 말했다. 그러나 재판장의 신호에 따라서 서기가 그녀를 데리고 나갔고, 공판은 다시 계속되었다.

뒤이어 마송이 나와 나는 공손한 사람이며 "그리고 덧붙이자면, 나는 정직한 사람"이라고 말했으나, 사람들은 그의 말을 거의 듣지 않았다. 살라마노 또한, 내가 그의 개를 잘 대해 주었다는 것을 말하고, 또 내가 엄마와 더 이상 할 말이 없었고 그 때문에 엄마를 양로원에 보냈다는 내용의 말을 하면서 엄마와 나에 대한 질문에 대답했을 때도, 사람들은 여전히 그의 말을 거의 듣지 않았다.

"이해해 주셔야 합니다. 이해해 주셔야 합니다."하고 살라마노가 말했다.

그러나 이해해 주는 사람은 아무도 없는 것 같았다. 서기가 그를 데리고 나갔다.

뒤이어 레몽의 차례가 되었다. 그가 마지막 증인이었다. 레몽은 나에게 살짝 손짓을 하고는, 지체 없이 나에게는 죄가 없다고 말했다. 그러나 재판장은 그에게 판단은 그만 두고 사실만을 진술할 것을 요구했다. 재판장은 그가 질문이나 듣고 답변을 하라고 주의를 주었다. 그는 피해자와는 어떤 관계인지를 상세하게 이야기하라는 요구도 받았다. 레몽은 그 기회를 이용해서, 자신이 피해자 누이의 뺨을 때린 다음부터 그자가 증오하고 있던 사람은 자기였다고 말했다. 그러나 재판장은 그에게 피해자가 나를 증오할 이유는 없었느냐고 물었다. 레몽은 내가 해변에 있었던 것은 우연의 결과였다고 말했다. 검사는, 그러면 비극적 사건의 발단이 된 편지는 어떻게 해서 내가 쓰게 되었는지 그에게 물었다. 레몽은 그건 우연이었다고 대답했다. 검사는 우연이 이미 이 사건에 있어서 양심상의 죄과를 몇 번이나 저질렀다고 힐난했다. 그는 레몽이 자기 정부의 뺨을 때렸을 때 내가 개입하지 않은 것이 우연이었는지, 내가 경찰서에 가서 증인이 된 것도 우연이었는지, 그때 내 진술이 순전히 환심을 사려는 행동으로 밝혀진 것 또한 우연이었는지 알고 싶어 했다. 마지막으로 그는 레몽에게 생활수단이 무엇이냐고 물었고, 레몽이 '창고관리인'이라고 대답하자, 차석검사는 증인이 포주 일을 해왔다는 것은 세상 사람들이 다 아는 사실이라고 배심원들에게 주장했다. 나는 그의 공범자이자 친구였다. 이 사건은 가장 저급한 인간 말종의 천박한 드라마인데, 더욱이 도덕적 괴물이 관련되어 있기 때문에 더욱 그렇다는 것이었다. 레몽은 스스로를 변호하려 했고 내 변호사도 항의했지만, 재판장은 검사가 하던 말을 마무리 짓도록 해야 할 것이라고 말했다. 검사가 이렇게 말하며 레몽에게 물었다.

"제가 덧붙일 말은 거의 없습니다. 그가 당신의 친구였습니까?"

"그렇습니다, 나의 친구였습니다."하고 레몽이 말했다.

그러자 차석검사는 나에게 같은 질문을 했고 나는 레몽을 바라보았다. 그는 나에게서 시선을 돌리지 않았다. 나는 "그렇습니다."하고 대답했다. 그러자 검사는 다시 배심원들 쪽으로 몸을 돌리고는 주장했다.

"자신의 어머니가 사망한 다음날 가장 수치스러운 방탕한 행위에 몸을 맡겼던 바로 그 사람이 하찮은 이유로, 차마 말로 표현할 수 없는 치정사건을 결말지으려고 사람을 죽였습니다."

그러고 나서 검사는 자리에 앉았다. 그러나 참다못한 내 변호사가 팔을 들어 올리면서 고함을 쳤다. 그 때문에 소매가 다시 흘러내리면서 풀을 먹여 빳빳한 셔츠의 주름이 드러났다.

"그러면, 피고인이 기소된 것은 자기 어머니의 장례식을 치렀기 때문이라는 겁니까, 사람을 죽여서라는 겁니까?"

방청객들이 웃음을 터뜨렸다. 그러나 검사는 다시 일어서서 자신의 법복을 바로잡고는, 이 두 사건의 진상 사이에 있는 근본적이고, 비장하고, 본질적인 관계에 대한 지각이 없으려면 존경하는 변호사님 같은 순수성을 가지고 있어야만 할 것이라고 선언했다. 그는 힘주어 소리쳤다.

"그렇습니다. 저는 이 남자가 범죄자의 마음으로 어머니의 장례식을 치른 것을 고발합니다."

이 논고는 방청객들에게 엄청난 효력을 발휘한 것으로 보였다. 내 변호사는 어깨를 으쓱해 보이고는 이마에 흐르는 땀을 닦았다. 그러나 그 자신도 동요된 것처럼 보였고, 나는 일이 나에게 좋지 않은 쪽으로 흘러간다는 것을 깨달았다.

법정은 폐정되었다. 법원을 나와 버스에 오르면서 나는 잠시 동안 여름밤의 냄새와 색깔을 느꼈다. 어두컴컴한 호송차 속에서 나는 내가 좋아하던 한 도시의 모든 친숙한 소리들을, 그리고 나 스스로 만족감을 느낀 적이 있던 어떤 시간의 모든 친숙한 소리들을 마치 내 피곤함의 심연에서 찾아내듯이 하나하나씩 다시 찾아낼 수 있었다. 이미 온화해진 대기 속에서 들려오는 신문팔이들의 외치는 소리, 작은 공원의 마지막 남은 새소리, 샌드위치 장사들의 호객 소리, 시내 고지대 커브길에서 나는 전차의 마찰음 그리고 항구에 밤이 내리기 전에 들려오는 하늘의 웅성거림, 이 모든 것들이 내가 교도소에 들어가기 전에 잘 알았던 것이었는데 이제는 내게 눈을 감고도 갈 수 있는 여정으로 재구성되고 있었다. 그렇다, 그건 아주 오래 전 내가 스스로 만족함을 느꼈던 그런 시간이었다. 그때 나를 기다리고 있던 것은 언제나 꿈이 없는 달콤한 잠이었다. 그렇지만, 이제는 무엇인가가 변한 것이 있었다. 왜냐하면 다음날을 기다리며 내가 다시 돌아온 곳이 나의 감방이었기 때문이다. 마치 여름 하늘에 그어진 낯익은 길들이 순수한 잠으로 이어질 수 있는 만큼이나 교도소로도 이어질 수 있는 것처럼.

IV

비록 피고인석에서일지라도 자기 자신에 대해서 이야기하는 것을 듣는 것은 항상 흥미로운 일이다. 검사와 내 변호사가 구두변론을 하는 동안 나에 대한 많은 이야기가 오갔다. 아마도 내 범죄보다도 나에 대한 이야기가 더 많이 오갔다고 말할 수 있을 것이다. 그러나 그 구두변론들이 그렇게 다른 것이었던가? 변호사는 팔을 들어 올리며 죄를 짓긴 했지만 변명할 여지가 있다고 변론했다. 검사는 손가락질을 하면서 변명의 여지가 없는 유죄라고 규탄했다. 그렇지만 나로서는 한 가지 일이 좀 거슬렸다. 피고의 신분임에도 불구하고 나는 때때로 참견을 하고 싶었다. 그러면 내 변호사가 말했다.

"잠자코 있으세요. 그게 당신 사건에는 더 유리합니다."

어떤 면에 있어서는 나와는 관계없이 이 사건이 다루어지는 것 같았다. 모든 것이 나의 참여도 없이 진행되었다. 나의 의견은 물어보지도 않은 채 내 운명이 결정되고 있었다. 때때로 나는 모든 사람들의 말을 가로막고 이렇게 말하고 싶었다.

"그래도 도대체, 누가 피고입니까? 피고라는 것은 중요합니다. 그리고 나도 할 말이 있습니다."

그러나 잘 생각해 보니까 나는 할 말이 아무것도 없었다. 게다가 나는, 사람들에게 관심을 갖는 데서 얻는 흥미는 오래 지속되지 않는다는 것을 인정해야만 했다. 예를 들면, 검사의 구두변론은 아주 빨리 나를 지치게 했다. 나에게 충격을 주거나 나의 관심을 불러일으킨 것은 다만 단편적인 말들, 몸짓들, 혹은 전체에서 떨어져 나온 한 토막의 변론들뿐이었다.

내가 잘 이해했다면, 검사가 가지고 있는 생각의 핵심은 내가 사전에 범죄를 계획했었다는 것이다. 적어도 그는 그것을 증명하려고 했다. 그는 스스로 이렇게 말했다.

"제가 그것을 증명해 보이겠습니다, 여러분. 그것도 이중으로 증명해 보이겠습니다. 먼저 명명백백한 사실에 비추어 증명해 보이고, 그 다음에는 이 범죄자의 영혼의 심리상태가 내게 드러내 보이는 어두운 조명 안에서 증명해 보이겠습니다."

검사는 엄마의 죽음 이후에 일어난 일들을 요약했다. 그는 내가 무관심했었다는 것, 엄마의 나이도 모르고 있었다는 것, 그 다음날 한 여자와 해수욕을 하러 갔었다는 것, 페르낭델의 영화를 보았다는 것과 마지막으로 마리와 함께 귀가한 것을 상기시켰다. 그 순간 나는 그의 말을 이해하는데 시간이 좀 걸렸다. 왜냐하면, 그가 "그의 정부"라고 말을 했기 때문이다. 그러나 내게 그녀는 마리일 뿐이었다. 그다음으로 그는 레몽의 이야기를 했다. 사건을 보는 그의 방식이 명확성이 없는 것은 아니라고 나는 생각했다. 그가 말한 것은 그럴듯했다. 나는 레몽과 합의하에, 그의 정부를 꾀어서 "품행이 좋지 않은" 남자에게 넘겨 부당한 취급을 받도록 하는 편지를 썼다. 나는 해변에서 레몽의 상대들에게 시비를 걸었다. 레몽이 부상을 입었다. 나는 레몽에게서 권총을 달래 가지고, 그것을 사용할 의도로 혼자서 되돌아갔다. 나는 계획했던 대로 아랍인을 쏘아 죽였다. 나는 기다렸다. 그리고 "일이 제대로 잘 치러졌다는 것을 확인하기 위하여" 나는 다시 네 발의 총알을 침착하게, 확실하게, 어떤 의미로는 의도적으로 당겼다는 것이다. 차석검사는 말했다.

"여러분, 이상과 같습니다. 나는 여러분 앞에서 이 남자가 완전히 의도적으로 살인을 하기까지 일어난 사건의 추이를 되짚어 보았습니다. 나는 이 점을 강조합니다. 왜냐하면 이것은 보통의 살인, 정상참작을 해서 죄가 가벼워질 수 있다고 생각할 수 있는 무의식적인 행위가 아니기 때문입니다. 이 사람은, 여러분, 이 사람은 지식도 있습니다. 여러분도 그의 진술을 들었습니다, 그렇지 않습니까? 그는 대답을 할 줄도 알고, 말뜻도 잘 알고 있습니다. 그러므로 그 자신이 무슨 짓을 하는지도 모르고 행동했다고는 할 수 없습니다."

귀를 기울여 듣고 있던 나는 내가 지식 있는 사람이라고 말을 하는 것을 들었다. 그러나 나는 어떻게 평범한 인간의 장점이 한 사람의 죄인에게는 결정적으로 불리한 증거가 될 수 있는지 잘 이해가 되지 않았다. 적어도 그러한 점은 나에게 충격을 주었다. 그래서 나는 더 이상 검사의 말을 귀담아 듣지 않았다. 그러다가 다시 그의 말이 들렸다.

"그가 적어도 후회를 표명한 적이 있었습니까? 전혀, 여러분. 예비심리과정 동안에 단 한 번도 이 사람은 자신의 가증스러운 범행을 뉘우치는 듯한 태도를 보인 적이 없었습니다."

그때 그는 내 쪽으로 몸을 돌려 손가락으로 나를 가리키며, 계속적으로 나에게 비난을 퍼부었다. 그러나 사실 나는 그 이유가 무엇인지 잘 이해하지 못했다. 물론 나는 그의 말에 일리가 있다는 것을 인정하지 않을 수 없기는 했다. 그래도 나는 내 행위에 대해 그다지 뉘우치고 있지는 않았다. 그러나 그렇게 많은 증오심을 갖고 있다는 것이 나로서는 놀라울 따름이었다. 나는 내가 실제로 어떤 일을 뉘우치는 일이란 지금까지 불가능했다는 것을 그에게 정중하게, 애정 어린 마음으로 설명해 주고 싶었다. 나는 항상 오늘 혹은 내일 일어날 일에 마음이 사로잡혀 있었다. 그러나 물론 내가 놓인 처지에서는 누구에게도 그런 투로 말할 수는 없었다. 나는 다정한 모습을 보이거나 선의를 가질 수 있는 권리가 없었다. 그리고 나는 다시 귀를 기울여 들으려고 애를 썼다. 검사가 나의 영혼에 대해서 말하기 시작했기 때문이다.

검사는 나의 영혼에 관심을 기울려 보았지만 아무것도 찾을 수 없었다고, 배심원 여러분, 하고 말했다. 그는 사실상 나는 영혼이라고는 가지고 있지도 않았고, 인간적인 것이라곤 아무것도 없었으며, 인간의 마음을 지켜주는 가장 중요한 도덕적 원칙들 중 어느 하나도 내가 가지고 있는 것은 없었다고 말했다. 그는 덧붙였다.

"아마도, 우리는 그 점에 대해서 그를 책망할 수 없을 것입니다. 그가 가질 수 없는 것이 그에게 결핍되어 있다고 해서 우리가 불평할 수는 없는 일입니다. 그러나 이 법정에서만큼은 관용이라는 매우 소극적인 덕목은 그것보다 더 어렵기는 하지만 더욱 고결한 정의라는 미덕으로 바뀌어야 합니다. 특히 이 사람에게서 볼 수 있는 것과 같은 마음의 공허는 사회가 궤멸할 수 있는 깊은 균열이 됩니다."

그가 엄마에 대한 나의 태도에 대해 말을 꺼낸 것은 그때였다. 그는 변론 중에 자신이 말했던 것을 되풀이했다. 그러나 그것은 나의 범죄에 관해 말했던 것보다 훨씬 더 길었다. 어찌나 길었던지, 끝에 가서는 이 아침나절의 더위 이외에는 더 이상 아무것도 나는 느낄 수 없었다. 그의 말은, 적어도 얼마간의 시간이 지나서 차석검사가 말을 멈추었다가 잠깐의 침묵 후에 아주 낮고, 아주 확신에 찬 목소리로 다시 이렇게 말할 때까지 계속됐다.

"바로 이 법정에서, 여러분, 친부살해라는 중죄 중에 가장 가증스러운 죄를 내일 재판할 것입니다."

그의 말에 의하면, 이 잔인한 범죄 앞에서는 상상력도 뒷걸음질 친다는 것이었다. 그는 인간의 정의가 가차 없이 처벌을 내릴 것을 감히 희망한다는 것이었다. 그러나 그는 이 범죄가 그에게 불러일으키는 공포도 나의 무감각 앞에서 느끼는 공포에는 미치지 않는다는 것을 결연히 말할 수 있다는 것이었다. 여전히 그에 따르면, 도덕적으로 자신의 어머니를 죽인 사람은 자기 생명의 창조자를 자기 손으로 죽이는 사람과 마찬가지로 인간 사회와 스스로 담을 쌓았다는 것이었다. 하여튼 전자가 후자의 행위들을 준비하는 것이며, 어떤 의미로는 이 후자 행위들을 예고하고 공인한다는 것이었다.

"나는 확신합니다, 여러분." 그는 목소리를 높이면서 덧붙였다. "저 피고석에 앉아 있는 저 사람이 내일 이 법정에서 재판을 받을 살인자만큼 죄가 있다고 제가 말할지라도, 여러분은 제 생각이 지나치게 무모하다고는 생각하지 않을 것입니다. 그러므로 이 사람은 형벌을 받아야 마땅합니다."

여기서 검사는 땀으로 번들거리는 자신의 얼굴을 닦았다. 마지막으로 그는 자신의 의무가 고통스럽기는 하지만 확고하게 그 의무를 다할 것이라고 말했다. 내가 사회의 가장 근본적인 규율도 잘 모르므로 이 사회와는 아무 관계도 없으며, 인간 마음의 가장 기본적인 반응도 경험하지 못했으므로 그 마음에 호소할 수도 없는 것이라고 그는 단호히 말했다.

"저는 이 사람의 목을 요구합니다."하고 그가 말했다.

"사형을 요구해도 마음은 가볍습니다. 왜냐하면, 이미 오랜 검사 생활을 해오면서 사형을 구형한 적이 있었습니다만, 절대적이고 신성한 명령이라는 자각과, 냉혹한 마음의 괴물과 같다는 것밖에는 읽히지 않는 한 사람의 얼굴 앞에서 제가 느끼는 공포로 인해, 결코 오늘만큼 이 고통스러운 의무가 보상되고, 균형을 유지하고, 명확하다는 것을 느껴본 적은 없었기 때문입니다."

검사가 다시 앉았을 때 제법 긴 침묵의 시간이 흘렀다. 나 자신도 더위와 놀라움으로 어리둥절했다. 재판장은 살짝 헛기침을 하고는 아주 낮은 목소리로 나에게 덧붙일 말은 없느냐고 물었다. 나는 일어섰다. 말을 하고 싶었기 때문에 거의 나오는 대로 그 아랍인을 죽이려는 의도는 없었다고 말했다. 재판장은 그것도 하나의 주장이라고 대답하고는, 지금까지 내 변호 내용을 잘 파악하지 못하고 있으므로 변호사의 말을 듣기 전에 내가 그런 행동을 하게 된 동기를 상세하게 이야기해 주면 좋겠다고 했다. 나는 빠르게 다소 횡설수설하면서, 내가 생각하기에도 우스꽝스러운 말인 줄 알면서도, 그건 태양 때문이었다고 말했다. 법정에는 웃음이 터졌다. 내 변호사는 어깨를 으쓱했고, 곧바로 그에게 발언권이 주어졌다. 그러나 그는 시간이 늦었고, 변호에는 여러 시간이 걸릴 것이므로 공판을 오후로 연기해 줄 것을 요청한다고 말했다. 법정은 이에 동의했다.

오후에도 커다란 선풍기들이 여전히 법정의 탁한 공기를 휘젔고 있었고, 배심원들이 들고 있는 다양한 색깔의 작은 부채들도 모두 같은 방향으로 움직이고 있었다. 내 변호사의 변론은 언제 끝이 날지 모를 지경이었다. 그러나 어느 순간 나는 그의 말에 귀를 기울였다.

"제가 사람을 죽인 것은 사실입니다."하고 그가 말했기 때문이다. 뒤이어 그는 그런 말투를 계속하면서 나에 대해서 말할 때마다 매번 "제가"라고 하는 것이었다. 나는 매우 놀랐다. 나는 한 경관 쪽으로 몸을 기울여 그에게 왜 그렇게 하느냐고 물었다. 그는 나에게 입을 다물라고 하고는, 잠시 후에 "변호사들은 모두 그렇게 합니다."라고 덧붙였다. 나는 그것이 나를 이 사건에서 더욱 멀어지게 하고, 나를 제로 상태로 몰아넣고, 어떤 의미에서는 그가 나를 대신한다고 생각했다. 그러나 나는, 내가 이미 그 법정에서 아주 멀리 떨어져 있다는 생각이 들었다. 게다가 내 변호사도 나에겐 터무니없어 보였다. 그는 아주 빠른 어조로 나의 도발 행위를 변호한 다음, 그 또한 나의 영혼에 대해서 이야기했다. 그러나 내가 보기에 그는 검사보다 훨씬 일을 대처하는 능력이 떨어지는 것 같았다. 그가 말했다.

"나 역시, 그 영혼을 들여다보았습니다만, 검찰 측의 탁월한 의견과는 반대로 나는 무언가를 발견했고, 거기서 그의 영혼을 술술 읽었다고 말할 수 있습니다."

그가 거기서 읽은 바로는 나는 정직한 사람이었고, 성실하고 지칠 줄 모르는 근로자로서 자신을 고용한 회사에 충실하였고, 모든 이에게 사랑받으면서도 타인의 불행을 동정할 줄 아는 사람이었다는 것이다. 그가 본 바로는, 나는 힘이 닿는 한 오랫동안 어머니를 부양한 모범적인 아들이었다. 그러나 끝내는 내 힘으로서는 나이 든 어머니에게 마련해 줄 수 없는 안락한 생활을 양로원이 대신해 주기를 나는 기대했다는 것이다. 그는 덧붙였다.

"여러분, 나는 그 양로원에 관해서 사람들이 그렇게 야단법석을 떤 것에 대해서 놀랐습니다. 왜냐하면 결국엔, 만일 이러한 시설들의 유용성과 중요성을 뒷받침하는 증거를 제시해야 한다면, 그것은 그것들을 보조금을 가지고 지원하고 있는 국가 자체의 몫이라는 것을 말하지 않을 수 없기 때문입니다."

다만 그는 장례식에 관해서는 아무 말이 없었다. 나는 그것이 그의 변론에서 부족한 점이라고 느꼈다. 그러나 그 모든 장광설과, 내 영혼에 대해서 이야기하던 그 모든 날들과 그 끝없는 시간들 때문에 나는, 모든 것이 내가 현기증을 느끼는 무색의 물처럼 돼 버린다는 인상을 받았다.

끝에 가서는, 변호사가 이야기를 계속하고 있는 동안 아이스크림 장수의 나팔소리가 거리로부터, 온 방들과 법정의 모든 공간을 거쳐서 내 귀에까지 울려 온 것만을 나는 기억한다. 더 이상 내게 속하지는 않지만, 내게 기쁨을 가져다준 가장 사소한 것들과 결코 지워지지 않는 것들이 모두 생각나게 하는 삶의 추억들에 나는 사로잡혀 있었다. 여름의 냄새, 내가 사랑했던 동네, 어떤 저녁 하늘, 마리의 웃음과 원피스들. 그러자 이곳에서 내가 하고 있는 모든 부질없는 일들이 목구멍까지 치받쳐 올라왔고, 내게는 속히 그 일들이 끝나 내 감방으로 돌아가 자고 싶은 조바심밖에 없었다. 내 변호사가 마지막으로, 배심원들은 한 순간의 일탈로 파멸한 정직한 노동자를 사형에 처하기를 원하지 않을 것이라고 외치는 소리도, 이미 가장 확실한 형벌로써 내가 영원한 양심의 가책을 짊어지고 살 범죄에 대해서 정상참작을 요청한다고 외치는 소리도 내 귀에는 거의 들리지 않았다. 법정은 휴정을 했고, 변호사는 진이 빠진 기색으로 자리에 앉았다. 그러나 그의 동료들이 그에게로 와서 악수를 했다.

"광장했네, 친구."하는 말이 들렸다.

그들 중의 한 명은 심지어 나를 목격자로 삼으면서 이렇게 말했다.

"그렇지 않소?"

나는 동의를 했지만, 나의 찬사는 진심에서 우러나온 것이 아니었다. 나는 너무 피곤했기 때문이다.

그러는 동안, 밖에서는 어느덧 해가 저물어 가고 있었고, 더위도 많이 누그러졌다. 거리에서 들려오는 몇몇 소리들에서 나는 저녁의 아늑함을 짐작할 수 있었다. 우리는 거기서 모두 기다려야만 했다. 그런데 우리가 함께 기다리고 있는 것은 오직 나하고만 관계되는 일이었다. 나는 다시 한 번 재판정을 둘러보았다. 모든 것이 첫 번째 날과 똑같은 상태였다. 나는 회색 조끼를 입은 신문기자와 자동인형 같은 여자와 눈길이 마주쳤다. 이들을 보고서 나는 재판 동안 내내 한 번도 눈으로 마리를 찾아보지 않았다는 것을 생각하게 되었다. 내가 그녀를 잊어버렸던 것이 아니라 할 일이 너무 많았던 것이다. 나는 셀레스트와 레몽 사이에 있는 마리를 보았다. 그녀는 마치 "이제야"라고 말하는 것처럼 나에게 살짝 손짓을 했고, 약간 근심어린 얼굴로는 미소를 짓고 있었다. 그러나 나는 마음이 닫혀 버린 것을 느꼈고, 그녀의 미소에 답할 수조차 없었다.

공판이 재개되었다. 신속하게 배심원들에게 일련의 질문들이 낭독되었다. "살인죄" .... "계획적인" ...."정상참작"이라는 말들이 들렸다. 배심원들이 퇴장했고, 나는 앞서 기다렸던 적이 있던 작은 방으로 끌려갔다. 내 변호사가 나를 만나러 왔다. 그는 말이 매우 많았고, 지금까지 결코 보이지 않았던 더 큰 자신감과 다정함을 가지고 말했다. 그는 모든 것이 잘 되어 갈 것이고, 몇 년 간의 징역 혹은 금고형으로 해결될 것이라고 생각했다. 나는 그에게 판결이 불리할 경우에는 판결을 파기할 기회가 있느냐고 물었다. 그는 없다고 말했다. 그의 전략은 배심원들의 반감을 사지 않기 위해서 법률적 주장을 제기하지 않는다는 것이었다. 그는 나에게 배심원들은 그처럼 아무 이유 없이 판결을 파기하지 않는다고 설명했다. 그것은 나에게도 명백해 보였으므로, 나는 그의 판단을 수긍했다. 냉철하게 생각해보면, 그것은 매우 자연스러웠다. 그렇지 않을 경우, 쓸데없는 서류가 너무나 많을 것이다. 변호사가 말했다,

"하여튼, 특사 청원이 있습니다. 그렇지만 나는 재판결과가 유리하게 나올 것이라고 확신합니다."

우리는 매우 오랫동안, 대략 사십 오 분쯤은 기다렸을 것이다. 그러던 끝에 종이 울렸다. 내 변호사는 다음과 같이 말하고는 나를 두고 가 버렸다.

"배심원의 대표가 평결문을 낭독할 것입니다. 당신은 판결 선고 때에야 들어오게 될 것입니다."

문을 여닫는 소리가 들렸다. 사람들이 계단에서 뛰어가고 있었지만, 이들 계단이 가까이 있는지 멀리 있는지 나는 알 수 없었다. 그리고 나서 법정

에서 무언가를 읽는 희미한 목소리가 들렸다. 종이 또 울리고 피고석의 문이 열렸을 때 나를 엄습한 것은 재판정의 침묵과, 그 젊은 기자가 눈을 옆으로 돌리는 것을 목격했을 때 내가 받은 그 이상야릇한 느낌이었다. 나는 마리 쪽을 쳐다보지 않았다. 나는 그녀를 쳐다볼 여유가 없었다. 재판장이 이상한 말투로 내가 프랑스 국민의 이름으로 공공 광장에서 머리가 잘리게 될 것이라고 말했기 때문이다. 그때 나는 내가 모든 사람들의 얼굴에서 읽었던 감정을 알아본 것 같았다. 그것은 분명 마음으로부터의 어떤 배려 같은 것이었다고 나는 생각한다. 경관들은 나를 아주 부드럽게 대했다. 변호사는 나의 손목 위에 그의 손을 올려놓았다. 나는 더 이상 아무것도 생각하지 않았다. 그러나 재판장이 나에게 무엇이든지 덧붙일 말은 없느냐고 물었다. 나는 깊이 생각해 보았다.

"없습니다."

내가 밖으로 끌려 나온 것은 그때였다.

V

세 번째로 나는 부속사제의 면회를 거절했다. 나는 그에게 할 말도 없었고, 말하고 싶지도 않았다. 그를 조만간엔 만날 것이다. 이 순간 나의 관심거리는 메커니즘으로부터 벗어나는 것, 불가피한 것으로부터 빠져나갈 길이 있을 수 있는지를 알아보는 것이다. 내 감방이 바뀌었다. 이 감방에서 내가 길게 누우면, 하늘이 내다보인다. 하늘밖에 보이지 않는다. 나의 하루하루는 하늘에서 낮이 밤으로 옮겨가는 빛깔의 조락(凋落)을 바라보는 것으로 지나간다. 누워서 머리 밑에 손을 괴고서 나는 기다린다. 나는, 이 냉혹한 메커니즘으로부터 벗어났거나, 경찰의 비상 경계선을 돌파해 사형집행 전에 종적을 감춘 사형수의 예가 있었을까하고 몇 번이나 자문해 보았는지 모른다. 그럴 때마다 나는 사형집행에 관한 이야기를 거들떠보지도 않았던 것이 후회가 되었다. 그러한 문제는 항상 관심을 가질 필요가 있을 것이다. 무슨 일이 일어날지 결코 알 수 없다. 다른 사람들과 마찬가지로 나도 신문에서 비평란을 읽은 적이 있다. 그러나 특별한 논설들이 분명 있었을 텐데, 나는 그것들을 읽어봤으면 하는 호기심이 전혀 없었다. 거기에서, 아마 탈옥이야기도 찾아볼 수 있었을 것이다. 나는, 적어도 한 번쯤은 바퀴가 멎어, 그 거스를 수 없는 사전계획 속에서도 우연과 요행이 단 한 번이라도 무언가를 뒤바꾸어 놓은 일이 있었다는 것을 알 수도 있었을 것이다. 단 한 번만! 어떤 의미에서, 내게는 그것으로 충분하였으리라 믿는다. 그 나머지는 내 마음으로 채울 수 있었을 것이다. 신문들은 종종 사회에 지고 있는 빚에 대해 말한다. 신문에 따르면, 그것을 갚아야 한다는 것이다. 그러나 그러한 말은 상상력을 일깨워 주지 못한다. 중요한 것은 탈옥의 가능성, 냉혹한 의식 밖으로의 도약, 희망의 무한한 기회를 제공하는 미친 듯한 질주였다. 물론, 희망이라고 해도, 그것은 전력 질주를 하다가 공중에서 날아오는 한 발의 총알에 거리 구석에 쓰러지는 것뿐이다. 그러나 모든 것을 다 고려해 봐도, 내게 그 같은 호사를 허락해 주는 것은 아무것도 없다. 모두 내게 그것을 금지하고, 어떤 구조적인 것이 나를 다시 붙드는 것이었다.

내 선의에도 불구하고, 나는 그런 가당찮은 확실성을 받아들일 수 없었다. 왜냐하면 결국 그런 확실성을 정당화해 준 재판과 판결이 선고되던 순간부터 현실이 된 그 냉정한 결과 사이에는 우스꽝스러운 불균형이 있었기 때문이다. 판결문이 17시가 아니라 20시에 낭독되었다는 사실, 판결문이 전혀 다를 수도 있었다는 사실, 그것이 속옷을 갈아입는 인간들에 의해서 결정되었다는 사실, 그것이 프랑스(혹은 독일, 혹은 중국) 국민의 이름이라는 모호한 개념에 의거하여 선고가 내려졌다는 사실, 이 모든 것이 내가 보기에 그러한 결정의 진지함을 훼손하는 것 같았다. 그렇지만 판결문이 받아들여진 순간부터 그 효력은 내가 몸뚱이를 비벼대고 있는 이 벽의 존재만큼 확실해지고 준엄해진다는 것을 인정해야만 했다.

나는 그 때에 엄마가 아버지에 대해서 내게 들려준 어떤 이야기를 떠올렸다. 나는 그를 알지 못했다. 이 남자에 대해서 내가 정확하게 알고 있는 것은 아마 그때 엄마가 내게 말해 준 것밖에 없을 것이다. 그는 한 살인범을 처형하는 것을 보러 갔었다. 그는 거기 간다는 생각만 하여도 몸이 아팠다. 그래도 그는 처형장에 갔었고, 돌아오는 길에는 아침 식사의 일부분을 토했다. 그 말을 들었을 때 나는 아버지가 조금 역겨워졌다. 그러나 지금 나는 이해를 했고, 그것은 아주 당연한 것이었다. 아무것도 사형집행보다 더 중대한 일일 수 없다는 것을, 요컨대 그것이야말로 인간에게는 참으로 유일한 관심거리라는 것을 어떻게 나는 더 일찍 깨닫지 못했단 말인가! 만약 내가 이 교도소에서 나가게 된다면, 나는 모든 사형집행을 다 보러 가리라. 그러나 그러한 가능성을 생각한 것은 잘못이었다고 생각한다. 왜냐하면 어느 날 이른 아침 경찰의 비상경계선 밖에서, 말하자면 반대편에서 자유로운 나 자신을 본다는 생각만으로도, 사형집행을 보러 왔다가 나중에는 토할 수 있는 구경꾼이 된다는 생각만으로도, 억눌렸던 기쁨의 물결이 내 가슴속에 솟아올랐기 때문이다. 그러나 그것은 이성적이지 못했다. 그러한 가정에 스스로를 내맡기는 것은 잘못이었다. 왜냐하면 그 다음 순간 나는 소름끼치도록 한기가 들어서 이불 속에 들어가 몸을 웅크리고 있어야 했기 때문이다. 나는 참다못해 이빨을 딱딱 부딪치고 있었다.

그러나 당연히 우리가 항상 이성적일 수는 없다. 예를 들어 어떤 때는 법률 초안을 만들어 보곤 했다. 내가 형법 제도를 개혁하고 있었던 것이다. 핵심은 사형선고를 받은 사람에게 한 번의 기회를 더 주는 것에 중점을 두었다. 천 번에 단 한 번, 그것이면 많은 것을 해결하기에 충분하리라. 그렇기 때문에 내가 보기에, 흡입할 경우 수형자(나는 '수형자'라고 생각한다)가 열 번에 아홉 번만 죽게 되는 그런 화학약품의 배합을 찾아낼 수 있을 것 같았다. 수형자가 그것을 알게 되는 것, 그것이 조건이었다. 왜냐하면 깊이 잘 생각해 보고 침착하게 상황을 고려해 보면, 단두대의 날이 가지고 있는 결함이라는 것은 단두대에는 어떠한 기회도, 결코 그 어떠한 기회도 존재할 수 없다는 것을 나는 확인할 수 있었다. 요컨대 단 한 번만으로 수형자의 죽음은 결정돼 버리는 것이었다. 그것은 매듭이 지어진 일이며 확정된 배합이요 이미 합의된 것이어서 재론의 여지가 없는 협정이다. 만약 아주 드문 일이지만 목이 잘 베어지지 않는 경우가 있어도 다시 할 뿐이다. 그러므로 이

때 어처구니없는 일은 사형수로서는 단두대가 잘 작동해 주기를 바랄 수밖에 없다는 점이다. 이것이 바로 내가 말하는 결함이라는 것이다. 어떤 점에서 그것은 사실이다. 그러나 다른 점에 있어서 나는, 모든 훌륭한 조직의 비결이 거기에 있다는 것을 또한 인정하지 않을 수 없었다. 요컨대, 사형수는 도덕적으로 협력해야 한다. 모든 일이 오점 없이 진행되는 것이 자신에게도 이득인 것이다.

나는 또한 지금까지 이러한 문제들에 대해서 정확하지 않은 생각을 가졌었다는 것을 인정하지 않을 수 없었다. 나는 오랫동안-이유는 알 수 없지만-단두대에 처형되기 위해서는 단두대 위로 올라가야 한다고, 계단을 밟고 올라가야 한다고 믿어왔다. 그것은 1789년 대혁명[2] 때문이라고, 말하자면 그러한 문제들에 대해서 사람들이 나에게 가르쳐 주고 보게 했던 모든 것 때문이라고 여겨진다. 그런데 어느 날 아침 나는, 큰 반향을 일으킨 어떤 사형집행을 계기로 신문에 실렸던 한 장의 사진을 떠올렸다. 실제로, 기계는 그냥 땅바닥에 놓여 있었고, 세상에서 가장 단순한 것이었다. 그것은 내가 생각했던 것보다 훨씬 더 좁았다. 좀 더 일찍 그런 것을 생각하지 않았다는 것이 이상했다. 사진상 그 기계는 정밀한 완성체이면서도 번쩍이는 외양을 가지고 있어 나에게 강한 인상을 남겼었다. 사람들은 항상 알지 못하는 것에 대해서는 과장된 생각을 하게 된다. 반대로 나는 모든 것이 간단하다는 것을 인정하지 않을 수 없었다. 예를 들면, 기계는 그 기계를 향해 걸어오는 사

2_ 루이 16세(재위 1774~1792) 때인 1789년 7월 14일부터 1794년 7월 28일에 걸쳐 일어난 프랑스의 시민혁명이다. 이 당시 반혁명세력을 처형하기 위하여 지금의 파리 콩코드 광장(Place de la Concorde) 자리에 처음으로 단두대(guillotine, 기요틴)가 설치되었다. 루이 16세와 왕비 마리 앙투아네트는 물론 시민혁명을 주도했던 로베스피에르(M. de Robespierre, 1758~1794)를 포함한 1,200명이 넘는 왕족, 귀족, 성직자 등이 혁명의 공포정치 하에서 단두대의 이슬로 사라졌다<역주>.

람과 같은 높이에 있다. 그는 기계와 다시 만나게 되는데, 이는 마치 우리가 사람을 만나러 걸어가는 것과 같다. 이것 또한 서글픈 일이다. 단두대를 향해서 올라가는 것은 하늘로 승천을 하는 것이라고 상상으로 그런 생각과 결부시킬 수 있을 것이다. 반면에, 여기서 다시 한 번, 구조적인 것이 모든 것을 짓밟아버리는 것이다. 말하자면 사람들은 약간 수치스러워하면서도 대단히 정교하게 슬며시 처형당하는 것이다.

그 밖에도 줄곧 깊이 생각해 온 것이 두 가지 더 있었다. 새벽녘과 항소가 그것이다. 그렇지만 나는 이성적으로 생각했고, 더 이상 그 생각을 하지 않으려고 애썼다. 나는 누워서 하늘을 쳐다보면서, 거기에 흥미를 가지려고 노력했다. 하늘이 초록빛이 되면 저녁인 것이다. 나는 내 생각의 흐름을 돌리려고 계속 노력했다. 내 심장 소리에 귀를 기울였다. 그토록 오랫동안 나와 함께 한 이 소리가 멈추어버릴 수 있으리라고는 도저히 상상할 수 없었다. 나는 결코 진정한 상상력을 발휘해 본 적이 없다. 그러나 나는 이 심장의 박동 소리가 더 이상 들리지 않을 어떤 순간을 머릿속에 그려보려고 애썼다. 그러나 허사였다. 새벽녘 혹은 나의 항소가 거기에 자리하고 있었다. 나는 결국 가장 합리적인 것은 억지로 참지 않는 것이라고 생각하게 되었다.

그들이 새벽녘에 온다는 것, 나는 그것을 알고 있었다. 요컨대, 나는 이 새벽녘을 기다리는 것으로 밤을 지새웠다. 나는 불시에 놀라게 되는 것을 결코 좋아하지 않았다. 내게 어떤 일이 일어날 때면 그곳에서 직접 맞닥뜨리는 것을 더 좋아하기 때문이다. 그래서 나는 낮에만 잠시 눈을 붙이게 되었고, 밤 동안에는 내내 하늘에서 창문으로 새벽빛이 비치기를 끈질기게 기다렸다. 가장 힘든 것은 그들이 통상적으로 임무를 수행하는 때라고 내가 알고 있는 그 애매모호한 시간이었다. 자정이 지나면 나는 기다리며 동정을 살폈다. 결코 내 귀가 그토록 많은 소리를 인지하여, 그렇게 미세한 소리를 들어 본 적은 일찍이 없었다. 또 한편으로 이 모든 기간 동안 발자국 소리가 전혀 들리지 않았으니 나는 어떤 면에서 보면 운이 좋았다고 말할 수 있겠다. 엄마는 사람이 결코 온통 불행할 수만은 없다고 종종 말하곤 했다. 나는 교도소 안에서 그 말을 절감했다. 특히 하늘이 물들고 새로운 하루가 내 감방으로 미끄러지듯 스며들 때는 더욱 그랬다. 왜냐하면 실상 발자국 소리를 들을 수도 있었을 것이고, 그러면 내 심장이 터져버릴 수도 있었을 것이기 때문이다. 비록 아주 미세하게 미끄러지듯 움직이는 소리에도 문으로 달려갔을지라도, 비록 나무판자에 귀를 대고 미친 듯이 기다리노라면 나중에는 나 자신의 숨소리가 들려왔는데, 그 거칠기가 마치 헐떡이는 개의 숨결과도 같아서 깜짝 놀라는 일은 있었을지라도, 결국 내 심장은 터지지 않았고, 다시 한 번 나는 24시간을 벌게 되었던 것이다.

낮 동안에는 내내 항소 생각이었다. 나는 그 생각을 최대한 적절하게 이용했다고 생각한다. 나는 판결의 효력을 면밀히 계산한 후, 심사숙고를 통해 최상의 결과를 얻었다. 나는 항상 최악의 경우를 가정했다. 항소 기각이 그것이었다.

"그래, 그렇다면 난 죽겠군."

다른 사람들보다 더 일찍 죽는 것은 분명했다. 그러나 인생이 애써 살아볼만한 가치가 없다는 것은 누구나 안다. 사실상 서른 살에 죽거나 일흔 살에 죽거나 별로 중요하지 않다는 것을 나도 모르지는 않았다. 그 어느 경우든지 당연히 다른 남자들, 다른 여자들이 살아갈 것이고 수 천 년 동안 그럴 것이기 때문이다. 요컨대 그것보다 더 분명한 것은 아무것도 없을 것이다. 지금이건, 이십년 후건 죽게 될 사람은 언제나 나다. 그 순간 그러한 나의 추론에서 조금 거북스러웠던 것은 앞으로 닥쳐올 이십년의 인생을 생각할 때 내가 마음속으로 느끼는 이 견딜 수 없는 두근거림이었다. 그러나 내가 정말 20년 후 그러한 지경에 이르렀을 때에 내 생각이 어떠할지 상상하는 것으로 그 두근거림을 억누르기만 하면 되었다. 우리가 죽는 이상 어떻게 죽든 언제 죽든, 그런 건 중요하지 않다. 그것은 분명한 일이었다. 따라서(그리고 어려운 일은 이 "따라서"라는 말이 표현하는 모든 추론을 잊어버리지 않도록 하는 일이었다), 따라서, 나는 내 항소의 기각을 받아들여야만 했다.

그때야, 그때야 비로소, 말하자면 나는 권리를 가졌는데, 다시 말하면 내가 사면을 받는다는 두 번째 가정을 생각해 보는 것을 어떻게 보면 스스로에게 허락했던 것이다. 난처한 것은 엄청난 기쁨으로 내 눈을 찌르는 이 피와 육체의 복받침을 격렬하지 않게 진정시켜야만 했던 일이다. 나는 이 복받침을 억누르고, 그것을 합리적으로 생각해 보기 위해 열중해야만 했다. 첫 번째 가정에서의 나의 단념이 더 그럴듯해 보이기 위해서는 이 두 번째 가정에서도 나는 태연스런 표정을 지어야 했다. 그럴 수 있었을 때 나는 한 시간가량의 평안을 얻을 수 있었다. 어쨌든, 그건 고려해볼 만한 것이었다.

그러할 즈음 나는 부속사제의 면회를 다시 한 번 더 거절했다. 나는 누워서, 하늘이 온통 황금빛으로 물드는 것을 보며 여름 저녁이 다가오는 것을 짐작했다. 나는 막 항소를 거부했고, 혈액의 파동이 내 안에서 규칙적으로 순환하고 있음을 느낄 수 있었다. 나는 굳이 부속사제를 만날 필요를 느끼지 못했다. 꽤 오랜만에 나는 다시 마리를 생각했다. 그녀가 더 이상 나에게 편지를 쓰지 않은지 오래되었다. 그날 저녁, 나는 곰곰이 생각해 보았다. 그녀는 사형 선고를 받은 죄인의 애인인 것에 아마 지쳤을 것이라는 생각이 들었다. 그녀가 어쩌면 병이 났거나 죽었을 수도 있다는 생각도 들었다. 그것은 당연한 일이었다. 지금 떨어져 있는 우리의 두 몸 외에는 아무것도 우리를 이어주지 않고, 아무것도 우리를 서로서로 연상시켜 주지 않으니 내가 어떻게 그것을 알 수 있겠는가? 게다가 그때부터 마리에 대한 추억은 나의 관심 밖이었다. 죽었다면, 마리는 더 이상 내 흥미를 끌지 못한다. 그것이 당연하다고 생각했다. 나는 내가 죽은 후에 사람들이 나를 잊으리라는 것을 너무나 잘 알고 있기 때문이다. 그들은 더 이상 나와는 아무 상관도 없는 것이다. 나는 그것을 생각하는 것이 고통스럽다고 말할 수조차 없었다.

바로 그때 부속사제가 들어왔다. 그를 보자 나는 약간 몸을 떨었다. 그는 그것을 알아차리고는 나에게 두려워하지 말라고 말했다. 나는 그가 평소에는 다른 시간에 왔었다고 말해 주었다. 이것은 나의 항소와는 아무 상관이 없는 순전히 우정 어린 방문이며, 그는 항소에 대해서는 아무것도 모른다고 대답했다. 그는 내 작은 침대 위에 앉더니 자기 가까이에 와 앉으라고 권했다. 나는 거절했다. 그럼에도 나는 그에게서 아주 부드러운 분위기를 느꼈다.

그는 잠시 동안 두 팔을 무릎 위에 괴고서는 머리를 숙인 채 앉아서 자신의 손을 바라보고 있었다. 그의 손은 가늘면서도 근육이 발달되어 있었는데, 내게는 두 마리의 날렵한 짐승을 생각나게 했다. 그는 두 손을 천천히 서로 맞대어 비볐다. 그리고 나서 그는 여전히 머리를 숙인 채, 한 순간 내가 그를 잊어버렸다는 인상을 받을 만큼 오랫동안 그렇게 있었다.

그러나 그는 갑자기 머리를 들고는 나를 똑바로 쳐다보면서 말했다.

"왜 나의 면회를 거절하십니까?"

나는 하느님의 존재를 믿지 않는다고 대답했다. 그는 내가 그것을 정말 확신하는지를 알고 싶어 했다. 나는 그것은 자문할 필요도 없다고 말했다. 그것은 나에게 중요하지 않은 문제 같았다. 그러자 그는 손을 펴서 허벅지

위에 두고는, 몸을 뒤로 젖혀 벽에 등을 기댔다. 그는 거의 나에게 말하는 것 같지 않은 듯하면서, 사람이란 종종 확실하다고 스스로 믿지만 실제로는 그렇지 못할 때가 있다는 것을 지적했다. 나는 아무 말도 하지 않았다. 그는 나를 바라보고는 캐물었다.

"어떻게 생각하십니까?"

나는 그럴 수도 있겠다고 대답했다. 어쨌든, 나는 실제로 무엇이 나에게 흥미를 불러일으키는지에 대해서는 아마도 확신하지 못했지만, 나에게 흥미를 불러일으키지 않는 것에 대해서는 완전히 확신할 수 있었다. 그런데 마침 그가 이야기하는 것은 나에게 흥미를 불러일으키지 않는 것이었다.

그는 눈은 돌렸으나 여전히 자세는 바꾸지 않은 채, 절망한 나머지 그렇게 말하는 것은 아닌지 나에게 물었다. 나는 절망하지 않았다고 그에게 설명했다. 나는 단지 두려울 뿐이었는데 그것은 아주 당연한 것이었다. 그는 말했다.

"그렇다면 하느님이 당신을 도와주실 것입니다. 당신 같은 처지에 있던, 내가 아는 모든 사람들은 그 분에게로 돌아갔습니다."

그것은 그들의 권리라는 것을 나는 인정했다. 그것은 또한 그들에게는 그럴 시간이 있었다는 증거였다. 나로 말하자면, 나는 사람들이 나를 돕는 것을 원치 않았으며, 내가 관심을 가지지 않았던 것에 관심을 가질 수 있는 바로 그 시간이 나에게는 부족했다.

그 순간, 그는 짜증스러워하는 듯한 손짓을 하였으나 곧 그는 다시 일서서서 사제복의 주름을 가지런히 했다. 그러고 나서 나를 '친구'라고 부르면서 말을 걸었다. 그가 나에게 그렇게 말하는 것은 내가 사형선고를 받았기 때문이 아니라고 했다. 그의 생각으로는 우리는 모두 사형선고를 받았다는 것이다. 그러나 나는 그의 말을 가로막으면서 그건 같은 것이 아니라고, 더

구나 어떠한 경우에도 그건 위로가 될 수 없다고 말했다.

"물론이지요."하고 그는 인정했다.

"그러나 만일 당신이 오늘 죽지 않는다 해도 나중에는 죽을 것입니다. 그 때 가서도 동일한 문제가 제기될 것이오. 이 무서운 시련을 당신은 어떻게 받아들일 겁니까?"

나는 내가 이 순간에 그걸 받아들이는 것처럼 정확하게 그걸 받아들일 것이라고 대답했다.

그 말에 그는 일어서서 내 눈을 똑바로 쳐다보았다. 그것은 내가 잘 알고 있는 놀이였다. 나는 엠마뉴엘이나 셀레스트와 함께 종종 그 놀이를 즐겼는데, 대개는 그들이 눈을 돌려버렸다. 부속사제 역시 그 놀이를 잘 알고 있었고, 나는 그걸 곧 알아차렸다. 그의 눈길이 떨리지 않았기 때문이다. 그리고 그는 목소리 또한 전혀 떨림이 없이 말했다.

"그러니까 당신은 어떠한 희망도 가지고 있지 않고, 죽으면 아무것도 남지 않는다는 생각으로 살아가고 있습니까?"

"그렇습니다."하고 나는 대답했다.

그러자 그는 머리를 숙이고 다시 걸터앉았다. 그는 나를 불쌍히 여긴다고 말했다. 그것은 한 인간으로서 도저히 감당하기 어려운 일이라고 그는 생각했다. 나는 단지 그가 나를 귀찮게 하기 시작한다고 느낄 뿐이었다. 이번에는 내가 돌아서서 빛들이창 아래로 갔다. 나는 벽에 어깨를 기대었다. 그의 말을 귀담아 듣지는 않았지만, 그가 또다시 나에게 뭐라고 묻는 것이 들려왔다. 그는 불안하고 간절한 목소리로 말하고 있었다. 그가 흥분해 있음을 알고는 좀 더 그의 말에 귀를 기울였다.

그는 내 항소가 받아들여질 것이라는 것은 확신하지만, 나는 내가 씻어야

할 죄과를 지고 있다고 말했다. 그에 따르면, 인간의 심판은 아무것도 아니고 하느님의 심판이 전부였다. 나에게 사형 판결을 내린 것은 전자라고 지적했더니, 그렇게 해서는 나의 죄가 씻긴 것이 아니라고 그는 대답했다. 나는 죄라는 것이 무엇인지 모른다고 그에게 말했다. 내가 죄인이라고 사람들이 나에게 알려주었을 뿐이었다. 나는 죄인으로서 죄 값을 치렀으므로 더 이상 나에게 아무것도 요구할 수 없을 것이라고 했다. 그때 그가 다시 몸을 일으켰지만, 이 좁은 감방에서 비록 그가 몸을 움직이고 싶어도 선택의 여지가 없다고 나는 생각했다. 앉아 있거나 서 있어야만 했던 것이다.

나는 땅바닥만 쳐다보고 있었다. 그는 나를 향해 한 발자국을 떼더니, 감히 앞으로 더 나아갈 수 없는 듯이 멈춰 섰다. 그리고는 창살 너머로 하늘을 바라보고 있었다. 그는 나에게 말했다.

"잘못 생각하고 있습니다, 형제님. 당신에게 더 많이 요구할 수도 있습니다. 아마 더 많이 요구할 것입니다.

"뭘 요구한단 말입니까?"

"볼 것을 요구할 것입니다."

"뭘 본다는 것입니까?"

신부는 자신의 주위를 둘러보고는 갑자기 매우 지친 듯한 목소리로 대답했다.

"이 모든 돌들엔 고통이 땀으로 배어나오고 있습니다, 난 그것을 압니다. 나는 고뇌 없이 그것들을 바라본 적이 없습니다. 그러나 나는 가슴 속 깊이, 당신들 중에서 가장 비참한 사람일지라도 그 돌들의 어둠으로부터 한 성스러운 얼굴이 나타나는 것을 보았다는 것을 나는 알고 있습니다. 당신에게 보기를 요구하는 것은 그 얼굴입니다."

나는 약간 흥분했다. 벌써 몇 달째 이 벽을 쳐다보고 있다고 말했다. 이 세상에서 내가 이것보다 더 잘 아는 것은 아무것도, 아무도 없었다. 아마도 꽤 오래전에 나는 거기서 하나의 얼굴을 찾았었다. 그러나 그 얼굴은 태양의 빛깔과 욕정의 불꽃을 가지고 있었다. 그것은 마리의 얼굴이었다. 나는 그것을 좇으려 애썼지만 헛된 일이었다. 지금은 그것도 끝났다. 어쨌든 나는 이 땀 배인 돌에서 솟아나는 그 어떤 것도 보지 못했다고 말했다.

부속사제는 슬픈 듯이 나를 바라보았다. 나는 이제 완전히 벽에 기대고 있었고, 햇빛이 내 이마 위로 흘러내리고 있었다. 그는 무어라고 몇 마디의 말을 했지만 나는 듣지 못했다. 그러더니 나를 껴안아 봐도 되는지 황급히 물었다.

"안 됩니다."하고 나는 대답했다.

그는 돌아서서 벽으로 걸어가서는 손으로 벽을 천천히 쓰다듬으면서 중얼거렸다.

"그러니까, 당신은 그렇게도 이 땅을 사랑하십니까?"

나는 아무 대답도 하지 않았다.

그는 상당히 오랫동안 등을 돌린 채 있었다. 나는 그의 존재가 부담스럽고 성가셨다. 나는 그에게 가달라고, 나를 내버려 두라고 막 말하려는 참이었다. 그때 그가 나를 향해 다시 돌아서면서 갑자기 버럭 소리를 질렀다.

"아니, 난 당신을 믿을 수가 없소. 나는 당신이 다른 삶을 바란 적이 있었을 것이라는 것을 확신하오."

나는 물론이라고 대답했다. 그렇지만, 그것이 부자가 되기를 바라는 것, 아주 빨리 헤엄을 치기를 바라는 것 혹은 더 잘 생긴 입을 갖기를 바라는 것보다 더 중요한 의미를 갖는 게 아니라고 했다. 나에게 그것은 같은 종류에 속하는 것이었다. 그러나 그는 나의 말을 가로막고는 내가 생각하는 다른 삶은 어떤 것인지를 알고 싶다고 했다. 그래서 나는 그에게 소리쳤다.

"내가 이 삶에 대해서 떠올릴 수 있는 그런 것입니다."

그리고는 곧장 그에게 이젠 진절머리가 난다고 말했다. 그는 다시 하느님에 대해서 나에게 말하고 싶어 했지만, 나는 그를 향해서 다가가 나에게는 시간이 별로 없다는 것을 마지막으로 설명해 주려고 했다. 나는 하느님 이야기로 시간을 허비하고 싶지 않았기 때문이다. 그는 화제를 바꾸려고 왜 내가 자기를 '신부님[3]'라고 부르지 않고 '선생님[4]'라고 부르느냐고 물었다. 이 말에 나는 화가 나서, 그는 나의 아버지가 아니고 다른 사람들과 한편이라고 대답했다. 그러자 그는 내 어깨 위에 손을 올려놓으면서 말했다.

"아닙니다, 형제님. 나는 당신편입니다. 그러나 당신은 마음의 눈이 멀어서 그것을 알 수 없을 뿐입니다. 당신을 위해서 기도하겠습니다."

그때, 이유는 모르겠지만 내 안에서 무언가가 터져버리고 말았다. 나는 목청껏 소리를 지르기 시작했고, 그에게 욕설을 퍼부으면서 기도하지 말라고 말했다. 나는 그의 신부복 깃을 움켜잡았다. 나는 기쁨과 분노가 뒤섞인 채 솟구쳐 오르는 내 마음속의 모든 것을 그에게 쏟아 부었다. 그가 너무 확신에 차 보이지, 그렇지 않아? 그렇지만 그의 확실성이라는 것은 여자 머리카락 한 올만큼의 가치도 없어. 그는 죽은 자처럼 살고 있기 때문에 살아있다는 것을 확신조차 못하지. 반면 나로 말하자면, 빈손인 것 같지. 그러나 나

3_ '신부님(mon père)'의 '몽 페르(mon père)'는 일반적으로 '나의 아버지'를 뜻하지만, 여기서는 신도가 사제를 부르는 호칭으로 쓰이고 있다<역주>.

4_ '선생님(monsieur)'의 '므시외(monsieur)'는 상대방 남성을 부르는 경어이다. 예컨대 이름 앞에서는 '…씨(氏), 귀하'의 의미(예: *Monsieur* Durand 뒤랑 씨)로 쓰이고, 직명·신분 앞에서는 '…님,…귀하'의 의미(예: *Monsieur* le Maire [le professeur] 시장[교수]님)로 쓰이는 호칭 명사이다<역주>.

는 나에 대해서, 모든 것에 대해서 확신하고 있고, 나의 인생과 다가올 이 죽음에 대해서도 그보다 더 확신하고 있어. 그래, 나는 이것밖에 가진 것이 없어. 그러나 최소한 이 진실이 나를 지탱해 주고 있는 만큼 나도 이 진실을 부여잡고 있을 수밖에 없지. 내 생각은 옳았고, 여전히 옳고, 언제나 또 옳을 거야. 나는 이런 식으로 살아왔지만 다른 식으로 살 수도 있었지. 나는 이것은 했고, 저것은 하지 않았어. 나는 어떤 것은 하지 않았지만 다른 것은 했지. 그래서? 나는 마치 내 자신이 정당하다는 것이 인정될 그 순간을, 그 이른 새벽을 줄곧 기다려 왔던 것인지도 모르지. 아무것도, 아무것도 중요하지 않아. 나는 그 이유를 잘 알고 있어. 그 또한 이유를 알고 있지. 내가 살아온 이 모든 부조리한 삶 내내, 내 미래의 저 깊숙한 곳으로부터 한 줄기 어두운 바람이 아직도 오지 않은 세월을 거쳐서 내게로 불어 올라오고 있어. 그 바람은 스쳐 지나가면서, 내가 살고 있는 시간보다 더 실재적인 것도 없는 세월 속에서 나에게 주어지는 것은 모두 다 서로 아무 차이가 없는 것으로 만들어버리는 거지. 다른 사람들의 죽음, 어머니의 사랑, 그런 것이 내게 뭐 그리 중요하단 말인가! 그의 하느님, 우리가 택하는 삶, 우리가 정하는 운명, 그런 것이 내게 무슨 의미가 있단 말인가! 단 하나의 운명만이 나를, 나 자신을 선택하도록 되어 있고, 나와 더불어 그처럼 나의 형제들이라고 자칭하는 무수한 특권자들을 선택하도록 되어 있지 않는가! 그는 이해할까? 그는 도대체 이해하기는 할까? 모든 사람들은 특권을 가지고 있지. 특권을 가진 사람들밖에 없어. 다른 사람들도 또한 언젠가 사형 선고를 받겠지. 그도 또한 사형을 선고받겠지. 살인죄로 기소된 그가 자신의 어머니 장례식에서 울지 않았다는 이유로 처형된다 한들 그게 무슨 의미가 있겠는가? 살라마노의 개도 그의 아내만큼이나 가치가 있다고 할 수 있지. 그 자동로봇 같은 키 작은 여자 또한 마송이 결혼한 파리 여자나 내가 결혼해 주기를 갈망했던 마리만큼이나 죄인이지. 레몽이 그보다 여러 면에서 더 나은 셀레스트와 똑같이 나의 친구라고 하는 것이 뭐가 그리 중요하단 말인가? 마리가 오늘 또 다른 뫼르소에게 자신의 입술을 갖다 대고 잠든다 한들 그것이 어떻다는 말인가? 그러니까 그는 이해할까, 이 사형수를? 그리고 내 미래의 저 깊숙한 곳으로부터…… 이 모든 것을 외치느라 나는 숨이 막혔다. 그러나 이미 그들은 부속사제를 나의 손에서 떼어놓았고, 교도관들은 나를 위협했다. 그렇지만 그는 그들을 진정시키고는 한순간 조용히 나를 바라보았다. 그의 눈에는 눈물이 가득 고여 있었다. 그는 돌아서서 사라졌다.

그가 떠난 후, 나는 평정을 되찾았다. 나는 기진맥진해서 간이침대에 몸을 던졌다. 깜빡 잠이 들었던 모양이다. 깨어나 보니 얼굴 위에 별들이 빛나고 있었다. 시골 동네의 소리들이 나에게까지 올라왔다. 밤 냄새, 흙 냄새, 그리고 소금 냄새가 내 관자놀이를 시원하게 해주었다. 잠든 이 여름의 경이로운 평화가 밀물처럼 내게로 흘러들었다. 그때 밤의 저 끝에서 사이렌 소리가 울렸다. 그 소리는 이제 나와는 영원히 관계없는 한 세계를 향한 출발을 알리고 있었다. 아주 오랜만에 처음으로 나는 엄마를 생각했다. 엄마가 왜 생의 끝자락에서 '약혼자'를 만들었는지, 왜 삶을 다시 시작하기 위한 도박을 했는지 나는 이해할 수 있을 것 같았다. 그곳, 그곳에서도, 생명들이 꺼져가는 그 양로원 주변에서도, 저녁은 쓸쓸한 휴식 시간 같았을 것이다. 죽음 가까이에서, 엄마는 해방감을 느끼고, 모든 것을 다시 살아볼 준비가 됐다고 느꼈음에 틀림없다. 어느 누구도, 아무도 어머니의 죽음을 두고 슬퍼할 권리는 없다. 그리고 나 또한 모든 것을 다시 살 준비가 됐다고 느꼈다. 마치 이 커다란 분노가 희망 없는 내 죄를 씻어준 것처럼, 열 두 별자리와 별들이 가득한 이 밤 앞에서 나는 처음으로 세계의 애정 어린 무관심에 마음을 열었다. 이 세계가 나와 너무 닮아 있어서 마침내 아주 형제 같다는 것을 깨닫자, 나는 행복했었고 지금도 여전히 행복하다고 느꼈다. 모든 것이 완성되도록 하기 위해서, 내가 외로움을 덜 느끼기 위해서, 나에게 마지막으로 남은 바람은 나의 사형집행일 날 많은 구경꾼들이 와서 증오에 찬 함성으로 나를 맞아 주었으면 하는 것이다.

시지포스 신화

부조리에 관한 시론

부조리의 추론

부조리한 인간

부조리한 창조

시지포스 신화

부록 : 프란츠 카프카의 작품에
나타난 희망과 부조리

파스칼 피아에게

부조리의 추론

1. 부조리와 자살
2. 부조리의 벽
3. 철학적 자살
4. 부조리한 자유

오, 나의 영혼이여,

불멸의 삶을 열망하지 말고,

가능의 영역을 샅샅이 파헤쳐라.

핀다로스, 「아폴로축제경기축가 3」

다음 페이지들은 엄밀히 말해서, 현시대가 경험한 적이 없는 부조리의 철학이 아니라 이 시대에 여기저기 흩어져 있어 우리에게 쉽게 발견될 수 있는 부조리의 감수성을 다룰 것이다. 그러므로 우선 이 글들이 우리 시대의 몇몇 탁월한 정신의 소유자들에 힘입어 씌어졌다는 것을 밝히는 것은 기본적인 정직성에 속하는 일이다. 나로서는 그것을 숨길 의도가 조금도 없으므로 독자들은 이 작품의 전체에 걸쳐서 그들이 인용되고 주석이 달리는 것을 보게 될 것이다.

그러나 그와 동시에 지금까지 결론으로 취급되었던 부조리가 이 시론에서는 하나의 출발점으로 여겨지고 있다는 점을 지적해 두는 것도 유익한 일일 것이다. 그런 의미에서 나의 해석에는 잠정적인 면이 있다고 말할 수 있다. 따라서 우리는 그 해석이 함의하고 있는 입장을 미리부터 속단할 수는 없을 것이다. 여기서 우리는 오로지 정신이 앓고 있는 병을 순수한 상태 그대로 묘사한 것을 보게 될 것이다. 지금으로서는 여기에 그 어떤 형이상학도 그 어떤 신앙도 섞여있지 않다. 이것이 이 책의 한계이며 나름대로의 단호한 선택이다.

1. 부조리와 자살

참으로 중대한 철학적 문제는 오직 하나뿐이다. 그것은 바로 자살이다. 인생이 살만한 가치가 있는가, 아니면 살만한 가치가 없는가를 판단하는 것은 철학의 근본적인 문제에 답하는 것이다. 그 나머지, 즉 세계가 3차원인가, 정신이 아홉 개의 범주를 가지고 있는가 혹은 열 두 개의 범주를 가지고 있는가 하는 것은 그 다음의 문제이다. 그것들은 장난이다. 우선은 대답을 해야 한다. 니체[1]가 주장한 것처럼 철학자가 존경을 받을 만한 위치에 있기 위해서는 남보다 앞장서서 행동으로 타인의 본보기가 되어야한다는 것이 사실이라면 이 대답의 중요성이 이해가 된다. 왜냐하면 그 대답 다음에는 결정적인 행동이 뒤따를 것이기 때문이다. 이러한 것들은 마음으로 느낄 수 있는 자명한 이치들이지만 정신의 차원에서 그것들을 명확하게 하려면 깊은 연구를 하지 않으면 안 된다.

만약 한 질문이 다른 어떤 질문보다 더 간절하다는 것을 무엇으로 판단할 것인가를 스스로에게 묻는다면, 나는 그 질문이 원인이 된 실천적 행위라고 대답할 것이다. 나는 존재론적 주장을 위해 목숨을 바친 사람을 한 번도 본 적이 없다. 갈릴레이는 중요한 과학적 진실을 주장하지만 그 진실의 주장이 자신의 목숨을 위험에 빠뜨리는 순간 더할 나위 없이 쉽게 자신의 주장을 공식적으로 부인해 버렸다. 어떤 의미에서 그는 잘했다. 그 진실은 화형을 당할 만큼의 가치는 없었던 것이다. 지구와 태양 중에 어느 것이 다른 것의 주위를 회전하느냐 하는 문제는 아무래도 상관없는 일이다. 결론

1_ 니체(F. W. Nietzsche, 1844~1900)는 독일의 철학자로서 생(生)철학을 대표하는 실존주의의 선구자이다<역주>.

적으로 그것은 하찮은 문제인 것이다. 반면에, 많은 사람들이 생(生)은 살 만한 가치가 없다고 생각하기 때문에 죽는다는 것을 나는 안다. 그런가 하면 역설적으로 자신들에게 살아갈 이유를 부여하는 이념이나 환상을 위해서 스스로 목숨을 끊는 또 다른 사람들도 있다는 것을 안다(우리가 살 이유라고 부르는 것은 동시에 훌륭한 죽을 이유이다). 그러므로 내가 판단하기에 삶의 의미야말로 여러 질문들 중에 가장 절박한 질문인 것이다. 어떻게 그 질문에 대답할 것인가? 모든 본질적인 문제들에 대해서 내가 말하고자 하는 것은 목숨을 끊게 할 위험이 있는 문제들이나 반대로 살려는 열정을 배가시키는 문제들이며, 아마도 이 문제들에 대해 생각할 수 있는 사유의 방식은 라 팔리스[2]의 방식과 돈키호테[3]의 방식, 이 두 가지밖에 없을 것이다. 우리들에게 감동을 주는 동시에 분명한 이해에 도달할 수 있도록 해주는 것은 오직 명증함과 서정 사이의 균형뿐이다. 이토록 소박하면서도 비장함이 담겨있는 주제를 놓고 생각할 때는 학문적이고 고전적인 변증법보다는 양식과 공감에 바탕을 둔 좀 더 겸허한 정신적인 태도를 취하는 것이 낫다는 생각이 든다.

지금까지 자살은 오로지 사회적 현상으로만 다루어져 왔다. 그에 반하여, 여기서는 우선 개인적인 사고방식과 자살 사이의 관계가 문제 된다. 자살이라는 행위는 위대한 걸작과 마찬가지로 마음의 침묵 속에서 준비된다. 당사자 자신은 그것을 모른다. 어느 날 저녁 문득 방아쇠를 당기거나

2_ 라 팔리스(Jacques de La Palisse, 1470~1525)는 프랑스의 귀족이며 군인장교였다. 그의 생활습관에서 라팔리사드(lapalissade, 매우 자명한 진실)라는 용어가 생겨났듯이, 그는 자명한 진실에 따라 행동하는 현실주의자의 전형으로 알려져 있다<역주>.

3_ 세르반테스의 풍자소설 『돈키호테 *Don Quixote*』의 주인공인 돈키호테는 무모한 도전과 현실을 모르는 이상주의자의 전형으로 알려져 있다. "미쳐서 살다가 정신이 들어 죽다."라는 묘비명으로 유명하다<역주>.

물에 뛰어든다. 스스로 목숨을 끊은 어떤 부동산 관리인에 대하여 사람들이 어느 날 내게 말하기를, 그가 5년 전에 딸을 잃었고 그 이후로 그가 많이 변했고 그 사건이 '그를 쇠진하게 만들었다'고 했다. 이보다 더 정확한 표현은 바랄 수 없을 것이다. 생각하기 시작한다는 것, 그것은 마음속이 쇠진되기 시작한다는 것이다. 이 시작 단계에 있어서 사회는 그다지 관련이 없다. 벌레는 인간의 마음속에 있다. 바로 거기서 벌레를 찾아야 한다. 실존에 직면한 통찰력, 곧 삶이 무엇인지를 또렷하게 직시하는 행위로부터 빛의 세계 밖으로 도피해 버리게 하는 이 죽음의 장난, 바로 그것을 추적하고 이해해야만 한다.

자살에는 많은 이유들이 있으며, 일반적으로 가장 드러나는 이유가 가장 유효한 이유는 아니다. 깊이 생각해서 자살하는 일은(그렇지만 이 가설이 배제되지는 않는다) 드물다. 위기를 촉발시키는 것은 거의 언제나 걷잡을 수 없다. 신문들은 종종 '내면의 슬픔' 혹은 '불치의 병'을 운운한다. 이러한 설명들은 타당하다. 그러나 바로 그날, 절망에 빠진 사람의 친구 하나가 그에게 무관심한 어조로 말상대를 하지 않았는지 알아볼 필요가 있다. 그랬다면 그 자가 죄인이다. 왜냐하면 그것만으로도 아직 잠정적인 상태에 있던 모든 원한과 온갖 권태를 충분히 부추길 수 있기 때문이다.[1]

그러나 정신이 죽음을 선택한 바로 그 순간, 그 미묘한 과정을 정확하게 말하기는 어렵더라도 자살이라는 행위 자체로부터 그 행위가 전제로 하는 결론들을 끌어내는 것은 보다 용이한 일이다. 스스로 자신의 목숨을 끊는 것은 어떤 의미에서는 멜로드라마에서처럼 고백을 하는 것이다. 그것은 우리가 삶을 감당할 수가 없다거나 삶을 이해할 수가 없다는 것을 고백하는 것이다. 그러나 이러한 유추에 너무 깊이 빠지지 말고 일상적인 표현으로 되돌아오자. 그것은 단지 삶이 '살만한 가치가 없다'는 것을 고백하는 것이다. 물론 산다는 것은 절대 쉽지가 않다. 우리는 많은 이유로 실존이 요구하는 행위를 계속해서 하는데 그 첫 번째 이유가 습관이다. 자의로 죽는다는 것은 본능적으로나마 이러한 습관의 우롱적인 성격, 살아야 하는 모든 근원적인 이유의 부재, 법석을 떨어가며 살아가는 일상의 무분별한 성격, 그리고 고통의 무용성을 알아차렸다는 것을 전제로 한다.

그렇다면 정신에서 생명에 필수적인 잠을 빼어가는 이 헤아릴 수 없는 감정은 무엇인가? 형편없는 이유들을 가지고서라도 설명할 수 있는 세계는 낯익은 세계이다. 그러나 이와 반대로 갑자기 환상과 빛을 잃은 세계 속에서 인간은 스스로 이방인이라고 느낀다. 고향에 대한 추억도 약속의 땅에 대한 희망도 잃었기 때문에 이 낯선 유배에는 구원이 없다. 인간과 그 인간의 삶 사이의 절연, 배우와 그 배우의 무대와의 절연, 이것이 바로 부조리의 감정인 것이다. 그들 자신의 자살을 진지하게 고민했던 모든 정상적인 사람들은 더 이상의 설명 없이도 이 감정과 허무를 향한 갈망 사이에는 직접적인 관계가 있다는 것을 인정할 수 있을 것이다.

이 시론의 주제는 바로 이러한 부조리와 자살 사이의 관계를 밝히고 자살이 얼마만큼이나 부조리에 대한 해결책이 될 수 있는지를 생각해 보려는 데 있다. 우리는 속임수를 쓰지 않는 사람에게 자신이 진실이라고 믿는 것이 자신의 행동을 결정지어야 한다는 것을 원칙적으로 주장할 수 있다. 따라서 실존의 부조리를 믿는 사람이라면 마땅히 그의 행동은 그 믿음의 요구에 따라야 한다. 이런 종류의 결론이 우리가 이해할 수 없는 조건을 가능한 한 빨리 단념하기를 요구하는지를 분명하게 그리고 거짓된 비장함 없이 자문해 보는 것은 당연한 호기심이다. 물론 나는 여기서 자기 자신의 생각과 일치되는 행동을 할 의사가 있는 사람들에 대해서 말하고 있다.

확실히 말해서, 이 문제는 단순한 동시에 해결이 불가능한 것처럼 보인다. 그러나 우리는 질문이 단순하면 그에 못지않게 대답도 단순하다는 것과, 자명함은 자명한 사실을 함축한다는 잘못된 가정을 한다. 선험적으로, 그리고 문제의 항목들을 뒤집어 생각해보면, 자살을 하거나 자살을 하지 않는 것과 마찬가지로 두 가지의 철학적 해결책, 즉 긍정의 해결책과 부정의 해결책밖에 없는 것 같다. 그렇게 되면 더 바랄 것이 없을 것이다. 그러나 결론을 내리지 않고 항상 질문만 하는 사람들을 고려하지 않을 수 없다. 여기에서 내가 빈정거리고 있는 것이 아니다. 왜냐하면, 대다수가 그렇기 때문이다.

나는 또한 아니오라고 대답하는 사람들이 예라고 생각하는 사람처럼 행동하는 것을 본다. 사실상, 내가 니체의 기준을 받아들인다면 그들은 어차피 예라고 생각하고 있는 것이다. 그와 반대로 자살을 하는 사람들이 삶의 의미를 확신하는 경우가 종종 있다. 이러한 이율배반은 변함없이 계속되어 온 것이다. 아니, 오히려 논리적인 태도가 그토록 요구되는 이 문제에서만큼 이율배반이 극심하게 나타나는 경우는 없다고 말할 수 있을 것이다. 철학적 이론과 그러한 이론들을 주장하는 사람들의 행동을 비교하는 것은 흔히 있는 일이다. 그러나 삶의 의미를 거부한 사상가들 중에서 문학에 속하는 키릴로프[4]

4_ 도스토옙스키(F.M. Dostoevskii, 1821~1881)의 소설 『악령』(1871)의 주인공이다<역주>.

(Kirilov), 전설에서 태어난 페레그리노스[5] [6] ❷, 가설에 속하는 쥘 르키에[7]를 제외하고는 아무도 현실의 삶을 거부할 정도로 자신의 논리를 밀고 가지 못했다는 것을 분명히 말할 필요가 있다. 푸짐하게 차려진 상 앞에서 자살을 찬양했던 쇼펜하우어[8]의 경우는 종종 우스갯소리로 인용되곤 한다. 여기에 농담의 재료는 전혀 없다. 비극적인 것을 진지하게 받아들이지 않는 이러한 태도는 그렇게 심각한 것은 아니지만, 결국 그것은 그의 사람됨을 평가하는 근거가 된다.

그렇다면 이러한 이율배반과 모호함 앞에서 우리가 삶에 대해 가질 수 있는 견해와 그 삶을 버리기 위한 행위 사이에 어떠한 관계도 없다는 것을 믿어야만 하는가? 너무 이런 방향으로 과장하지 말자. 인간이 자신의 삶에 대하여 가지는 애착에는 이 세상의 온갖 비참함보다 훨씬 더 강한 무엇인가가 있다. 육체의 판단은 족히 정신의 판단만큼이나 가치가 있다. 그러나 육체는 소멸의 위협 앞에서는 뒷걸음질 친다. 우리는 생각하는 습관을 가지기 이전부터 살아가는 습관을 먼저 배운다. 매일 조금씩 더 우리를 죽음으로 몰아넣는 이 흐름 속에서 육체는 이 돌이킬 수 없는 전진을 계속한다. 결국 이 이율배반의 본질은 내가 회피라고 부르고자 하는 것에 있다. 왜냐하면 그 회피가

5_ 페레그리노스(Peregrinos)는 기원전 1세기 그리스의 견유(犬儒)학파 철학자이다. 그는 올림픽 경기 때 사람들이 만류할 것이라고 생각하고 물질(육체)이라는 옥에 갇혀 있는 자신의 영혼에게 자유를 준다면서 성화대 불길 속으로 뛰어 들어갔지만 아무도 말리지 않아 그대로 타 죽었다<역주>.

6_ 페레그리노스의 모방자는 『세상은 그 누구의 것도 아니다』의 작가인 앙드레 가이아르(André Gaillard)로, 그는 1929년 12월 11일에 자살했다<역주>.

7_ 쥘 르키에(Jules Lequier, 1814~1862)는 프랑스 브르타뉴 출신의 철학자로 자유의지를 주장하며 바다에 몸을 던져 자살한 것으로 전해진다<역주>.

8_ 쇼펜하우어(Arthur Schopenhauer, 1788~1860)는 '삶은 맹목적인 의지일 뿐이고 세계는 근원적으로 악하며 인생살이는 결국 고통일 뿐이다'라고 말한 독일의 염세주의 철학자이다<역주>.

파스칼적 의미에서의 유희(遊戲)보다 덜하기도 하고 또 더하기도 하기 때문이다. 이 시론의 세 번째 주제가 되는 치명적인 회피, 그것은 다름 아닌 희망이다. 이를테면 마땅히 '받을 만한 자격을 갖추도록 노력해야만' 하는 내세의 삶에 대한 희망, 혹은 삶 그 자체를 위해서가 아니라 삶을 초월하고 그 삶을 승화시키며 삶에 어떤 의미를 부여해 주며 결국은 삶을 배반하게 되는 어떤 거창한 관념을 위해서 사는 사람들의 기만인 희망 말이다.

이렇듯 온갖 것들이 뒤섞여 문제를 복잡하게 만들고 있다. 우리가 지금까지 말장난을 하며 삶의 의미를 인정하지 않는 것이 필연적으로 인생은 살만한 가치가 없다는 것을 선언하도록 만든다는 것을 믿는 척했던 것은 헛된 일이 아니었다. 사실 이 두 판단 사이에는 아무런 필연적인 기준도 없다. 다만 지금까지 거론한 혼돈과 분열, 그리고 일관성 없는 언행으로 인해 길을 잃도록 내버려 두어서는 안 된다. 모든 것을 걷어버리고 진정한 문제로 곧바로 들어가야 한다. 사람들은 삶이 살만한 가치가 없기 때문에 자살한다. 이것은 의심의 여지없이 하나의 진리이다. 그렇지만 그것은 너무나 자명한 이치이기 때문에 아무것도 생산하지 못하는 불임의 진리이다. 그러나 실존에 대한 이러한 모욕, 삶을 수렁에 빠뜨리는 이런 부인은 과연 삶의 무의미에서 기인하는 것일까? 실존의 부조리는 희망이라든가 혹은 자살을 통해서 삶으로부터 벗어나기를 요구하는 것일까? 이것이야말로 나머지 모든 것들을 제쳐놓고서라도 밝히고 추적하고 설명해야 할 문제인 것이다. 부조리가 죽음을 명하는 것이라면, 모든 사고방식과 초연한 정신의 유희에서 벗어나 다른 무엇보다도 먼저 이 문제에 관심을 가져야 한다. '객관적인' 정신의 소유자가 항상 끌어들일 줄 아는 뉘앙스나 모순이나 심리학 따위는 이 탐구와 열정에는 끼어들 여지가 없다. 여기에는 오로지 정당화할 수 없는, 즉 논리적인 사고만 필요할 뿐이다. 이것은 쉽지가 않다. 논리적이 되는 것은 항상 쉽다. 그러나 끝까지 논리적이 되기는 거의 불가능하다. 자신의 손으로 목숨을 끊는 사람들은 이렇듯 최후까지 자신의 감정의 흐름을 따라간다. 그러므로 자살에 대한 성찰은 나의 흥미를 끄는 유일한 문제를 제기할 기회를 나에게 준다. 요컨대 죽음에까지 이르는 논리가 있는 것일까? 나는 뒤죽박죽인 정열에 사로잡힘이 없이 유일한 명증(明證)의 빛 가운데서, 내가 여기 그 기원을 가르쳐 보이는 추론을 계속함으로써만 그것에 대한 답을 알 수 있을 것이다. 이것이 바로 내가 부조리의 추론이라고 부르는 것이다. 많은 사람들이 이 추론을 시작하였다. 그들이 일관성 있게 그 추론을 충실히 끝까지 이행했는지는 나는 아직 알지 못한다.

칼 야스퍼스[9]가 세계를 하나의 통일체로 구성하는 것이 불가능함을 밝히면서 "이 한계는 나를 나 자신에게로 인도하고, 그곳에서 나는 내가 기껏해야 스스로를 드러내기만 하는 하나의 객관적인 시점 뒤로 더 이상 물러날 수 없으며, 나 자신도 타인의 존재도 더 이상 나에게는 대상이 될 수 없다"고 외칠 때, 그는 많은 다른 사람들의 뒤를 이어 사고가 그 극한에 도달하게 되는 물 한 방울 없이 황량한 이 장소들을 환기시키고 있는 것이다. 그가 많은 다른 사람들에 이어 말했다는 것, 그것은 아마 맞는 말일 것이다. 그러나 그들 역시 얼마나 다급하게 그곳을 빠져나오려고 했던가! 생각이 흔들리는 그 마지막 전환점에 도달한 사람들이 많았는데, 그 중에는 아주 겸허한 사람들도 있었다. 그때 그들은 그들이 가진 가장 소중한 것, 즉 자신들의 목숨을 포기했다. 또 다른 사람들, 곧 정신의 대가들 또한 포기했으나, 그들이 행한 것

9_ 칼 야스퍼스(Karl Jaspers, 1883~1969)는 자신의 최대 저서인 『철학』(3권)(1932)을 펴내 '실존철학'을 체계적으로 전개한 독일의 철학자이다<역주>.

은 가장 순수한 반항 속에서의 사유의 자살이었다. 참다운 노력이란 포기하는 쪽이 아니라 그 반대로 가능한 한 그곳에 살아남아 버티면서 멀리 떨어진 고장에 서식하는 괴상야릇한 식물을 가까이서 관찰하는 데 있다. 집요함과 통찰력이야말로 부조리와 희망과 죽음이 서로 자신들의 응답을 주고받는 이 비인간적인 유희를 구경하는 특권을 누리는 관객들인 것이다. 그때 정신은 기본적이고도 미묘한 이 춤의 모습들을 예증(例證)하고 또 스스로 다시 체험하기 이전에 그것들을 분석할 수 있을 것이다.

2. 부조리의 벽

위대한 작품들이 그렇듯이, 생각이 깊은 감정들은 그것들이 의도적으로 말하고자 하는 것보다 많은 것을 의미한다. 마음속에서 끊임없이 일어나는 감정적 동요 혹은 혐오감은 행동하거나 혹은 생각하는 습관 속에서 재발견되며 마음조차도 알지 못하는 결과 속에서 지속된다. 위대한 감정들은 찬란하거나 혹은 참담한 그들의 세계를 함께 끌고 다닌다. 그 감정들은 그들의 열정으로 어떤 독점적인 세계를 밝히며 거기에서 자신들만의 풍토를 만들어낸다. 거기에는 질투나 야심, 이기주의나 관용의 세계가 있다. 하나의 세계란 실은 하나의 형이상학이며 하나의 정신적 태도인 것이다. 이미 특성화되어 버린 감정들에 있어서 진실인 것은 그것들의 밑바닥에 깔려있는 감동들, 이를테면 막연한 듯하면서도 '확실'하고, 아득한 듯하면서도 '현존하는' 그 불명확한 감동들에서는 한층 더 진실일 것이다. 바로 그런 감동들이란 아름다움이 우리에게 불러일으키는 감동이고 부조리가 우리에게 야기하는 감동인 것이다.

부조리의 감정은 어떠한 길모퉁이에서나 불쑥 솟아나 그 누구의 면전에도 닥쳐올 수 있다. 이 감정은 그 아픈 가슴을 적나라하게 드러낸 채 있더라도, 반짝임이 없는 빛 속에서는 있는 그대로를 파악하기가 어렵다. 그러나 그 어려움 자체는 성찰할 만한 가치가 있다. 인간은 우리에게 영원히 미지의 존재로 남아있고, 또한 그 인간 가운데에는 우리의 인식 능력을 벗어나는 환원 불가능한 그 무엇인가가 존재한다는 것은 아마도 사실일 것이다. 그러나 '실제로' 나는 사람들을 알고 있고, 더구나 그들의 행동, 그들의 행위 전체, 그리고 그들이 인생여정 동안에 야기하는 결과들을 보고서 그들이 어떤 사람인지를 알아보게 된다. 이와 마찬가지로, 분석의 영향력이 미칠 수 없는 이러한 모든 비합리적인 감정도 나는 '실제로' 정의할 수 있으며, 그 결과들의 총체를 지성의 질서 안에 모아 그 온갖 양상을 파악하고 기록하여 그것들의 세계를 다시 그려냄으로써 나는 그 비합리적인 감정들을 '실제로' 평가할 수 있는 것이다. 동일한 배우를 백 번 보았다고 해서 내가 그 배우를 개인적으로 더 잘 알게 되는 것은 아니다. 그렇지만 내가, 그 배우가 역할을 한 주인공들을 종합하여 생각해 보니 백 번째 작중 인물에서 그를 좀 더 잘 알게 되었다고 말한다면, 거기에는 일말의 진실이 있을 것이라고 사람들은 느끼게 된다. 왜냐하면, 이 명백한 역설 또한 하나의 교훈적인 우화이기 때문이다. 이것은 어떤 교훈을 가지고 있다. 그 교훈이라는 것은 한 인간은 본심에서 우러나온 충동에 의해서만큼이나 자신이 역할을 맡는 극중 인물에 의해서도 정의될 수 있다는 것을 가르쳐 준다. 그보다 약간 낮은 차원에서, 감정들의 경우도 마찬가지다. 마음속에 가까이할 수는 없지만 그 감정이 불러일으키는 행위와 그 감정이 전제로 하는 정신적 태도에 의해서 부분적으로나마 노출되는 감정들 말이다. 이렇게 내가 하나의 방법론을 규정하고 있다는 것을 사람들은 분명 느낄 것이다. 그러나 이 방법론이 분석적 방법이지 인식적 방법은 아니라는 것 또한 느낄 것이다. 왜냐하면, 방법론들은 형이상학을 함축하고 있으며, 때로는 그것들이 아직 알지 못한다고 주장하는 결론들을 부지불식간에 드러내기 때문이다. 이렇듯 어떤 책의 마지막 페이지 부분은 이미 첫 페이지의 내용 속에 담겨 있는 것이다. 이러한 매듭 관계는 불가피하다. 여기에서 규정된 방법론은 전적으로 진실한 인식이란 불가능하다는 자각을 솔직히 인정하고 있다. 오직 겉모습들만이 열거될 수 있고, 풍토만이 느껴질 뿐이다.

따라서 이 파악하기 어려운 부조리의 감정은 우리가 아마도 지성과 삶의 예술, 아니 바로 예술 그 자체라는 서로 다르지만 형제 같은 세계 안에서 포착할 수 있을지 모른다. 부조리의 풍토는 태초에 존재한다. 종국에는 부조리의 세계와 정신적 태도가 있다. 이 정신적 태도가 자신만이 식별할 수 있는 특권적이고도 누그러뜨릴 수 없는 얼굴을 빛나게 하기 위해서 그 특유의 빛으로 세계를 밝히고 있는 것이다.

모든 위대한 행동과 모든 위대한 사상은 터무니없을 정도로 하찮은 것에서 시작한다. 위대한 작품은 흔히 어떤 거리의 모퉁이에서나 혹은 어떤 식당의 조그만 현관에서 착상된다. 부조리도 이와 마찬가지다. 부조리의 세계는 그 어느 것보다 이런 하찮은 시작에서 고귀함을 이끌어 낸다. 어떤 상황들에 있어서는, 생각의 본심에 관한 질문을 받고서 '아무것도 아니야'라고 대답하는 것은 어떤 사람에게 있어서는 가장(假裝)일 수도 있다. 사랑하는 사람들은 이를 잘 알고 있다. 그러나 만일 그 대답이 진지한 것이라면, 그리고 그 대답이 그 기묘한 영혼의 상태, 즉 허무가 마음을 차지하여 일상적인 행동이 구속의 사슬에서 해방되고 마음이 그 사슬을 다시 잇는 고리를 헛되이 찾는 기묘한 영혼의 상태를 나타낸다면, 그때 그 대답은 바로 부조리의 첫 징후인 것과 같은 것이다.

무대 장치들이 무너지는 일이 있다. 잠자리에서의 기상(起床), 전차, 사무실 혹은 공장에서의 네 시간 일, 점심 식사, 전차, 다시 네 시간의 일, 저녁 식사, 졸음 그리고 똑같은 리듬을 타는 월요일 화요일 수요일 목요일 금요일 그리고 토요일, 이러한 일상은 대개의 경우 어렵지 않게 이어진다. 다만 어느 날, '왜'라는 의문이 불현듯 떠오르고 놀라움이 동반된 권태의 자각 속에서 모든 일이 시작된다. '시작된다'는 이 말은 중요하다. 권태는 기계적인 생활에서의 행위들이 종국을 맞을 때 오는 것이지만, 그것은 동시에 의식이 움직임을 시작한다는 것을 뜻한다. 권태는 의식을 일깨우고 그에 뒤따르는 그 다음 일을 유발한다. 그 다음의 일이란 아무런 의식 없이 생활 속 구속의 사슬로 회귀하는 것일 수도 있고 아니면 결정적인 각성일 수도 있다. 각성 끝에 시간과 더불어 결말이 오는데 그것은 자살일 수도 있고 아니면 원상회복일 수도 있다. 권태 그 자체에는 구역질나게 하는 그 무엇인가가 있다. 여기서 나는 이 권태가 이로운 것이라는 결론을 내려야만 하겠다. 왜냐하면 모든 것은 의식에 의해서 시작되고, 그 어느 것도 의식에 의하지 않고는 가치가 없기 때문이다. 이러한 지적들은 전혀 독창적일 것이 없다. 그러나 그 지적들은 명백한 것이다. 즉 부조리의 기원을 간략하게 인식해 볼 수 있는 기회로서는 당분간 이것으로 충분하다. 단순한 '근심거리'가 모든 것의 근원인 것이다.

이와 마찬가지로, 생기 없는 매일 매일의 삶에 있어서는 시간이 우리를 이끌고 간다. 그러나 언젠가는 그 시간을 우리가 이끌고 가야 할 순간이 오기 마련이다. 우리는 미래를 바라보고 살고 있다. 즉 우리는 '내일', '나중에', '네가 출세를 하면', '나이가 들면 너도 이해할거야'라고 말하면서 살고 있다. 이러한 모순된 언행은 찬탄할 만하다. 왜냐하면 결국은 죽음에 관한 문제이기 때문이다. 그러나 어느 날 사람은 자기가 서른 살이라는 것을 확인하거나 혹은 그렇게 말하게 된다. 이렇게 사람은 자신의 젊음을 확인한다. 그러나 이와 동시에 그는 시간과의 관계를 통해서 자신의 자리를 잡게 된다. 시간 속에서 자신의 위치를 정하는 것이다. 그는 자신이 앞으로 거쳐야만 할 어떤 곡선의 어느 지점에 와있다는 것을 인정한다. 그는 시간에 속해 있는 것이다. 그리고 그를 사로잡는 공포를 느끼며 거기에 자신을 지배하는 최악의 적이 있음을 알게 된다. 내일, 그는 자신의 모든 것을 다해 거절했어야 할 그 내일을 원하고 있었던 것이다. 이 육체의 반항, 그것이 바로 부조리이다.[3]

이보다 더 낮은 단계로 내려가면 낯설음이 있다. 말하자면 세계가 '빽빽하다'는 것을 깨닫게 되고, 하나의 돌이 얼마나 낯설고 우리에게 얼마나 완강하게 닫혀있는가를, 그리고 자연이, 말하자면 하나의 풍경이 얼마나 우리를 부정할 수 있는가를 어렴풋이 느끼게 되는 것이다. 모든 아름다움의 밑바닥에는 비인간적인 그 무엇이 가로놓여 있다. 그리하여 이 언덕들, 하늘의 부드러움, 나무들의 이러한 윤곽들은 바로 이 순간에 우리가 부여하였던 허망한 의미를 단숨에 잃어버리게 되어 이제부터는 잃어버린 낙원보다도 더 먼 존재가 되는 것이다. 세계의 원초적인 적의(敵意)가 수천 년의 세월을 거쳐서 우리를 향해 밀어닥친다. 한순간, 우리는 더 이상 그것을 이해하지 못한다. 왜냐하면 수세기 동안 우리는 우리가 이미 그 곳에 부여해왔던 형상과 구상(構想)만을 이해해 왔기 때문이며, 그 후로는 그러한 인위적 수단을 사용할 힘이 우리에게는 없어져 버렸기 때문이다. 세계는 다시 본래의 모습으로 되돌아가기 때문에 우리에게서 벗어난다. 습관에 의해 가려졌던 무대장치들이 다시 본래의 모습으로 되돌아간다. 그것들은 우리들에게서 멀어진다. 한 여인의 친숙한 얼굴에서 여러 달 혹은 여러 해 전에 사랑했던 여인을 마치 이방인처럼 다시 보게 되는 날이 있는 것과 같이, 아마도 우리는 우리를 갑자기 고독하게 만드는 바로 그것을 갈망하게 될지도 모른다. 그러나 아직 그때는 오지 않았다. 단 하나의 사실, 즉 세계의 그러한 빽빽함과 그러한 낯설음, 이것이 바로 부조리이다.

인간들에게서 비인간적인 것 또한 묻어나온다. 명철성이 빛을 발하는 어떤 순간에는, 인간들이 하는 행동의 기계적인 면과 의미 없는 무언극으로 인하여 그들을 둘러싸고 있는 모든 것이 다 바보같이 되어 버린다. 어떤 사람이 유리칸막이 뒤에서 전화를 걸고 있다. 그가 하는 말은 들리지 않지만 이해할 수 없는 그의 무언의 몸짓은 보인다. 이를 보고, 무엇 때문에 그가 사는지 의문이 들게 된다. 바로 인간 자신의 비인간성 앞에서 느끼는 이 막연한 불안, 우리라는 존재의 이미지 앞에서 느끼는 이 헤아릴 수 없는 추락, 이 시대의 어느 작가가 이름 붙인 것과 같은 이 '구토'[10], 이것 또한 부조리인 것이다. 마찬가지로, 어떤 때 거울 속에서 우리를 만나러 오는 이방인, 우리 자신의 사진 속에서 다시 보는 친근하면서도 불안스런 형제, 이 또한 부조리인 것이다.

이제 나의 논의는 죽음과 이에 대해서 우리가 가지고 있는 감정에 이르게 된다. 이 점에 대해서는 앞에서 모든 것이 이야기되었으므로 감상에 빠지지 않도록 경계하는 것이 좋을 듯하다. 그렇지만 모든 사람들이 마치 누구도 죽음에 대해서 '모르고 있는' 것처럼 살아가고 있다는 것은 결코 그다지 놀랄 일이 아닐 것이다. 이는 실제로 죽음을 체험한 사람이 없기 때문이다. 본래의 의미로 말하면, 삶으로 경험한 것과 의식한 것 외에는 체험한 것이라고는 할 수 없다. 여기서는 기껏해야 타인의 죽음에 대한 경험을 말하는 것이 가능할 뿐이다. 그러나 타인의 죽음이란 하나의 대용품이고 정신의 관점에서 보는 것일 뿐이므로, 우리는 거기에 결코 완전히 설득되지는 않는다. 이런 우울한 관례적 합의에는 설득력이 있을 수 없다. 사실 공포는 사건의 수학적인 측면으로부터 온다. 시간이 우리를 공포에 떨게 한다면 그것은 시간이 증명을 해보이기 때문이며, 정작 해결책은 그 뒤에 오기 때문이다. 영

10_ 『구토 *La nausée*』는 장-폴 사르트르(1905~1980)가 1938년에 발표한 실존주의 철학 소설이다. 이 소설은 후설(E. Husserl)의 철학과 도스토옙스키(F. (Dostoevskii)와 카프카(F. Kafka)의 문체에서 영향을 받았다<역주>.

혼에 관한 모든 아름다운 말들은 여기서 적어도 한 동안은 그와는 반대되는 증명과 만나게 될 것이다. 빰을 때려도 더 이상 자국이 남지 않는 이 생기 없는 육체에서 영혼은 사라져 버렸다. 죽음이라는 모험의 이러한 기본적이고도 결정적인 측면이 부조리한 감정의 내용을 이룬다. 이 죽음이라는 운명의 피할 수 없는 조명 아래서 무용성이 그 모습을 드러낸다. 어떠한 도덕이나 어떠한 노력도 우리의 운명적 조건을 관장하는 냉혹한 수학 앞에서는 '선험적으로' 정당화될 수 없다.

다시 한 번 말하지만 이 모든 것은 이미 이야기되고 되풀이되어온 것들이다. 나는 여기서 간략하게 분류를 해 보이고, 뚜렷한 주제들을 제시하는 것으로 그치겠다. 이 주제들은 모든 문학과 모든 철학에 걸쳐서 퍼져있다. 일상의 대화도 이러한 주제들을 소재로 삼고 있다. 그러니 이 주제들에 새로운 가치를 부여한다는 것은 말이 안 된다. 그러나 이러한 자명한 사실들을 확인해 두어야만 다음에 본질적인 문제에 대하여 의문을 제기할 수 있다. 내게 흥미를 불러일으키는 것은, 다시 반복해서 말하지만 그렇게 많은 부조리의 발견이 아니다. 오히려 부조리의 결과이다. 만약 이런 사실들에 확신이 선다면 과연 어떤 결론을 내려야 하며, 아무것도 검토할 것이 없도록 하기 위해서는 어디까지 밀고나가야 할까? 자신의 의지로 목숨을 끊어야만 할 것인가, 아니면 어떤 일이 있더라도 희망을 가져야 할 것인가? 대답에 앞서 지성의 차원에서도 똑같은 검토를 간략하게 할 필요가 있을 것이다.

정신이 첫 번째로 하는 일은 진실한 것과 진실하지 않은 것을 식별하는 데 있다. 그렇지만 사유가 스스로에 대해서 숙고하는 순간부터 맨 먼저 발견하게 되는 것은 모순이다. 여기서는 설득력을 가지려고 노력해도 소용이 없다. 수 세기 동안 이 문제에 대해서 아무도 아리스토텔레스의 다음 말보다 더 명쾌하고 세련된 논증을 아직 제시하지 못했다.

"이러한 견해들이 종종 웃음거리가 되는 결과를 낳는 것은 이 견해들 자체가 서로 상쇄된다는 데 있다. 왜냐하면 모든 것이 참이라고 단언하면서 우리는 그와 반대되는 단언의 진실성을 긍정하게 되며, 그 결과 우리 자신의 명제가 거짓이라는 것도 긍정하게 된다(왜냐하면 반대되는 단언은 그것이 참일 수 있다는 것을 인정하지 않기 때문이다.) 그리고 만약 모든 것이 거짓이라고 말한다면, 이 단언 또한 거짓이 되게 된다. 만약 우리의 견해와 반대되는 단언만이 거짓이라거나, 오직 우리의 견해만이 거짓이 아니라고 언명한다 해도, 우리는 무한한 수의 참 혹은 거짓 판단을 인정하지 않으면 안 된다. 왜냐하면 어떤 참을 긍정하는 사람은 동시에 그 긍정이 참임을 말하고 있으며, 이런 식으로 끝없이 이어지게 되기 때문이다."

이러한 악순환은, 정신이 제 스스로의 모습에 관심을 기울이다가 현기증을 일으키는 소용돌이 속에 빠져 자기 자신을 잃어버리는 일련의 과정 중에서 최초의 것에 불과하다. 바로 이러한 역설의 단순성으로 인해 그 역설들은 환원될 수 없다. 언어의 유희나 논리의 곡예가 어떻든 간에 이해한다는 것은 무엇보다 먼저 통합한다는 것이다. 인간 정신의 깊은 욕망은 그것이 최고로 진화된 단계에 이른다 해도 결국 인간이 세계 앞에서 느끼는 무의식적인 감정과 다르지 않다. 그것은 바로 친숙함의 요구이며, 명료함에 대한 갈망이다. 한 인간에게 있어서 세계를 이해한다는 것은 그 세계를 인간적인 것으로 환원시켜서 인간 자신의 것으로 낙인을 찍는 것이다. 고양이의 세계는 개미의 세계가 아니다. '모든 사고는 인간 중심이다'라는 자명한 이치도 같은 의미이다. 마찬가지로 현실을 이해하려고 애쓰는 정신의 소유자는 현실을 사유의 언어로 단순화시킬 때만 스스로 만족스럽게 생각할 수 있다. 만약 인간이 이 세계도 인간처럼 사랑하고 고통 받을 수 있다는 것을 받아들인다면, 인간은 세계와 조화를 이루게 될 것이다. 만약 인간의 사유가 뭇 현상들이 변화하는 거울 속에서 그 현상들을 요약할 수 있고 또 그 자체들도 하나의 단일한 원리로 요약될 수 있는 영원한 관계를 발견할 수만 있다면, 지극한 행복을 누리는 자들의 신화가 한낱 우스꽝스러운 위조품에 불과할 수도 있을 정신의 행복에 대해서도 얘기될 수 있을 것이다. 이 통일성을 향한 향수, 절대를 향한 갈망은 인간 드라마의 본질적인 움직임을 여실히 보여준다. 그러나 이러한 향수가 하나의 사실이라 할지라도 당장 그 향수를 진정시켜야 한다는 것은 아니다. 왜냐하면 만일 우리가 욕망과 정복을 가르는 심연을 뛰어넘어 우리가 파르메니데스[11]와 더불어 유일자(그것이 무엇이건 간에)의 실재를 단정한다면, 우리는 완전한 통일성을 단언하면서도 바로 그 단언을 통해서 해결할 것이라 주장했던 자신의 고유한 차이와 다양성을 오히려 입증하게 되는 정신의 우스꽝스러운 모순에 빠져들고 말기 때문이다. 이런 또 하나의 악순환은 우리들의 희망을 질식시키기에 충분하다.

이러한 것들 또한 자명한 사실들이다. 되풀이해서 말하거니와 나는 그러한 자명한 사실들 자체에 흥미가 있는 것이 아니라 그것들에서 이끌어낼 수 있는 결과에 흥미가 있다. 나는 또 다른 하나의 자명한 사실을 안다. 즉 인간은 죽음을 피할 수 없는 존재라는 것이다. 그렇지만 그 사실에서 극

11_ 파르메니데스(Parmenidēs, BC 515? ~ BC 445?)는 존재론을 서사시에 담은 고대 그리스의 철학자로 서구 존재론의 시조이다<역주>.

단적인 결론을 이끌어낸 사람들의 수는 손가락으로 셀 수 있을 정도이다. 이 시론에서는 우리가 안다고 상상하는 것과 우리가 실제로 아는 것 사이의 항구적인 괴리를, 곧 실제적인 동의와 가장된 무지 사이의 항구적인 괴리를 끊임없는 참고 사항으로 고려해야만 한다. 바로 그 가장된 무지 때문에 우리는, 만약 진정으로 그것을 경험하기만 하면 우리의 전 인생을 뒤엎어버리고 말 그러한 관념을 가지고 살아가고 있다. 이처럼 뒤얽힌 정신의 모순 앞에서 우리는 우리와 우리의 고유한 창조물들을 갈라놓는 이 절연을 충분히 파악할 것이다. 인간 정신이 자신의 희망으로만 가득 찬 움직이지 않는 세계 속에서 침묵을 지키고 있는 한, 모든 것은 그 향수의 통일성 안에서 반영되고 정돈된다. 그러나 정신의 첫 움직임에서부터 이 세계는 금이 가고 무너진다. 즉 눈부시게 빛나는 무수한 감정의 파편들이 인식 앞에 나타나는 것이다. 우리에게 마음의 평화를 주게 될 친밀하고도 조용한 표면을 그런 것으로 재구성한다는 것은 단념해야만 한다. 수세기에 걸친 탐구와 뭇 사상가들의 많은 포기가 있은 후에야 우리는 이것이 우리의 모든 인식에 대해 진실된 것임을 잘 알게 된다. 직업적인 합리주의자들을 제외하고는 오늘날 우리 모두는 참된 인식에 대해 절망하고 있다. 인간 사상사 중에서 의미 있는 것만을 써야 한다면, 사상의 계속되는 회한과 무능함의 역사를 써야만 할 것이다.

정말이지, 나는 누구와 무엇에 대해 '나는 그것을 알고 있다!'라고 말할 수 있겠는가? 내 속의 이 마음, 나는 그것을 느낄 수 있고 그것이 존재한다고 판단한다. 이 세계, 나는 손으로 그것을 만질 수 있고 그것이 존재한다고 판단한다. 나의 모든 지식은 거기까지이다. 나머지는 조작된 것이다. 왜냐하면 내가 스스로 확신하는 이 자아를 파악하려 한다면, 내가 그것을 정의하고 요약하려 한다면, 이 자아는 내 손가락 사이로 흘러내리는 물에 지나지 않기 때문이다. 나는 자아가 취할 줄 아는 모든 모습들, 사람들이 이 자아에 부여한 모든 모습들, 즉 이런 교육, 이런 기원, 이런 열정 혹은 이 모든 침묵들, 이 위대함 혹은 이 천박함을 하나하나씩 그릴 수 있다. 그러나 이 모습들을 합하지는 못한다. 나 자신의 것인 이 마음조차도 나에게 영원히 정의할 수 없는 것으로 남을 것이다. 내가 내 존재에 대해 가지고 있는 확신과 내가 그 확신에 부여하고자 하는 내용 사이에 놓인 깊은 골은 결코 메워질 수 없을 것이다. 영원히 나는 나 자신에게 이방인일 것이다. 논리학에서와 마찬가지로 심리학에서도 여러 개의 진리는 있으나 유일한 진리는 없다. 소크라테스의 '너 자신을 알라'라는 말은 고해성사 때 하는 '덕을 행하라'라는 말 정도의 가치밖에 없다. 그러한 말들은 무지와 동시에 향수를 드러내 보인다. 이것은 거창한 주제들에 대한 결실 없는 장난이다. 이 주제들은 대략적이라는 엄밀한 한계 내에서만 정당할 뿐이다.

또 다른 예로 여기에 나무들이 있다. 나는 그 꺼칠꺼칠한 껍질이나 물기를 알고 있으며 그 맛을 안다. 풀과 별들의 이 향기, 밤, 마음이 느긋해지는 어느 저녁들, 이렇게 그 힘과 활력을 느끼는 이 세계의 존재를 내가 어떻게 부정하겠는가? 그러나 이 지상의 모든 지식은 이 세계가 나의 것이라고 확신시켜줄 만한 것이라곤 아무것도 나에게 제시하지 못할 것이다. 당신은 나에게 세계를 묘사해 보이고, 그것을 분류하는 방법을 가르쳐 준다. 당신은 이 세계의 법칙들을 열거하고, 지식에 목마른 나는 그 법칙들이 진실이라고 받아들인다. 당신은 세계의 메커니즘을 분석하고, 나의 희망은 커져간다. 마지막 단계에 이르러 이 화려하면서도 잡다한 색깔로 뒤섞인 우주가 원자로 환원되고, 그 원자 자체는 또 전자로 환원된다는 것을 당신은 나에게 가르쳐준다. 이 모든 것이 다 좋다. 나는 당신이 계속해 주기만을 기대할 뿐이다. 그런데 당신은 나에게 보이지 않는 행성계에 대해서 얘기하면서 그 속에서 전자들이 하나의 핵 주위를 돌고 있다고 설명한다. 당신은 이 세계를 어떤 이미지로 설명하고 있는 것이다. 그러면 나는 당신이 시(詩)에 이르고 말았다는 것을 알아차리게 된다. 그것은 말하자면 내가 절대로 알지 못하리라는 것이다. 내가 그것에 분개할 시간이라도 있는가? 미처 그러기도 전에 당신은 벌써 이론을 바꾸어버렸다. 이렇게 나에게 모든 것을 가르쳐줄 것 같던 과학은 가설로 끝이 나고, 그 명징함은 비유 속에 빠지고, 그 불확실함은 예술작품으로 귀착되고 마는 것이다. 내가 그토록 많은 노력을 들일 필요가 있었던가? 저 언덕들의 부드러운 곡선과 심란한 이 가슴 위로 드리우는 저녁의 손길이 나에게 훨씬 더 많은 것을 가르쳐준다. 나는 출발점으로 되돌아온 것이다. 나는 내가 과학을 통해 현상을 이해하고 그것들을 열거할 수 있을지라도, 그렇다고 해서 내가 세계를 그만큼 더 포착할 수 있는 것은 아니라는 것을 깨닫는다. 내가 이 세계의 표면 전부를 손가락으로 더듬는다고 할지라도 나는 거기에 대해서 더 이상 알지 못할 것이다. 그리고 당신은 나에게, 확실하긴 하지만 내게 가르쳐주는 것은 아무것도 없는 묘사와, 가르쳐준다고 우기기는 하지만 전혀 확실하지 않은 가설 중에서 그 어느 하나를 선택하라고 한다. 나 자신과 이 세계에 대하여 이방인인 나, 긍정하자마자 스스로를 부정하게 되는 사고만이 유일한 구원수단인 나, 이런 내가 알기를 거부하고 살기를 거부함으로써만 평화를 얻을 수 있는 이 조건은 무엇이며, 정복을 향한 욕구가 솟아오를 때마다 그 공격을 무시해 버리는 벽에 부딪치고 마는 이 조건은 도대체 무엇이란 말인가? 원한다는 것, 그것은 곧 역설을 불러일으키는 것이다. 결국 모든 것이 정돈되어, 무사태평, 마음의 무기력함 혹은 치명적인 체념이 주는 이 중독된 평화가 생겨나게 된다.

그런데 지성 또한 그 나름대로 이 세계가 부조리하다는 것을 내게 말해 준다. 이에 반대되는 맹목적인 이성이 모든 것은 분명하다고 아무리 주장해도 소용이 없기에, 나는 증거들을 기다려왔고, 이성이 옳기를 바라왔다. 그러나 잘난 체한 그 많은 세기(世紀)가 흐르고, 그동안 유창한 능변과 설득력 있는 그 많은 사람들이 있었음에도 불구하고 나는 그것이 거짓이라는 것을 안다. 적어도 이러한 차원에서는 내가 알 수 없다면 행복이란 결코 없는 것이다. 실제적이든 정신적이든, 저 보편적 이성이나 결정론 같은 그런 범주들이 모든 것을 설명해 준다는 것은 정직한 사람을 웃게 하기에 충분하다. 그런 것들은 정신과는 아무런 관련이 없다. 그것들은 사슬에 묶여있는 정신의 심오한 진리를 부정한다. 이처럼 난해하고 제한된 이 우주 속에서 인간의 운명은 비로소 그 의미를 갖게 된다. 한 무리의 비합리가 들고 일어나 마지막 순간까지 인간의 운명을 에워싼다. 이제 원상태로 복귀되어, 지금은 합의에 이른 그의 통찰력 가운데서 부조리의 감정은 밝혀지고 명확해진다. 나는 세계가 부조리하다고 말했었는데, 이 주장은 너무 앞서 간 것 같다. 이 세계는 그 자체로는 합리적이지 않다는 것, 이것이 우리가 말할 수 있는 것의 전부이다. 그러나 부조리하다는 것은 바로 이 비합리와, 명료함에 이르려는 인간 이성의 필사적인 열망과의 맞대결인 것이다. 인간의 가장 깊은 곳에서는 그 명료함을 얻고자 하는 호소가 메아리치고 있다. 부조리는 세계에 의존하고 있는 만큼이나 인간에 의존하고 있다. 지금으로서는 부조리만이 그 둘을 이어주는 유일한 끈이다. 증오만이 인간들을 묶어놓을 수 있는 것처럼 부조리는 인간과 세계를 서로 고정시킨다. 이것이 나의 모험이 계속되는 이 무한한 우주에서 내가 명확하게 구분할 수 있는 모든 것이다. 여기서 일단 멈추어 보자. 만약 내가 나와 내 삶 사이의 관계를 규정하는 이 부조리성을 진실이라고 간주한다면, 그리고 만약 세상의 온갖 광경들 앞에서 나를 사로잡는 이 감정과, 지식의 탐구가 나에게 부과하는 이 통찰력을 확신한다면, 나는 이러한 확신들을 위하여 모든 것을 희생해야만 하고 또 그것들을 견지할 수 있도록 하기 위하여 정면으로 그것들을 바라보지 않으면 안 된다. 무엇보다도 나는 그 확신들에 따라 나의 행동을 규제해야 하며 또한 그 모든 결과 가운데서 그 확신들을 추구해 나가야 한다. 여기서 나는 정직성에 대해 말하고 있다. 그러나 그에 앞서 인간의 사유가 과연 이런 황무지에서 존속할 수 있는지를 알고 싶다.

나는 사유가 적어도 이런 황무지 속으로 들어섰다는 것을 이미 알고 있었다. 사유는 거기서 스스로의 양식을 찾아냈고, 자신이 그때까지 환상을 먹고 자랐다는 것을 거기에서 깨달았다. 사유는 인간 성찰의 가장 절박한 몇몇 주제들에 핑계를 제공한 것이다.

부조리는 일단 사유가 인지되는 순간부터 하나의 열정, 모든 열정들 중에서 가장 비통한 열정이 된다. 그러나 사람들이 자신들의 열정과 더불어 살아갈 수 있는지 없는지를 아는 것, 사람의 마음을 열광케 함과 동시에 불살라 버리는 이 열정의 심오한 법칙을 받아들일 수 있는지 없는지를 아는 것, 바로 여기에 모든 문제가 있다. 그러나 그것은 우리가 다시 제기하려는 문제가 아니다. 그것은 그런 경험의 중심에 자리하고 있는 것이다. 이 문제를 다시 언급할 때가 있을 것이다. 지금은 오히려 황무지에서 싹튼 이러한 주제들과 충동들을 알아보도록 하자. 그것들을 열거하는 것만으로도 충분하리라. 그것들 역시 오늘날 모든 사람들에게 알려져 있다. 비합리의 권리를 옹호하려는 사람들은 항상 있었다. 굴욕적인 사유라고 부를 만한 것의 전통은 결코 멈추지 않고 이어져 왔다. 합리주의에 대한 비판은 이제 더 이상 행해질 필요가 없으리만큼 수없이 많았다. 그런데도 우리 시대에 이르러, 마치 전에는 이성이 언제나 적극적으로 전진하기라도 했다는 듯이, 그 이성을 비틀거리게 하느라 애쓰는 역설적인 학설들이 다시 되살아남을 보게 된다. 그러나 그것은 이성의 실제적 효능을 증명하는 것도, 그 이성의 희망이 얼마나 강렬한가를 증명하는 것도 전혀 되지 못한다. 역사적인 차원에서 보면 그 두 가지 태도가 변함없이 있어왔다는 것은 통일성을 향한 자신의 호소와 자신을 가두어놓고 있는 벽들의 존재에 대한 명확한 통찰력 사이에서 갈등하는 인간의 본질적인 열정을 예증해준다.

그러나 이성에 대한 공격이 우리 시대만큼 활발했던 적은 결코 없었을 것이다. "우연하게도, 그것은 세상에서 가장 오래된 고귀함이다. 내가 그 고귀함을 초월하는 어떠한 영원한 의지도 바라지 않는다고 말했을 때 나는 모든 사물에 그 고귀함을 되돌려주었다"라는 차라투스트라의 위대한 외침 이래로[12], "사후에는 더 이상 아무것도 남지 않는 죽음에 이르는 병"이라는 키에르케고르의 죽음에 이르는 병[13] 이래로, 부조리한 사유에 대한 의미심장하고 가슴에 사무치는 주제들은 계속 이어져왔다. 아니 적어도 -이 뉘앙스는 극히 중요하다- 비합리적이고 종교적인 사유의 주제들도 계속 이어져왔

12_ 『차라투스트라는 이렇게 말했다 *Also sprach Zarathustra*』(1883)는 니체의 철학적 에세이이다<역주>.

13_ 『죽음에 이르는 병 *Sygdodommen til Doeden*』(1849)은 덴마크의 사상가 키에르케고르(S. A. Kierkegaard, 1813~1855)의 철학서이다<역주>.

다. 야스퍼스에서 하이데거[14], 키에르케고르에서 셰스토프[15], 현상학자들에서 셸러[16]에 이르기까지 논리적인 면과 도덕적인 면에서 그들의 방법론이나 목적은 서로 대립되지만, 그들의 공통된 향수로 볼 때 혈통이 같은 한 무리의 정신 집단은 이성의 왕도를 가로막은 채 진리에 이르는 올바른 길들을 되찾는 데 열중했다. 나는 여기서 이 사상들이 이미 알려지고 체험된 것으로 가정한다. 그러한 사상들의 야망이 무엇이건 간에 혹은 무엇이었건 간에, 모든 것은 모순, 이율배반, 고뇌 혹은 무기력이 지배하는, 말로 표현할 수 없는 이 세계로부터 출발했다. 그리고 그들에게 공통된 것은 우리가 지금까지 알아낸 바로 그 주제들이다. 그 주제들에서도 역시, 무엇보다 중요한 것은 그것들이 이러한 발견들에서 이끌어낼 수 있었던 결론들이라는 것을 분명히 말해둘 필요가 있다. 이 점은 너무나 중요하므로 그 결론들은 나중에 따로 검토해야 할 것이다. 그러나 지금으로서는 오직 그들의 발견과 최초의 경험만이 문제가 된다. 여기서는 다만 그들의 일치점을 확인해 보는 것이 중요하다. 그들의 철학을 논하고자 하는 것이 주제넘은 짓일지 몰라도, 여하간 그들에게 공통된 풍토를 느끼게 하는 것은 가능한 일이며 또한 충분히 그럴 만한 일이기도 하다.

하이데거는 인간의 조건을 냉정하게 고찰하고서, 이 실존이 굴욕적이라고 선언한다. 유일한 현실, 그것은 존재들의 모든 층위에 깃들어 있는 '근심'

14_ 하이데거(M. Heidegger, 1889~1976)는 독일의 실존철학자이다. 주요 저서는 존재와 시간 *Sein und Zeit*』(1927)이 있다<역주>.

15_ 셰스토프(L. Shestov, 1866~1938)는 러시아의 철학자이자 평론가이다. 『도스토옙스키와 니체』(1901), 『키에르케고르와 실존 철학』(1936) 등의 저서가 있다<역주>.

16_ 셸러(Max Scheler, 1874~1928)는 후설의 현상학을 도입하여 선천적이고 실질적인 윤리학의 건설을 시도한 독일 철학자이다. 『윤리학에서의 형식주의와 실질적 가치 윤리학』(1913/16)은 그의 대작이다<역주>.

이다. 세계와 그 세계의 유희 속에 길을 잃은 인간에게 있어서 이 근심은 순식간에 사라져버리는 공포이다. 그러나 이 공포가 스스로를 자각하면, 그것은 고뇌, 즉 '그 안에서 실존이 본연의 모습을 되찾는' 명철한 인간의 영원한 풍토가 된다. 이 철학 교수는 한 치의 동요도 없이 세상에서 가장 추상적인 언어로 "인간의 실존이 갖는 유한하고 제한된 성격은 인간 자체보다 더 근원적이다"라고 쓰고 있다. 그는 칸트에게 흥미를 느끼지만, 그것은 그의 '순수이성'에 대한 편협한 성격을 알아보기 위한 것이다. 그의 분석에 따르면 결론적으로 "세계가 고뇌에 빠진 인간에게 제공할 수 있는 것은 더 이상 아무것도 없다"는 것이다. 이 근심은 그가 볼 때 확실히 추론의 범주들을 뛰어넘는 것이어서, 그는 오직 그것만을 생각하고 그것에 관해서만 말한다. 그는 근심의 여러 모습들을 열거한다. 예를 들면 평범한 인간이 근심을 자신 안에서 가라앉히고 진정시키려고 애쓸 때 나타나는 권태의 모습과, 정신이 죽음을 깊이 생각할 때 나타나는 공포의 모습이 그것이다. 하이데거도 역시 의식을 부조리와 떼어놓지 않는다. 죽음의 의식은 바로 근심의 부름이고, "실존은 그때 의식을 매개로 하여 자신의 고유한 외침을 스스로에게 보낸다." 죽음의 의식이라는 것은 바로 고뇌의 목소리 자체이며, 실존을 향하여 '이름 없는 우리들 속에서 자신을 상실했던 상태로부터 자기 자신에게로 되돌아 올 것'을 명하는 것이다. 그 또한 잠들어서는 안 되며, 모든 것이 소진될 때까지 깨어있어야만 한다. 그는 이 부조리한 세계에 버티고 있으면서, 그 세계의 덧없는 특성을 고발한다. 그는 잔해들의 한가운데서 자신의 길을 찾고 있는 것이다.

우리가 '순진함'을 잃어버렸다고 주장하는 점으로 보면, 야스퍼스는 모든 존재론에 대해서 절망적임을 알 수 있다. 그는 우리가 외관의 치명적인 유희를 초월하는 그 어떠한 것에도 도달할 수 없음을 안다. 그는 정신의 최후가 좌절이라는 것을 안다. 그는 역사가 우리에게 보여주는 정신적 모험들을 찬찬히 따라가며 각 체계의 결점과, 모든 것에 구원이 되어주었던 환상 그리고 아무것도 숨기지 않았던 설교를 가차 없이 폭로한다. 인식의 불가능성이 증명되고, 허무가 유일한 현실처럼 보이고, 구원 없는 절망이 유일한 정신적 태도로 보이는 이 황폐한 세계 안에서 그는 신성한 비밀들로 인도하는 아리아드네의 실[17]을 재발견하려고 시도한다.

한편 셰스토프도 동일한 진리를 끊임 없이 추구하면서 경탄할 정도로 단조로운 한 작품을 통하여 가장 치밀한 체계나 가장 보편적인 합리주의도 결국은 인간 사고의 불합리에 부딪치고 만다는 것을 줄기차게 증명해 보이고 있다. 그는 인간 이성의 가치를 떨어뜨리는 어떠한 반어적 명증함도, 어떠한 하찮은 모순도 놓치지 않는다. 오직 한 가지 사실만이 그의 관심을 끄는데 그것은 바로 예외이다. 그 예외는 감성의 역사에서건 정신의 역사에서건 매한가지이다. 사형수의 도스토옙스키적 경험, 니체적인 정신의 극단적인 모험, 햄릿의 저주나 입센과 같은 극작가의 씁쓸한 귀족주의를 통해서 그는 돌이킬 수 없는 것에 대항하는 인간의 반항을 추적하고 조명하며 찬양한다. 그는 이성을 인정하기를 거부하고, 모든 확실성이 돌이 되는 오직 색깔 없는 이 사막의 한가운데에서만 약간의 결단력을 가지고 자신의 발걸음을 옮기기 시작한다.

17_ 『그리스 신화』에 나오는 이야기다. 아테네의 왕자 테세우스가 몸은 사람이지만 머리는 황소인 미노타우로스와 싸우기 위해 한번 들어가면 절대 빠져나올 수 없는 미궁 속으로 들어간다. 이때 테세우스는 크레타의 공주 아리아드네가 미리 준 실타래를 풀면서 들어갔기 때문에 미노타우로스를 죽이고 실을 잡고 미궁을 빠져나온다. 이렇듯, 「아리아드네의 실」이란 어려운 일을 해결하는 방법이나 물건을 뜻한다<역주>.

키에르케고르는 이 모든 사람들 중에 아마도 가장 흥미를 끄는 인물일 것이다. 그의 생애의 적어도 한 부분에 있어서는 부조리를 발견하는 것 이상의 그 무엇을 하고 있다. 그는 부조리를 몸소 살고 있는 것이다. "침묵 중에 가장 확실한 침묵은 입을 다무는 것이 아니라 말을 하는 것이다"라고 쓰고 있는 이 사람은 우선 어떠한 진리도 절대적이 아니며 그 자체로는 불가능한 실존을 만족스러운 것으로 만들 수는 없다는 것을 확신하고 있다. 인식에 있어서의 돈 후안(Don Juan)[18]과 같은 그는 가명(假名)을 계속 바꾸고 모순을 되풀이하면서, 「교육적 논설」과 동시에 「유혹자의 일기」라는 냉소적인 유심론 교본을 쓰기도 한다. 그는 위안, 도덕, 모든 안식의 원리를 거부한다. 그는 마음속에서 느끼는 이 가시의 고통을 가라앉히려는 생각은 조금도 하지 않는다. 그는 반대로 그 고통을 일깨우고, 십자가형을 달게 받는 자가 느끼는 절망적 기쁨 속에서 명철한 의식, 거부, 가장 등 마귀 들린 인간이 갖춘 범주를 하나씩 하나씩 구축한다. 다정한 동시에 냉소적인 이 얼굴, 영혼의 밑바닥으로부터 울려나오는 절규를 동반한 이러한 돌변, 이것은 바로 그 자신의 힘으로는 어쩔 수 없는 현실과 대결을 벌이고 있는 부조리한 정신 그 자체인 것이다. 그리하여 키에르케고르로 하여금 특유의 분노를 갖도록 만든 정신적 모험도 역시 그 장식이 제거되고 본래대로의 모순 상태로 되돌아간 경험의 혼돈 속에서 시작되는 것이다.

18_ 스페인의 중세 민간 전설에 나오는 바람둥이 귀족의 이름이다. 스페인의 작가 티르소 데 몰리나(Tirso de Molina, 1854~1648)의 희곡 『세비야의 호색가와 석상의 초대』에서 처음으로 문학 소재로 사용된다. 이 희곡의 제목에서 짐작할 수 있듯이 돈 후안 전설에는 두 가지 요소가 있다. 하나는 '방탕자'이고 다른 하나는 '식사에 초대된 죽은 사람'이다. 전자는 여성 편력가의 대명사가 된 돈 후안이고, 후자의 죽은 사람은 신(神)을 상징한 것으로, 죽은 사람의 돈 후안에 대한 복수는 그의 못된 짓에 대한 신벌(神罰)을 뜻한다. 이와 같이 돈 후안은 찰나적인 향락과 이에 따른 응보적인 위협이라는 종교적 측면을 동시에 상징한다(『두산백과』 참조)<역주>.

전혀 다른 분야, 즉 방법의 분야에서 후설[19]과 현상학자들은 자신들의 극단성 그 자체를 통해서 세계를 다양성을 띤 모습으로 되돌리면서 이성의 초월적 능력을 부정한다. 정신의 우주는 그들과 더불어 헤아릴 수 없이 풍요로워진다. 장미의 꽃잎 혹은 이정표 혹은 사람의 손 같은 것들도 사랑, 욕망 그리고 중력의 법칙만큼이나 중요성을 띤다. 생각한다는 것, 그것은 더 이상 통일화한다거나, 어떤 대원칙의 모습으로 현상을 친숙하게 만들거나 하는 것이 아니다. 생각한다는 것은 눈여겨보고 주의를 기울이는 것을 다시 배우는 것이며, 자신의 의식을 인도하는 것이며, 프루스트[20]가 한 것처럼 하나하나의 생각과 하나하나의 이미지를 특권적 지위를 가진 장소로 만드는 것이다. 역설적이게도 모든 것이 다 특권적 지위를 가진다. 사고를 정당화하는 것은 그것이 지닌 극단적인 의식이다. 키에르케고르나 셰스토프보다 한층 더 적극적인 것이 되기 위하여 후설이 제시한 방식은 처음에는 이성의 고전적인 방법을 부정하고 희망을 저버리지만, 직관과 마음의 문을 열어 어떤 비인간적인 현상들이 다채롭게 증식하게 됨을 드러내 보인다. 이러한 길들은 모든 지식으로 통하든가, 아니면 그 어디에도 통하지 않는다. 이것은 목적보다 방법이 여기서는 더 중요하다는 것을 말하는 것이다. 이는 오직 '알고자 하는 태도'가 중요하지 위안이 중요한 것은 아니라는 것을 말한다. 다시 한 번 말하거니와 최소한 처음에는 그렇다.

이 정신들 사이에서 어떻게 깊은 동질성을 느끼지 않을 수 있겠는가? 희망이 더 이상 설 자리가 없는 특권적이고도 쓰디쓴 장소를 중심으로 그 정신들

19_ 후설(E. Husserl, 1859~1938)은 현상학파를 창설한 독일의 관념론 철학자이다. 그의 가장 대표적인 저서는 『엄밀한 학으로서의 철학』(1911)이다<역주>.

20_ 마르셀 프루스트(Marcel Proust, 1871~1922)는 대작 『잃어버린 시간을 찾아서 *À la recherche du temps perdu*』를 쓴 프랑스의 소설가이다<역주>.

이 다시 무리 짓는 것을 어떻게 알지 못하겠는가? 나는 모든 것이 내게 설명되거나 아니면 아무것도 설명되지 않기를 바란다. 그러나 이성은 마음속에서 터져 나오는 이 절규 앞에서는 무기력하다. 정신은 그러한 요구에 깨어나 뭔가를 찾아보지만 모순과 억설만 발견할 뿐이다. 내가 이해할 수 없는 것은 불합리한 것이다. 세계는 이러한 불합리한 것들로 가득 차 있다. 내가 그것이 지닌 유일한 의미를 이해하지 못하는 그 하나만으로도 이 세계는 거대한 불합리일 뿐이다. 단 한 번만이라도 '그것은 분명하다'라고 말할 수 있다면 모든 것은 구원될지도 모른다. 그러나 이 사람들은 아무것도 확실하지 않고 모든 것이 혼돈이며 인간은 오직 자신의 명증성과 자신을 둘러싸고 있는 벽들에 대한 명확한 인식을 간직하고 있을 뿐이라는 것을 앞 다투어 언명한다.

이러한 모든 경험들은 서로 일치하며 겹친다. 궁극에 도달한 정신은 어떤 판단을 내리고 그 결론을 선택해야만 한다. 바로 여기에 자살과 대답이 위치하고 있다. 그러나 나는 탐구의 순서를 뒤집어 지적인 모험에서 출발하여 일상적인 행위로 되돌아오고자 한다. 여기에서 언급된 경험들은 불모지에서 태어난 것들이기에 우리는 결코 그 불모지를 떠나서는 안 된다. 적어도 그 경험들이 어디까지 이르렀는지를 알아야만 한다. 인간은 노력의 단계에서 불합리와 마주하게 된다. 그는 자신 속에서 행복과 이성을 향한 욕구를 느낀다. 부조리는 인간의 호소와 세계의 비합리적 침묵 사이의 이러한 대결에서 생겨난다. 바로 이 점을 잊어서는 안 된다. 바로 이 점에 매달려야만 한다. 왜냐하면 한 일생의 모든 귀결이 그것에서 태어날 수 있기 때문이다. 불합리, 인간의 향수 그리고 그들의 맞대면에서 솟아나는 부조리, 이것들이 이 드라마의 세 등장인물이다. 그 드라마는 필연적으로 한 실존이 감당할 수 있는 모든 논리와 더불어 끝날 수밖에 없을 것이다.

3. 철학적 자살

그렇다고 해서 부조리의 감정이 부조리의 개념은 아니다. 부조리의 감정은 그 개념의 토대를 제공할 뿐이며 그것이 전부다. 부조리한 감정이 우주에 대해서 자신의 판단을 내리는 그 짧은 순간을 제외하고는 부조리의 감정은 부조리의 개념에 요약되지 않는다. 이젠 더 멀리 나아가는 일만 남았다. 부조리의 감정은 살아 있다. 다시 말해서 그것은 죽든지 아니면 더 깊이 반향을 일으켜야 한다. 우리가 모은 주제들도 이와 마찬가지다. 그렇지만 여기서 다시 한 번 나의 관심을 끄는 것은 비평이 또 다른 형태와 또 다른 장소를 요구할 작품이나 인간 정신이 결코 아니라 그들의 결론에 공통적으로 있는 것의 발견이다. 결단코 정신들이 이렇게 다른 적은 아마도 없었을 것이다. 그렇지만 우리는 그것들이 동요하는 정신적인 배경은 동일한 것으로 본다. 마찬가지로 그토록 서로 다른 학문을 통하여 말하고 있음에도 그들이 여정을 끝내고 외치는 소리는 똑같은 방식으로 울려 퍼질 뿐이다. 우리가 방금 상기시킨 정신들에는 어떤 공통적인 풍토가 있다는 것이 분명히 느껴진다. 이 풍토가 살인적이라고 말한다 해도 그것은 기껏해야 말장난에 지나지 않는 것이다. 이 숨 막히는 하늘 아래에 산다는 것은 거기에서 벗어나든지 혹은 거기에서 머물든지 양자택일을 요구한다. 첫 번째의 경우는 우리가 어떻게 그 곳에서 벗어날 것인가를 아는 것이 문제이고, 두 번째 경우에는 왜 그곳에서 머물러야 하는가를 아는 것이 문제이다. 나는 자살의 문제와, 실존주의 철학의 여러 결론들에 대해서 우리가 가질 수 있는 관심을 이렇게 규정한다.

그전에 나는 본궤도에서 잠시 벗어나보고자 한다. 지금까지 우리는 겉모습만 보고 부조리의 경계선을 그을 수 있었다. 그렇지만 우리는 이 개념이 명확하게 포함하고 있는 것이 무엇인지를 자문해 볼 수 있고, 직접적인 분석을 통해서 한편으로는 그 의미를, 다른 한편으로는 그 개념이 이끌어내는 결론들을 다시 생각해 볼 수 있다.

만약 내가 어떤 무고한 사람을 흉악한 죄인으로 고발하고 고결한 사람에게 자기 누이를 탐했다고 주장한다면 그것은 부조리하다고, 곧 터무니없다고 그는 나에게 반박할 것이다. 이러한 분노에는 희극적인 면이 있다. 그러나 거기에는 또한 본질적인 이유도 있다. 고결한 사람은 그러한 반박을 통해 내가 그에게 뒤집어씌운 행동과 그의 인생관 사이에 있는 결정적인 이율배반을 잘 보여준다. '그것은 부조리하다'는 말은 '그것은 불가능하다'는 뜻이지만 또한 '그것은 모순적이다'라는 뜻이기도 하다. 만약 내가 어떤 사람이 대검으로 기관총 대대를 공격하는 것을 본다면 나는 그의 행위가 부조리하다고 판단할 것이다. 그러나 그것은 그의 의도와 그를 기다리는 현실 사이에 존재하는 불균형, 내가 그의 실제적인 힘과 그가 꽤하는 목적 사이에서 파악할 수 있는 모순에 근거해서만 부조리한 것이다. 마찬가지로 우리는 어떤 판결을 외견상으로 사건들이 요구하는 판결과 비교함으로써 그것이 부조리하다고 평가할 것이다. 또한 마찬가지로 부조리에 의한 증명도 그러한 추론의 귀결들을 우리가 설정하기를 원하는 논리적 현실과 비교함으로써 이루어진다. 가장 단순한 것에서부터 가장 복잡한 것에 이르기까지 이 모든 경우에 있어서 내가 비교하는 항목들 사이의 간격이 커지면 커질수록 부조리성은 그만큼 더 커질 것이다. 부조리한 결혼이 있으며, 부조리한 도전, 원한, 침묵, 전쟁이 있고 그리고 또한 부조리한 평화가 있다. 그 어느 경우에서든 이러한 것들의 부조리함은 비교에서 생겨난다. 따라서 나는 부조리의 감정이 어떤 사실이나 혹은 어떤 인상에 대한 단순한 검토에서 생겨나는 것이 아니라 어떤 사태와 어떤 확실한 현실 사이의 비교, 어떤 행위와 그 행위를 초월하는 세계 사이의 비교에서 돌연 나타난다고 말할 만한 근거가 있다. 부조리는 본질적으로 어떤 절연(絶緣)이다. 그것은 비교되는 요소의 어느 한쪽에만 있는 것이 아니다. 부조리는 그 두 요소의 대결에서 생겨난다.

그러므로 지성의 차원에서 볼 때 나는 부조리가 인간 속에 있는 것도 아니고(만약 이러한 비유가 어떤 의미를 가질 수 있다면), 세계 속에 있는 것도 아니고, 오직 인간과 세계가 공존하는 곳에 있다고 말할 수 있다. 지금으로서는 부조리가 양자를 묶어주는 유일한 끈이다. 만일 내가 명백한 사실의 차원에 국한하여 말한다면 나는 인간이 무엇을 원하는가를 알고 있고, 세계가 인간에게 무엇을 제공하는가를 알고 있으며, 그리고 이제는 무엇이 이들 양자를 묶어주는가를 말할 수 있다. 내가 더 깊이 파고 들어갈 필요는 없다. 탐구하는 사람에게는 단 하나의 확신만으로도 충분하다. 문제는 다만 거기서 모든 결과들을 이끌어내는 것이다.

즉각적으로 이끌어낼 수 있는 결과는 동시에 하나의 방법론적 규칙이기도 하다. 이렇게 밝혀지는 기이한 삼위일체는 아메리카의 뜻하지 않은 발견과 같은 점은 전혀 없다. 그러나 그 삼위일체는 경험에서 오는 기지(旣知)의 사실들과 공통된 점을 가지고 있어 무한히 단순하면서도 또한 무한히 복잡하다. 이러한 점에서 삼위일체의 특징들 중 첫 번째는 그것이 분리될 수 없다는 점이다. 세 가지 항목들 중 어느 하나를 파괴하는 것은 전체를 온통 파괴하는 것이 된다. 인간의 정신 밖에서는 부조리란 있을 수 없다. 그러기에 부조리는 모든 것이 다 그렇듯이 죽음과 함께 끝이 난다. 물론 이 세상 밖에서도 부조리란 있을 수 없다. 그러므로 나는 이러한 기본적인 기준에 의거해서 부조리의 개념은 본질적인 것이며 이 개념이 나의 진리 가운데서 첫 번째의 것이라고 판단하게 된다. 앞서 거론한 방법론적 규칙이 여기에서 나타난다. 만일 내가 어떤 것이 진실이라고 판단한다면 나는 그것을 보존해야만 한다. 만일 내가 어떤 문제에 해결책을 찾아낼 생각을 한다면 적어도 바로 이 해결책 때문에 문제의 항목들 중 하나를 적당히 얼버무려서는 안 된다. 나에게 있어서 유일한 기지의 사실은 부조리이다. 문제는 어떻게 이 부조리에서 벗어날 것인지와, 과연 자살이 이 부조리로부터 추론되어야만 하는지를 알아보는 것이다. 내 탐구의 첫 번째의 조건, 사실상 유일한 조건은 나를 깔아뭉개듯이 짓누르고 있는 것 그 자체를 보존하여 그 속에서 내가 본질적이라고 판단한 것을 존중하는 것이다. 나는 이미 그것을 끊임없는 대결과 투쟁이라고 정의 내린 바 있다.

이 부조리한 논리를 그 종극까지 밀어붙이면서 나는 이 투쟁이 희망의 전적인 부재(이것은 절망과는 아무런 관계도 없다), 계속적인 거부(이것은 포기와 혼동해서는 안 되다), 그리고 의식적인 불만족(이것은 젊은 시절의 불안과 동일시할 수 없을 것이다)을 전제로 한다는 점을 인정해야만 할 것이다. 이러한 요구들을 파괴하거나, 얼버무리거나 혹은 슬쩍 피하는 모든 것(그리고 무엇보다도 절연을 파괴하는 동의)은 부조리를 무너뜨리고, 그래서 우리가 취할 수 있는 태도를 평가절하하게 된다. 부조리는 오로지 우리가 그것에 동의하지 않는다는 전제하에서만 의미를 갖기 때문이다.

전적으로 도덕적인 것처럼 보이는 자명한 사실이 하나 있다. 그것은 인간이 항상 바로 자신의 진리에 사로잡힌 희생자라는 것이다. 일단 그 진리들이 인정되면 인간은 거기에서 벗어날 수가 없으리라. 반드시 어느 정도의 대가를 지불해야만 한다. 부조리를 의식하게 된 인간은 영원히 그것에 구속당한다. 희망이 없고, 희망이 없다는 것을 의식한 인간은 이제 더 이상 미래에 속하지 않는다. 그것은 당연한 일이다. 그러나 자신이 창조자인 우주에서 벗어나기 위한 노력을 해야만 한다는 것도 당연한 일이다. 앞에서 거론된 모든 것은 이 역설을 고려할 때만이 비로소 의미를 갖는다. 이러한 관점에서 합리주의에 대한 비판에서 출발해서 부조리한 풍토를 알아보게 된 사람들이 어떤 방식으로 그들의 결론을 밀고 나갔는지를 지금 검토해보는 것보다 더 교훈적일 수 있는 것은 아무것도 없다.

그런데 실존철학들에 국한시켜 볼 때 나는 그것들 모두가 예외 없이 나에게 도피를 제안한다는 것을 알고 있다. 인간에게 폐쇄적이고 제한된 우주 안에서 이성의 잔해 위에 있는 부조리로부터 출발한 그들은 기묘한 추론으로 자신들을 짓누르고 있는 것을 신성시하고 자신들을 헐벗게 해놓은 것 속에서 희망의 이유를 발견한다. 이 강제된 희망은 모든 사람에게 있어서 본질적으로 종교적인 성격을 띠고 있다. 바로 이 점이 우리가 잠시 주목할 만한 필요가 있는 것이다.

나는 여기서 다만 실례로 셰스토프와 키에르케고르만의 고유한 몇몇 주제들을 분석할 것이다. 그러나 야스퍼스는 희화(戱畫)에 이를 정도로, 그러한 태도의 전형적인 예를 우리에게 제공할 것이다. 이것으로써 나머지는 한층 더 분명해질 것이다. 그는 초월적 존재를 구현하기에는 무기력하고 경험의 깊이를 헤아릴 능력도 없는 채 실패로 혼란에 빠진 이 우주를 의식만 하고 있다. 우리는 그런 그를 그대로 내버려 둔다. 그는 전진할 것인가, 아니면 적어도 그러한 실패에서 어떤 결론들을 이끌어낼 것인가? 그는 새로운 것이라곤 아무것도 제시하지 못한다. 그는 경험 속에서 자신의 무능력에 대한 고백 이외에 아무것도 발견하지 못했으며 어떤 만족스러운 원리를 추론할 어떠한 구실도 찾아내지 못했다. 그럼에도 불구하고 어떠한 정당성도 제시하지 못한 채 - 그는 자신에게 그렇게 말하고 있다 - 다음과 같이 쓰면서 단번에 초월적 존재와 경험의 존재, 그리고 삶의 초인간적 의미를 분명하게 드러내 보인다. "실패야말로 모든 설명과 가능한 모든 해석을 초월해서 허무가 아니라 초월적인 존재를 보여주는 것이 아니고 무엇인가." 별안간 나타나 인간적 믿음의 맹목적인 행위를 통해서 모든 것을 설명하는 이 존재를 그는 "일반적인 것과 특별한 것의 상상할 수 없는 통일"이라고 정의한다. 이처럼 부조리는 신(이 말이 갖는 가장 넓은 의미에서)이 되고, 이해상의 무력함은 모든 것을 밝혀주는 존재가 된다. 아무것도 이 추론을 논리적으로 이끌어가지 못한다. 나는 이것을 비약이라고 부를 수 있다. 그리고 역설적으로, 초월적 존재의 경험을 구현할 수 없게 하는 야스퍼스의 고집과 무한한 인내를 우리는 이해하게 된다. 왜냐하면 이 근사치가 멀어지면 멀어질수록 이 정의는 더욱 헛된 것으로 드러나고 이 초월적 존재는 그에게 더욱 현실적인 것이 되기 때문이다. 왜냐하면 결국 그가 초월적 존재를 긍정하고자 하는 열정은 바로 그의 설명 능력과 세계 및 경험의 불합리 사이에 가로놓인 거리와 정비례하기 때문이다. 이렇듯 야스퍼스는 더 근원적인 방식으로 세계를 설명하려고 하면 할수록 이성의 편견을 깨트리는데 더욱 더 많은 정열을 쏟는 것처럼 보인다. 이 굴욕스러운 사고의 사도(使徒)는 자신의 모든 심층에서 존재를 다시 태어나게 할 그 무언가를 굴욕의 바로 극한점에서 발견하게 된다.

신비사상 덕택에 우리는 이러한 추론 방식들과 친숙하게 되었다. 이 추론 방식들은 정신의 태도와 마찬가지로 정당성을 가지고 있다. 그러나 지금 나는 마치 어떤 문제를 심각하게 받아들이고 있는 것처럼 행동하고 있다. 이러한 태도의 일반적인 가치나 그것의 교육적 힘에 대하여 미리 속단하는 것 없이 나는 다만 이 태도가 내가 제시한 조건에 부응하는지, 나의 관심을 끄는 갈등을 불러일으킬만한지를 고려해 보고자 할 뿐이다. 그렇기 때문에 나는 다시 셰스토프로 돌아온다. 한 평론가는 다음과 같이 흥미를 끌 만한 말을 한다.

"그가 말하기를, 단 하나의 진정한 해결책은 인간의 판단에는 해결책이 없다는 바로 그 점에 있다. 그렇지 않다면 무엇 때문에 우리가 신이 필요하겠는가? 사람들은 오로지 불가능한 것을 얻기 위해서 신에게로 향한다. 가능한 것이라면 인간의 힘이면 충분하다."

만약 셰스토프의 철학이라는 것이 있다면 그것은 전적으로 이렇게 요약될 수 있을 것이라고 나는 분명히 말할 수 있다. 왜냐하면 자신의 열정적인 분석의 끝에 이르러 모든 실존의 근원적인 부조리성을 발견하게 되자 셰스토프는 "여기에 부조리가 있다"라고 결코 말하지 않고, "여기에 신이 있다. 비록 신이 우리 이성의 어느 범주와도 전혀 일치하지 않는다 할지라도 바로 신에게 자신을 맡기는 것이 바람직하다"라고 말하기 때문이다. 혼돈이 생기지 않도록 하기 위해서 이 러시아의 철학자는 문제의 신이 아마도 증오에 찬 혐오스러운 신이며 이해할 수 없는 모순적인 신이지만 그 신의 모습이 가장 추악하다는 바로 그 점에서 자신의 권능을 최고로 드러내 보인다는 것을 암시하기까지 한다. 이 신의 위대함이란 바로 그가 가진 모순이다. 이 신이 존재하는 증거란 바로 그의 잔인함이다. 우리는 그의 품속으로 뛰어들어야 하고 이 비약을 통해서 온갖 합리적인 환상에서 해방되어야 한다. 이렇게 셰스토프에게는 부조리의 수용이 부조리의 인식 자체와 동시에 이루어진다. 부조리를 확인한다는 것은 그것을 수용한다는 것이고 그의 사고의 모든 논리적인 노력은 이 부조리를 드러내어 그것이 야기하는 거대한 희망을 동시에 뿜어져 나오게 하려는 것이다. 다시 한 번 말하지만, 이러한 태도는 정당하다. 그러나 나는 여기서 오직 한 가지 문제와 그 문제의 모든 결과를 고집스럽게 주시할 것이다. 나는 여기서 어떤 사상이나 신앙행위의 비장함을 검토할 필요는 없다. 그런 것은 평생 동안 얼마든지 할 수 있다. 나는 합리주의자가 셰스토프의 태도에 역정을 낸다는 것을 알고 있다. 그렇지만 나는 셰스토프가 합리주의자에 비해 옳다는 것 또한 감지하고 있다. 다만 나는 셰스토프가 부조리의 계율에 여전히 충실한지를 알고 싶을 따름이다.

그런데 만약 부조리가 희망의 반대라는 것을 인정한다면, 셰스토프의 경우 실존 사상은 부조리를 전제로 하고 있지만 그 부조리를 증명해 보이는 목적이 오로지 그것을 일소해 버리기 위해서라는 것을 우리는 안다. 이토록 섬세한 사유방식은 곡예사의 비장한 묘기와 같다. 한편 셰스토프는 자기의 부조리를 일상적인 도덕과 이성에 대립시키면서 그것을 진리라고 부르고 구원이라고 부른다. 따라서 부조리의 이러한 정의에 있어서 그 밑바탕에는 셰스토프가 부여하는 어떤 함의가 있는 것이다. 만약 이 개념의 모든 힘이 우리들의 기본적인 희망들과 상치되는 방식으로 존재한다는 것이 인정된다면, 또 부조리가 지속되기 위해서 우리가 그 부조리에 전혀 동의하지 말아야 한다는 것이 느껴진다면, 그때 우리는 부조리가 자신의 진정한 모습, 곧 자신의 인간적이고 상대적인 성격을 잃고 이해할 수는 없으나 만족을 주는 영원성 안으로 들어가 버렸다는 것을 잘 알게 된다. 만약 부조리라는 것이 존재한다면 그것은 인간의 우주 안에 존재한다. 부조리의 개념이 영원성으로 가는 도약대로 변하는 순간부터 그것은 이미 인간의 명증성과는 더 이상 관계가 없게 된다. 이때에 부조리는 인간이 동의하지 않으면서 그 존재를 인정하는 자명한 사실이 더 이상 아니다. 투쟁은 기피되었다. 인간은 부조리를 통합하고 이 통합체 속에서 대립, 분열, 절연이라는 부조리의 본질적인 성격을 없애버린다. 이러한 비약은 일종의 도피다. 셰스토프는 "시간의 빗장이 어긋나 있다(The time is out of joint)."라고 한 햄릿의 말을 즐겨 인용하는데, 그는 이 말에다 자기만이 아주 특별히 부여할 수 있다고 여기는 일종의 고집스런 희망을 가지고 그렇게 쓰고 있다. 왜냐하면 햄릿이 그렇게 말을 하거나 셰익스피어가 그렇게 쓴 것은 그런 뜻에서가 아니기 때문이다. 비합리에 도취되어 황홀경에 빠져들려고 하면 명철한 정신은 부조리에서 이탈하게 된다. 셰스토프에게 있어서 이성은 헛된 것이지만 이성 너머에 무엇인가가 있다. 하지만 부조리의 정신으로 볼 때 이성은 헛된 것이고 이성 너머엔 아무것도 존재하지 않는다.

이러한 비약은 적어도 우리에게 부조리의 진정한 본질에 대해서 조금 더 많이 밝혀줄 수 있다. 우리는 부조리가 균형 속에서만 의미를 가질 수 있으며 무엇보다도 비교 가운데 있는 것이지 결코 그 비교의 항목들 속에 있는 것이 아님을 알고 있다. 그러나 셰스토프는 바로 그 항목들 중의 하나에만 모든 무게를 실음으로써 균형을 깨뜨린다. 우리의 이해하고자 하는 욕구와 절대에 대한 향수는 우리가 많은 것들을 이해하고 설명할 수 있다는 점에서만 비로소 설명될 수 있을 뿐이다. 이성을 절대적으로 부정하는 것은 헛된 일이다. 이성은 자신의 유효성을 발휘하는 고유한 영역을 가지고 있다. 이것은 바로 인간 경험의 영역이다. 그래서 우리는 모든 것을 분명하게 하기를 원한다. 만약 우리가 그것을 할 수 없어 부조리가 이 기회에 생겨난다면 그것은 바로 유효하지만 한계가 있는 이성과 항상 되살아나는 비합리가 서로 만날 때이다. 그런데, 셰스토프가 "태양계의 운동은 불변의 법칙에 따라 이루어지며 이 법칙들이 태양계의 이성이다"라는 식의 헤겔[21]의 명제에 대해서 화를 낼 때, 그가 모든 자신의 열정을 바쳐 스피노자의 합리주의를 붕괴시키려고 할 때, 그는 바로 모든 이성이 공허하다는 결론에 도달한다. 이로부터 자연스러우나 부당한 회귀에 의해서 비합리성의 우위가 생겨난다.[4] 그러나 이 추이는 분명하지 않다. 왜냐하면 여기에 한계의 개념과 차원의 개념이 개입할 수 있기 때문이다. 자연의 법칙들은 어느 한계까지는 유효할 수 있지만 그 한계를 넘어서면 그것들 자체에 해를 끼쳐 부조리가 생겨난다. 혹은 자연의 법칙들은 기술(記述)의 차원에서는 정당화될 수 있어도 바로 그 점 때문에 설명의 차원에서는 참이 아닐 수가 있다. 여기에서는 모든 것이 비합리에 희생되고 명징함의 요구는 적당히 얼버무려지며 부조리는 그 비교의 항목들 중의 하나와 더불어 사라져버린다. 이와 반대로 부조리의 인간은 이러한 평준화를 이행하지 않는다. 그는 투쟁을 인정하고 이성을 절대 경멸하지 않으며 비합리를 받아들인다. 이렇듯 그는 경험의 모든 여건을 포괄적으로 주시하고, 알기 전에는 비약하려 들지 않는다. 그는 다만 이 주의 깊은 의식 속에 희망이 들어설 자리가 더 이상 없다는 것을 알고 있을 뿐이다.

레온 셰스토프에게서 느낄 수 있는 것은 아마 키에르케고르에게서는 훨씬 더 강렬하게 느낄 것이다. 물론 그렇게 사람을 회피하려는 저자에게서 분명한 명제들을 파악한다는 것은 어려운 일이다. 그러나 언뜻 보아 대립되는 글들임에도 불구하고, 필명, 유희 그리고 미소 너머로 우리는 그 작품 전체를 통하여, 마침내 마지막 작품들에서 폭발하는 진실의 예감(동시에 두려

21_ 헤겔(G. W. F. Hegel, 1770~1831)은 독일 관념론 철학을 완성시킨 근세의 형이상학자이다<역주>.

움) 같은 것이 나타나는 것을 느낀다. 다시 말하면 키에르케고르 또한 비약을 한다는 것이다. 어린 시절에 그토록 두려워했던 기독교였는데 그는 결국 그 기독교의 가장 엄격한 얼굴을 향해 되돌아간 것이다. 그에게 있어서도 역시 이율배반과 역설이 수도자의 기준이 된다. 따라서 그렇게 자신의 인생의 의미와 깊이에 대해 절망케 하였던 바로 그것이 지금은 그에게 진리와 빛을 준다. 기독교, 그것은 죄의 동기이며, 키에르케고르가 한결같이 요구하는 것은 이냐시오 데 로욜라[22]가 요구한 제3의 희생, 즉 신이 가장 기뻐하는 희생, 곧 '지성의 희생'[5]이다. '비약'의 이러한 결과는 이상한 것이지만 이제 더 이상 우리에겐 놀라울 것이 없을 것이다. 부조리가 단지 이쪽 세상의 경험의 찌꺼기라면, 비약은 이 부조리를 저쪽 세상의 기준으로 삼는다. 키에르케고르는 "신앙인은 자신의 실패 속에서 승리를 찾는다."라고 말하고 있다.

나로서는 이와 같은 태도가 어떤 감동적인 설교와 관련이 있는지를 자문할 필요는 없다. 나는 단지 부조리가 드러내 보이는 광경과 그 고유한 성격이 이런 태도를 정당화하는지 혹은 그렇지 않는지를 자문할 뿐이다. 이 점에 있어서 나는 그렇지 않다는 것을 알고 있다. 다시 한 번 부조리의 내용을 살펴보고 나니 키에르케고르에게 영감을 불러일으켜 준 그 방법이 더 잘 이해가 된다. 세계의 비합리와 부조리에 분개하는 향수 사이에서 그는 균형을 유지하지 못하고 있다. 그는 이 양자 사이의 관계를 존중하지 않지만, 엄밀하게 말하면 바로 이 관계가 부조리의 감정을 불러일으키는 것이다. 비합리에서 빠져나갈 수 없다는 것을 확신하면서도 그는 적어도 헛되고 가망이 없

22_ 이냐시오 데 로욜라(Ignatius de Loyola, 1491~1556)는 스페인 북부 바스크의 로욜라 성에서 태어난 수도사로 가톨릭 수도회인 예수회를 창립하였고, 1540년에는 예수회의 초대 총장에 선출되어 회원을 양성하고 회헌(會憲)을 만들었다(『두산백과』 참조)<역주>.

어 보이는 이 절망적인 향수에서는 빠져나갈 수 있다. 그러나 비록 이 점에 대한 그의 판단이 옳다고 할지라도 그의 부정(否定)에 있어서도 옳다고 할 수는 없을 것이다. 그가 그의 반항의 외침을 열광적인 지지로 바꾸어버린다면 그는 지금까지 그를 밝혀주었던 부조리를 무시하고 이제부터 그가 갖게 될 유일한 확신, 즉 비합리를 신격화하기에 이르게 되리라. 중요한 것은, 갈리아니 신부[23]가 데피네 부인[24]에게 말했듯이, 치유되는 것이 아니라 고통을 안고 살아가는 것이다. 키에르케고르는 치유되기를 원한다. 치유되는 것은 그의 광적인 소원이며 그의 『일기』 전편에 흐르고 있는 소원이다. 그가 지성(知性)을 다해 노력하는 것은 인간 조건의 이율배반에서 벗어나고자 하는 것이다. 그것은, 마치 신에 대한 두려움도 신앙심도 그에게 평화를 줄 수 없었던 것처럼, 가령 그가 노력에 대해서 말할 때 섬광과도 같이 그 헛됨이 깨달아질 만큼 더한층 절망적인 노력이다. 이렇게 하여 고통을 주는 책략을 통해 그는 비합리에 얼굴을, 그리고 그의 신에게는 부조리의 속성, 즉 불공정, 모순, 불가해성을 부여한다. 오직 지성만이 그의 내부에서 인간 마음의 깊은 욕구를 억누르려고 애쓴다. 아무것도 증명되지 않았기 때문에 모든 것은 증명될 수 있는 것이다.

키에르케고르 스스로가 자신이 꾸준히 걸어온 길을 우리에게 드러내 보여준다. 나는 여기에서 아무것도 암시하고 싶지 않다. 그러나 그의 작품들에서 부조리에 동의함으로써 얻어진 훼손과 함께 영혼이 자발적으로 훼

23_ 갈리아니(Ferdinando Galiani,1728~1787)는 이탈리아 나폴리 출신의 사제로서 경제학자였고 외교관으로 파리에 머물기도 했다<역주>.

24_ 데피네 부인(Mme d'Epinay, 1726~1783)은 18세기 프랑스를 대표하는 여성 문학가이다. 그녀의 작품으로 『몽브리양 부인 이야기 *Histoire de Madame de Montbrillant*』가 있다<역주>.

손되는 징조들도 엿보인다는 것을 어찌 부정할 수 있겠는가. 이것이 그의 「일기」에서 되풀이 되는 주제이다. "나에게 결여된 것은, 그것 또한 인간 운명의 일부분을 구성하고 있는 짐승의 속성이다...... 그러니 나에게도 육체를 다오." 그리고 좀 더 뒤로 가면, "오! 무엇보다도 내 젊은 시절 초기에, 단 6개월 만이라도 인간이 되는 시간이 내게 주어졌었더라면 좋았을 텐데. 나에게 실제로 결여된 것은 육체와 실존의 육체적 조건들이다." 그런데 다른 대목을 보면 이 사람은 수 세기를 통해서 부조리의 인간을 제외한 수많은 사람들의 마음을 고무해 온 위대한 희망의 외침을 자신의 것으로 삼고 있다. "그러나 기독교인에게 있어서 죽음은 전혀 모든 것의 끝이 아니며, 그것은 건강과 힘이 넘쳐흐르기조차 하는 삶이 우리에게 주는 희망보다도 더 많은 희망을 무한히 내포하고 있다." 죄로 이룬 화해도 여전히 화해에 속한다. 이 화해는 알다시피 희망을 그 반대인 죽음에서 이끌어내는 것을 아마도 허용해줄지도 모른다. 그러나 설사 공감이 생겨 이러한 태도로 마음이 기울어진다할지라도 정상을 벗어난 감정은 아무것도 정당화하지 못한다는 것을 말하지 않을 수 없다. 이것은 인간의 척도를 뛰어넘는 것이므로, 따라서 초인간적인 것이어야 한다고 사람들은 말한다. 그러나 이 '따라서'라는 말은 지나친 것이다. 여기에는 논리적인 확실성이 전혀 없다. 또한 실험적인 개연성도 전혀 없다. 내가 말할 수 있는 모든 것은 사실상 이것이 나의 척도를 초월한다는 것이다. 여기서 내가 부정을 이끌어내지는 않는다할지라도, 적어도 나는 이해 불가능한 것을 근거로 해서 아무것도 내세우고 싶지 않다. 나는 내가 알고 있는 것, 단지 그것만 가지고도 살 수 있는지 알고 싶다. 사람들은 또한 지성은 여기서 자신의 오만함을 버려야 하고 이성은 자신을 굽혀야 한다고 말한다. 그러나 비록 내가 이성의 한계를 인정하더라도 나는 그렇다고 해서 이성을 부정하지는 않는다. 나는 이성의 상대적인 능력을 인정한다. 나는 단지 지성이 명철한 상태를 유지할 수 있는 이 중간의 길을 고수하기를 원할 뿐이다. 바로 이 점이 지성의 오만함일지라도 나는 그것을 포기할 충분한 이유를 알지 못한다. 예를 들면, 절망은 하나의 사실이 아니라 하나의 상태, 곧 죄의 상태 그 자체라는 키에르케고르의 관점보다 더 심오한 것은 아무것도 없다. 왜냐하면 죄는 바로 신으로부터 멀어지게 하는 것이기 때문이다. 부조리, 그것은 의식적인 인간의 형이상학적인 상태이므로 신에게로 이르지 않는 것이다.[6] 내가 부조리란 신 없이 존재하는 죄라는 엄청난 말을 감히 입에 올린다면 아마도 이 개념은 밝혀질지도 모른다.

이러한 부조리의 상태, 그 안에서 사는 것이 중요하다. 나는 그것이 무엇에 기반을 두고 있는지 알고 있다. 이 정신과 이 세계는 서로 밀며 떠받치고 있어서 서로를 부둥켜안을 수 없는 상태이다. 나는 이 상태에서의 삶의 규범이 무엇인지 묻는다. 사람들이 나에게 제안하는 것은 그 기반을 무시하고 있으며, 고통스러운 대립의 항목들 중 하나를 부정하고 결국 나에게 기권할 것을 요구한다는 점이다. 나는 내가 나의 것으로 인정하는 조건이 어떤 결과를 가져오는지 자문해 본다. 나는 그 조건이 어둠과 무지를 함축하고 있다는 것을 알고 있다. 그런데 사람들은 이 무지가 모든 것을 설명하고 이 밤이 나의 빛이라고 단언한다. 그러나 여기에서는 내 의도에 부합하는 대답이 나오지 않고 있고 그 열광적인 서정 속에 역설이 감춰져 있다는 사실이 나에게 숨겨질 수는 없는 것이다. 따라서 방향을 바꾸어야만 한다. 키에르케고르는 이렇게 외치고 경고할 수 있다.

"만약 인간에게 영원한 의식이 없다면, 만약 모든 사물의 밑바닥에 있는 것이라고는 막연한 정념의 소용돌이 속에서 큰 것과 하찮은 것 등 모든 사물을 생성시키는 원시적이고 격렬한 힘뿐이라면, 만약 무엇으로도 채울 수 없는 바닥없는 공허함이 사물들 아래에 숨겨져 있다면, 도대체 삶이란 절망이 아니면 무엇이란 말인가?"

이 외침도 부조리의 인간을 멈추게 할 만한 것은 못된다. 진실한 것을 찾는 것이 바람직한 것을 찾는 것은 아니다. 만약 "삶이란 도대체 무엇이란 말인가?"라는 괴로운 질문에서 빠져나오기 위해서 당나귀처럼 환상의 장미를 먹고 살아가야 한다면, 그런 허구를 받아들이느니 차라리 부조리의 정신은 '절망'이라는 키에르케고르의 대답을 두려움 없이 선택할 것이다. 모든 것을 다 검토한 결과 말할 수 있는 것은, 단호한 정신은 항상 알아서 한다는 사실이다.

나는 여기서 내 마음대로 실존적 태도를 철학적 자살이라고 부르고자 한다. 그러나 이것이 어떤 판단을 함축하고 있는 것은 아니다. 이것은 한 사상이 스스로를 부정하고, 그런 자기 부정을 행함으로서 자신을 초월하고자 하는 움직임을 두드러지게 나타내는 편리한 방법이다. 실존주의자들에게 있어서 부정(否定)은 그들의 신이다. 정확히 말해서 이 신은 인간 이성의 부정을 통해서만 유지된다.[7] 그러나 자살과 마찬가지로 신들도 사람들에 따라 바뀐다. 비약을 하는 방법은 여러 가지가 있지만 핵심은 비약을 한다는 것이다. 이 구원의 부정, 그리고 아직 뛰어넘지 못한 장애물을 부정하는 이 최후의 모순들은 이성적인 차원에서만큼이나 어떤 종교적인 영감 속에서도 태어날 수 있다(역설이야말로 이 추론이 겨냥하고 있는 것이다). 이것들은 항상 영원한 것을 갈망한다. 오직 이 점에서만 그것들이 비약을 하고 있는 것이다.

우리가 다시 언급하지 않으면 안 되는 것은 이 시론이 전개하는 추론은 계명된 우리 시대에서 가장 널리 퍼져있는 정신적인 태도, 즉 모든 것이 이성이라는 원칙에 의거하여 세계를 설명하고자 하는 정신적 태도를 완전히 등한시하고 있다는 것이다. 세계는 명확한 것이어야 한다는 것이 받아들여질 때 그에 대한 명확한 관점을 제시하는 것은 당연하다. 이것은 정당하기조차 한 것이지만 우리가 여기에서 추구하는 추론과는 관련이 없다. 사실 이 추론의 목적은 정신의 발전 과정을 밝히는 것이다. 그것은 세계의 무의미성의 철학에서 출발하여 마침내 거기에서 어떤 의미와 깊이를 발견하기에 이른다. 이러한 발전 과정들 중에서 가장 비장한 것은 종교적인 본질에 속한다. 그것은 비합리라는 주제 속에 명확히 나타난다. 그러나 가장 역설적이고 가장 의미심장한 것은 처음에는 주도적 원리도 없다고 상상했던 세계에 종교적인 추리력을 부여하는 바로 그러한 정신의 발전 과정이다. 어쨌든 향수에 젖은 인간 정신이 새롭게 습득한 이 관념이 주어지지 않고서는 우리의 흥미를 불러일으키는 결론에 이를 수 없을 것이다.

나는 후설과 현상학자들에 의해서 유행된 '지향성'이라는 주제만을 검토할 것이다. 그것은 이미 앞에서 암시적으로 언급되었다. 원래 후설의 방법은 이성의 고전적인 전개방식을 부정한다. 다시 한 번 반복해보자. 사유한다는 것은 통합하는 것이 아니며 어떤 커다란 원리의 모습 아래 현상을 친숙하게 만드는 것도 아니다. 사유한다는 것은 보는 방법을 다시 배우는 것이고 자신의 의식을 이끌어가는 것이며 각각의 이미지를 특정한 장소가 되도록 하는 것이다. 달리 말하면, 현상학은 세계를 설명하는 것을 거부하며 단지 체험했던 것의 묘사나 기술이기를 원할 뿐이다. 현상학은 유일한 진리란 존재하지 않으며, 다만 여러 가지의 진리들이 있을 뿐이라는 초기의 주장에 있어서는 부조리의 사상과 아주 흡사하다. 저녁 바람에서부터 내 어깨 위에 놓인 이 손에 이르기까지 모든 것은 각기 그 자체의 진리를 가지고 있다. 오직 의식만이 진리에 주의를 기울임으로서 그 진리를 명확히 밝힌다. 의식은 그 인식의 대상을 형성하는 것이 아니라 단지 주시할 뿐이다. 의식은 주의를 기울이는 행위이며 베르그송의 비유를 빌리자면 의식은 단번에 한 이미지에 고정되는 영사기와 같은 것이다. 다른 점이 있다면, 의식에는 일정한 시나리오 없이 지속적이고 일관성 없는 삽화만이 있다는 것이다. 이 마술적인 환등 속에 모든 이미지들은 특권을 누린다. 의식은 자신이 주의를 기울이는 대상들을 경험 속에다 대기시켜 둔다. 의식은 기적과 같은 힘을 발휘하여 그 대상들을 분리해 낸다. 그때부터 대상들은 모든 판단의 밖에 있게 된다. 바로 이러한 '지향성'이 의식을 특징짓는 것이다. 그러나 이 말은 어떠한 목적성의 관념도 함축하지 않는다. 그것은 '방향성'의 의미로만 받아들여져 오직 지형학적 가치만을 지닐 뿐이다.

이렇듯 언뜻 보기에 부조리의 정신과 어긋나는 것은 아무것도 없는 것처럼 보인다. 대상을 설명하는 것을 거부한 채 다만 기술하는 것에 그치는 사유의 이 표면적인 겸손, 역설적으로 풍부하고 깊이 있는 경험이 생기게 하고 세계가 장황한 모습으로 부활하도록 하는 이 의도적인 규율, 바로 이것들이 부조리의 사유 방식이다. 적어도 언뜻 보기에는 그렇다는 것이다. 왜냐하면 다른 경우에서와 마찬가지로 이 경우에서도 사유의 방법은 항상 두 가지의 양상을 띠고 있기 때문이다. 그 하나는 심리학적 양상이고 다른 하나는 형이상학적 양상이다.[8] 따라서 그것들은 두 가지의 진리를 내포하고 있는 것이다. 만약 지향성이라는 주제가 현실을 설명하는 대신에 철저히 고찰하여야 하는 심리학적 태도만을 드러내기를 바란다면 사실 그것은 부조리의 정신과 분리될 수 있는 것이 전혀 아니다. 그것은 넘어설 수 없는 대상을 열거하는 것을 목표로 한다. 그것은 오직, 통일의 원리가 부재하는 가운데에도 사고는 경험의 모습을 하나하나 기술하고 이해하는 데에서 기쁨을 더 맛볼 수 있다고 주장할 뿐이다. 이때 이러한 경험의 모습들 하나하나에 대해서 문제가 되는 진리는 심리학적 영역에 속한다. 이 진리는 오직 현실이 드러내 보일 수 있는 '관심'을 입증할 뿐이다. 그것은 졸고 있는 세계를 깨워 이 세계가 정신에서 살아있게끔 만드는 하나의 방법이다. 그러나 만일 이 진리의 개념을 확장하고 그것을 합리적으로 정당화하기를 바란다면, 그리하여 각 인식 대상의 '본질'을 발견하겠다고 주장한다면 이는 곧 경험에 그 깊이를 회복시켜 놓게 된다. 부조리의 정신으로서는 이해할 수 없는 일이다. 그런데, 겸손과 확신 사이에서의 이러한 흔들림이야말로 지향적인 태도 속에서 느낄 수 있는 것이며 현상학적 사유의 이러한 유동적 번쩍거림은 무엇보다도 부조리한 추론을 한결 더 잘 밝혀줄 것이다.

왜냐하면 후설 또한 지향성이 드러내는 '초시간적 본질'에 대해서 말하고 있기 때문이다. 이는 마치 플라톤의 말을 듣고 있는 것 같은 느낌이 들게 한다. 모든 사물은 단 하나의 사물을 통해서 설명되는 것이 아니라 모든 사물을 통해서 설명된다는 것이다. 나는 여기서 그 차이를 알 수 없다. 물론 의식이 각 서술의 끝부분에서 '현실화하는' 그 관념들 혹은 그 본질들이 완전한 모델이기를 아직은 원하지 않는다. 그러나 사람들은 그 본질들이 지각의 모든 여건 속에 직접 현존한다고 주장한다. 이제 더 이상 모든 것을 다 설명해주는 단 하나의 관념은 존재하지 않지만, 무한한 수의 대상들에 하나의 의미를 부여하는 무한한 본질이 존재한다는 것이다. 세계는 움직임을 멈추지만 스스로를 밝힌다. 플라톤의 실재론은 직관적인 것이 되지만 그래도 여전히 실재론에 속한다. 키에르케고르는 그의 신 속으로 깊이 빠져들고 파르메니데스는 유일자 속으로 사유를 몰고 간다. 그러나 여기 후설의 경우, 사유는 어떤 추상적 다신교에 빠지고 있다. 뿐만 아니라 환각과 허구 또한 '초시간적 본질'의 일부를 이룬다는 것이다. 이 관념의 신세계 속에서는 반인반마(半人半馬)의 범주가 지하철 승객들이라는 보다 평범한 범주와 서로 협력하고 있다.

부조리의 인간에게 세계의 모습들은 어느 것이든 다 특권적이라는 순전히 심리학적인 이 견해 가운데에는 어떤 쓰라림과 동시에 하나의 진리가 있었다. 모든 것이 특권적이라는 것은 결국 모든 것이 평등하다는 말이 된다. 그러나 이 진리의 형이상학적 국면을 지나치게 극단적으로 믿은 나머지 후설은 단순한 반응에 의하여 아마도 자신이 플라톤에 더욱 가까워진 것으로 느끼는 것 같다. 사실 그는 모든 영상에는 똑같이 특권적인 본질이 전제되어 있다는 가르침을 받은 것이다. 계급이 없는 이 관념의 세계에서는 정규군은 오직 장군들만으로 구성되어 있다. 분명 초월성은 이미 제거되었다. 그러나 사고의 갑작스러운 전환으로 인하여 어떤 단편적 내재성이 세계 안에 재도입되고 이리하여 우주는 자신의 깊이를 다시 가지게 되는 것이다.

그 창조자들이 보다 신중하게 다루었던 주제를 내가 너무 멀리 이끌어간 것이 아닌가하고 두려워해야만 하는가? 나는 다음과 같은 후설의 단언을 읽을 뿐이다. 이 단언은 겉으로는 역설적으로 보이지만, 그 앞에 나온 말을 인정한다면 우리는 엄밀한 논리를 느끼게 된다.

"진실한 것은 그 자체로서 절대적으로 진실하다. 진리는 하나이며, 그것을 인지하는 존재가 인간, 괴물, 천사 또는 신 그 어떤 것이든 간에, 진리는 그것 자체와 동일하다."

이성은 이 말로써 승리의 나팔을 분다. 나는 그것을 부정할 수 없다. 부조리의 세계에서 그의 확언은 무엇을 의미할 수 있는 것일까? 천사 혹은 신의 지각이라는 것은 나에게 아무런 의미도 없다. 신성한 이성이 나의 이성을 공인해주는 이 기하학적인 장소는 나에게는 영원히 이해 불가능하다. 여기서도 다시 한 번, 나는 비약을 간파한다. 비록 추상 속에서 이루어진 것이긴 해도 그것은 나에게 있어서 단지 내가 잊지 않기를 원하는 바로 그 망각을 의미하는 것이다. 후설이 좀 더 뒤에서 "비록 인력의 지배를 받는 모든 물체들이 사라진다 할지라도 인력의 법칙은 파괴되지는 않을 것이며 그저 적용될 수 없는 상태로 남아있을 것이다"라고 외칠 때, 나는 어떤 위안의 형이상학 앞에 서 있다는 것을 안다. 그리하여 만약 내가 사고가 명증의 길에서 떨어져 나가는 전환점을 발견하기를 원한다면 그저 후설이 정신에 대해서 논한 다음과 같은 유사한 추론을 다시 읽기만 하면 된다.

"만약 우리들이 심적 과정의 정확한 법칙들을 분명하게 관찰할 수 있다면 그 법칙들도 똑같이 이론적 자연과학의 기본법칙들처럼 영원하고도 불변인 것으로 나타날 것이다. 따라서 비록 아무런 심적 과정이 없었다 할지라도 그 법칙들은 유효할 것이다."

설사 정신이 존재하지 않는다 하더라도 그 법칙들은 존재할 것이다! 따라서 나는 후설이 하나의 심리학적 진리를 가지고 합리적 법칙을 만들려 한다는 것을 깨닫는다. 즉 그는 인간 이성의 통합적 능력을 부정한 후에 그것을 핑계 삼아 영원한 이성 속으로 비약한다.

그렇게 되면 '구체적 우주'라는 후설의 주제도 나를 놀라게 할 수 없을 것이다. 모든 본질이 형식적이지는 않으며 물질적인 것에 속하는 것도 있다. 전자는 논리학의 대상이고 후자는 과학의 대상이라고 나에게 말하는 것은 한낱 정의의 문제일 뿐이다. 추상이라는 것은 어떤 구체적 보편의 비실제적인 한 부분만을 가리키는 것에 지나지 않는다고 단정된다. 그러나 이미 드러난 동요를 통해서 이 항목들의 혼동은 명료히 설명될 수 있게 된다. 왜냐하면 이것은, 내가 주목하는 구체적인 대상, 이 하늘, 이 망토의 늘어진 자락에 어리는 물의 반사 등, 그것들만으로도 나의 관심이 세계 안에서 분리해내는 현실의 위력을 간직하고 있다는 것을 의미할 수 있기 때문이다. 그러니 나는 이를 부정하지는 않을 것이다. 그러나 이것은 또한 이 외투 자체가 보편적인 것으로 특별하고도 충족된 본질을 가지고 있으면서 형상들의 세계에 속한다는 것을 의미할 수도 있다. 따라서 나는 단지 행렬의 순서만 바뀌었다는 것을 깨닫는다. 이 세계는 보다 높은 우주 속에 자신의 그림자를 더 이상 가질 수 없지만 형상들의 하늘은 이 지구의 수많은 이미지 무리들 가운데 스스로의 모습을 드러낸다. 이것이 나에게 달라지게 한 것은 아무것도 없다. 내가 여기서 재발견하는 것은 결코 구체적인 것에 대한 애착이나 인간 조건의 의미가 아니라 그 구체적인 것 차체를 일반화시키기 위한 상당히 자유분방한 주지주의일 뿐이다.

모욕을 당한 이성과 승리한 이성이라는 서로 대립된 길을 통하여 사유가 사유 그 자체를 부정하도록 하는 표면상의 역설에 대해서 쓸데없이 놀랄 것은 없다. 후설의 추상적인 신에서부터 키에르케고르의 섬광을 발하는 강렬한 신에 이르기까지 그 거리는 그다지 크지 않다. 이성과 비합리는 똑같은 가르침으로 통한다. 이는 사실상 가야할 길의 방향은 별로 중요하지 않으며 도달하고자 하는 의지만으로도 충분하기 때문이다. 추상적인 철학자와 종교적인 철학자는 동일한 혼란에서 출발하여 같은 고뇌 속에서 서로를 지탱해

주고 있다. 그러나 본질적인 것은 설명하는 데 있다. 여기에서 향수가 지식보다 더 강하다. 이 시대의 사유가 세계의 무의미성의 철학에 가장 깊이 젖어든 사유들 중의 하나임과 동시에 그 결론에 있어서 가장 분열된 사유들 중의 하나라는 것은 의미심장하다. 이 시대의 사유는 현실을 이성의 유형들로 세분화하도록 부추기는 극단적 합리화 작용과, 현실을 신격화하도록 부추기는 극단적인 비합리화 작용 사이에서 끊임 없이 흔들리고 있다. 그러나 이러한 반목은 표면적일 뿐이다. 문제는 서로 화해하는 것이며 이 두 경우에는 비약만으로 충분하다. 사람들은 항상 이성의 개념이 일방통행적인 것이라고 잘못 믿고 있다. 사실 이 개념은 그 의도에 있어서 아무리 엄격하다 할지라도 다른 개념들과 마찬가지로 유동적이다. 이성은 매우 인간적인 모습을 지니지만 또한 신성을 향해 돌아설 줄도 안다. 처음으로 이성을 영원의 풍토와 화해시킬 수 있었던 플로티노스[25] 이래로, 이성은 모순이라는 자신의 가장 소중한 원리에서 벗어나 참여라는 가장 기이하고도 완전히 마술적인 원리를 통합하는 것을 배웠던 것이다.⑨ 이성은 사유의 도구이지 사유 그 자체가 아니다. 한 인간의 사유란 무엇보다도 먼저 그 사람이 가진 향수인 것이다.

이성이 플로티노스적 우울증을 진정시킬 수 있었듯이 현대의 고뇌는 영원성이라는 친숙한 무대장치 속에서 평정을 되찾을 수 있는 수단을 제공한다. 부조리의 정신은 별로 행운이 없다. 그에게 있어서 세계는 그다지 합리적이지도 않으며 비합리적인 것도 아니다. 그것은 단지 이성이 결여된 것일 뿐이다. 후설에게 있어서 이성은 마침내 아무런 한계도 갖지 않기에 이른다. 그와 반대로 부조리는 자신의 한계를 정한다. 왜냐하면 이성은 부조

25_ 플로티노스(Plotinos, 205~270)는 유럽 고대 말기를 대표하는 그리스의 철학자이다. 후세에 그는 신플라톤주의자라 불렸다<역주>.

리의 고뇌를 진정시킬 힘이 없기 때문이다. 한편 키에르케고르는 단 하나의 한계만으로도 이성을 부정하기에 충분하다고 단언한다. 그러나 부조리는 그렇게 멀리까지 가지는 않는다. 부조리에 있어서 이 한계는 단지 이성의 야심들만을 겨냥한다. 실존주의자들이 생각하는 비합리의 주제는 정신이 혼란스러워져 스스로를 부정하면서 자유로워지는 이성이다. 부조리란 자신의 한계들을 직시하는 명석한 이성이다.

바로 이 험난한 길의 끝에서야 비로소 부조리의 인간은 자신의 참된 이성을 깨닫게 된다. 그의 마음속 깊은 요구와 그 때에 사람들이 그에게 제안하는 것을 비교함으로써 그는 돌연 자신이 방향을 바꾸리라는 것을 느낀다. 후설의 우주에서는 세계가 명확해져서 인간의 마음을 사로잡는 친숙함에 대한 갈망은 쓸데없는 것이 된다. 키에르케고르의 묵시록에 있어서 이 명석에 대한 욕구는 그 욕구가 포기되어야만 비로소 만족될 수 있다. 죄는 아는 것에 있는 것이 아니라(그렇다면 모든 사람은 무죄다) 오히려 알기를 원하는 데 있다. 바로 이것이야말로 부조리의 인간이 자신이 유죄임과 동시에 무죄임을 느끼게 하는 유일한 죄인 것이다. 사람들은 그에게 과거의 모든 모순들은 논쟁의 유희에 불과하다는 하나의 해결을 제시한다. 그러나 부조리의 인간은 그 모순들을 그런 식으로 느낀 것이 아니었다. 그 모순들은 결코 충족되지 않는 그것들 자체의 진리를 고수해야만 한다. 부조리의 인간은 설교 따위는 원하지 않는다.

나의 추론은 추론을 불러일으킨 자명함 자체에 충실하기를 원한다. 그 자명함, 그것은 바로 부조리이다. 부조리, 그것은 욕망하는 인간 정신과 실망만 안겨주는 세계 사이의 절연(絶緣), 통일성을 향한 나의 향수, 이 산만한 우주, 그리고 이것들을 묶어놓는 모순이다. 키에르케고르는 나의 향수를 말살해 버리고 후설은 이 우주를 한 덩어리로 다시 결집시킨다. 내가 기대하고 있었던 것은 그런 것이 아니었다. 문제는 이러한 분열과 더불어 살아가고 생각하는 데 있으며, 수용해야 할 것인가 아니면 거부해야 할 것인가를 알아내는 데 있다. 자명한 것을 은폐하거나 그 방정식의 구성 항목들 중 하나를 부정하면서 부조리 자체를 없애버리자는 것이 아니다. 우리가 부조리로 살아갈 수 있는지, 아니면 논리적으로 볼 때 부조리로 말미암아 우리가 죽을 수밖에 없는지를 알아야 한다. 나는 철학적 자살에는 관심이 없지만 그냥 자살 그 자체에는 관심이 있다. 나는 다만 자살에서 감정적인 내용을 덜어내고 그것의 논리와 그것의 정직성만을 알고 싶을 뿐이다. 다른 모든 태도는 부조리의 정신에 있어서는 속임수를 전제로 하고 정신이 명백히 드러내 보여주는 것 앞에서는 그 정신의 후퇴를 전제로 한다. 후설은 "이미 잘 알려져 있고 편리한 어떤 생존 조건 안에서 살고 생각하는 고질적인 습관"에서 벗어나려는 욕망에 복종하라고 말한다. 그러나 그는 최종 비약을 통해서 우리에게 영원과 안락을 되돌려준다. 그 비약은 키에르케고르가 원했던 것 같은 극단적인 위험을 보이지 않는다. 그와 반대로 그 위험은 비약하기 바로 전의 미묘한 순간에 있다. 현기증을 일으키는 이 모서리 위에서 스스로를 지탱할 줄 아는 것, 그것은 바로 성실성이다. 그 나머지는 교묘한 속임수일 뿐이다. 나는 또한 인간의 무력함이 키에르케고르의 경우만큼 감동적인 조화를 불러일으킨 적이 일찍이 없었다는 것을 안다. 그러나 그런 무력함이 역사의 무심한 풍경 속에 자리 잡고 있다할지라도 이제 무엇을 지향해야 하는지를 알고 있는 추론 속에서는 그것이 들어설 자리는 없을 것이다.

4. 부조리한 자유

이제 주된 논의는 다 되었다. 나는 나 자신과 떼어놓을 수 없는 몇 가지 자명한 사실을 쥐고 있다. 내가 알고 있는 것, 확실한 것, 내가 부정할 수 없는 것, 내가 버릴 수 없는 것, 바로 이것이 중요한 것이다. 불확실한 향수로 살아가고 있는 나의 이 부분을 모두 다 부정할 수 있어도 이 통일에의 욕구, 문제를 해결하려는 이러한 갈망, 명백함과 일관성으로 향한 이 요구는 그럴 수 없다. 나는 나를 둘러싸고 나에게 부딪쳐오거나 아니면 나를 강제로 다른 곳으로 이동시켜 버리는 이 세계 안에서 모든 것을 논박할 수 있어도 이 혼돈, 이 터무니없는 우연 그리고 무질서에서 생겨나는 이 흠잡을 데 없는 등가성만은 그럴 수 없다.

나는 이 세계가 자신을 능가하는 의미를 가지고 있는지 어떤지 알지 못한다. 그러나 나는 내가 이 의미를 알지 못하고 지금으로서는 내가 그 의미를 깨닫는다는 것이 불가능하다는 것을 안다. 나의 조건 밖에 있는 의미가 나에게 무슨 의미가 있겠는가? 나는 오직 인간의 언어로 표현된 것만을 이해할 수 있을 따름이다. 내가 만지는 것, 나에게 저항하는 것, 바로 이것이 내가 이해하는 것이다. 그리고 이 두 가지 확신, 즉 절대와 통일에 대한 갈망과 이 세계를 합리적이고 이성적인 하나의 원리로 환원시킬 수 없다는 환원불가능성, 나는 바로 이 두 가지를 타협시킬 수 없다는 것 또한 알고 있다. 거짓말을 하지 않고서야, 내가 가지고 있지도 않고 내 조건의 한계 안에서는 아무런 의미도 없는 희망을 개입시키지 않고서야, 어떻게 내가 다른 진실을 인정할 수 있겠는가?

만일 내가 여러 나무들 중에서 한 그루 나무라면, 여러 동물들 중에 한 마리의 고양이라면 이러한 삶에는 어떤 의미가 있을지도 모른다. 아니 보다 정확히 말해 이런 문제 자체가 전혀 의미를 갖지 않을 것이다. 왜냐하면 그 경우 나는 이 세계의 일부분이 될 것이기 때문이다. 나는 내 모든 의식과 내 모든 친밀감의 요구를 통해서 내가 지금 맞서고 있는 이 세계와 한 덩어리가 되어버릴 테니까 말이다. 이토록 보잘 것 없는 이 이성, 바로 이것이 나를 모든 창조물과 대립시켜 놓는 것이다. 나는 펜으로 선을 긋는 것처럼 단번에 이성을 부정할 수 없다. 그러므로 내가 진실이라고 믿는 것, 나는 그것을 견지해야만 한다. 나에게 이토록 분명해 보이는 것이라면 그것이 비록 내게 적대되는 것일지라도 나는 그것을 받아들여 지탱해야 한다. 그런데 이 세계와 내 정신 사이의 갈등과 알력의 근본을 이루는 것은 내가 그것에 대해 가지고 있는 의식이 아니라면 무엇이겠는가? 그러므로 만약 내가 그것을 견지하기를 원한다면 그것은 항상 새로워지고 항상 긴장을 유지하는 항구적인 의식을 통해서만 가능하다. 지금으로서는 바로 이 점을 내가 잊지 않아야 할 것이다. 이 순간에 이토록 분명하고 이토록 정복하기 어려운 부조리는 한 인간의 삶속으로 되돌아와 자신의 고향을 되찾게 된다. 또한 이 순간에 정신은 명석한 노력의 무미건조하고도 메마른 길에서 벗어날 수 있다. 그 길은 이제 일상의 삶 속으로 방향을 튼다. 그 길은 이름 없는 '군중'의 세계와 합류하지만 인간은 이제부터 그의 반항과 함께 혜안(慧眼)을 간직한 채 그곳으로 되돌아간다. 그는 이제 희망을 갖는 법을 잊어버린 것이다. 현재라는 이 지옥, 결국 이것이 그의 왕국이다. 모든 문제들은 다시 그들의 칼날을 세운다. 추상적인 자명함은 형태와 색채의 서정(抒情) 앞에서 뒤로 물러난다. 정신적인 갈등은 구체화되고 인간의 마음이라는 비참하면서도 너그러운 피난처를 되찾는다. 아무것도 해결된 것은 없다. 그러나 모든 것은 변모되었다. 이제 죽으려고 하는 것인가? 비약을 통해서 벗어나려 하는 것인가? 아니면 자기에게 맞는 관념과 형상의 집을 다시 지으려는 것인가? 그렇지 않고 반대로 부조리의 비통하고도 경이로운 내기를 계속 지탱하려는 것인가? 이 점에 관해서 마지막으로 한번 노력을 기울여 가능한 우리의 모든 결론을 이끌어내 보자. 그러면 육체, 사랑, 창조, 행동, 인간의 고귀함은 이 무분별한 세계 안에서 자기들의 자리를 다시 찾을 것이다. 마침내 인간은 거기에서 부조리라는 포도주와 무관심이라는 빵을 되찾을 것이고 그것으로써 자신의 위대함을 키워갈 것이다.

다시 한 번 방법의 문제를 강조하기로 하자. 그것은 고집스럽게 버티는 일이다. 부조리의 인간은 자신이 가고 있는 여정의 어느 지점에선가 유혹을 받게 된다. 역사 속에는 종교도 예언자도 얼마든지 있으며, 심지어는 신 없는 종교나 예언자도 있다. 그리하여 부조리의 인간에게 비약할 것을 요구한다. 그가 대답할 수 있는 모든 것은 잘 이해하지 못한다는 것, 그런 이해가 분명치 않다는 것뿐이다. 그는 단지 그가 잘 이해하는 것만을 행하기를 원한다. 사람들은 그가 오만의 죄를 짓고 있다고 단언하지만 그는 죄의 개념을 잘 이해하지 못한다. 그가 가는 길의 끝에는 아마도 지옥이 있을 것이라고 단언하지만 그는 이 이상한 미래를 마음속에 그려볼 만한 상상력이 없다. 그러다가 불멸의 삶을 잃어버린다고 단언하지만 그에게는 그런 것이 하찮게 보일 뿐이다. 사람들은 그가 자신의 죄를 깨닫게 되기를 바랄지도 모른다. 그러나 그는 자신이 무죄라고 느낀다. 사실, 그는 그것만을, 즉 돌이킬 수 없는 자신의 무죄만을 느낀다. 바로 이 무죄가 그에게 모든 것을 허용하고 있다. 이처럼 그가 자기 자신에게 요구하는 것은 '오로지' 그가 아는 것만 가지고 살고, 존재하는 것에 만족하고, 확실하지 않는 것이라면 아무것도 개입시키지 않는 것이다. 사람들은 그에게 확실한 것은 아무것도 없다고 응수한다. 그러나 최소한 이것은 확실한 것이다. 그가 상대하는 것은 바로 확실성 그 자체이다. 즉 그는 구원을 말하지 않고 살아간다는 것이 가능한지 어떤지를 알고 싶은 것이다.

나는 이제 자살의 개념을 다룰 수 있다. 우리는 이미 이 문제에 어떤 해결책을 제시할 수 있을 것인지를 예감했다. 이 점에 있어서 문제가 역전되었다. 앞에서는 인생이 살만한 의미를 가져야 하는지를 알아보는 것이 중요했다. 그런데 여기서는 반대로 인생이 의미가 없으면 없을수록 이 인생을 더 잘 살아갈 것처럼 보인다. 어떤 경험, 어떤 운명을 산다는 것은 그것을 온전히 받아들이는 것이다. 그런데 이 운명이 부조리하다는 것을 알면서도 의식을 통해 드러난 이 부조리를 자기 앞에 유지하기 위하여 모든 것을 하지 않는다면 이 부조리한 운명을 살아가는 것이 아닐 것이다. 부조리는 대립에 의해서 존재하는 것인데 그 대립의 항목들 중 어느 하나를 부정하는 것은 곧 부조리를 기피하는 일이 된다. 의식적인 반항을 없애버리는 것, 그것은 문제 자체를 교묘하게 피하는 것이다. 이처럼 항구적인 혁명이라는 주제는 개인의 경험 속으로 옮겨진다. 산다는 것은 곧 부조리를 살게 한다는 것이다. 부조리를 살게 하는 것, 이것은 무엇보다도 부조리를 지켜보는 것이다. 에우리디케[26]의 경우와는 반대로, 부조리는 오로지 우리가 그것에서 시선

26_ 에우리디케(Eurydike)는 그리스 신화에 등장하는 오르페우스의 아내이다. 죽은 아내를 구하려는 오르페우스에게 저승의 신 하데스는 지옥의 세계를 벗어나 빛의 땅으로 가기 전에는 절대 그녀를 향해 뒤돌아보지 말라는 조건으로 데려가도록 허락한다. 아내가 잘 따라오는지 궁금해지고 미칠 지경이었던 오르페우스는 세상으로 첫발을 내딛는 순간 '이젠 되었구나!'하며 뒤를 돌아보았고, 그 순간 어둠의 세계에서 마지막 발을 내밀던 에우리디케 앞에서 갑자기 지옥문이 닫히기 시작하고 에우

을 딴 데로 돌릴 때는 죽어버리는 것이다. 따라서 유일하게 일관성이 있는 철학적 태도들 중의 하나는 반항이다. 반항은 인간과 그 자신의 어둠과의 끊임없는 대결이다. 반항은 어떤 불가능한 투명성에 대한 요구이다. 반항은 순간순간마다 세계를 문제 삼는다. 위험이 인간에게 반항을 이해할 둘도 없이 소중한 기회를 제공하듯이, 형이상학적 반항은 경험의 전반에 의식을 펼쳐놓는다. 반항은 인간이 자기 자신에게 끊임없이 현존함을 뜻한다. 반항은 갈망이 아니다. 반항에는 희망이 없다. 반항은 짓눌러오는 운명의 확인일 뿐이지 운명과 함께 해야 할 체념이 아니다.

바로 여기서 우리는 부조리의 경험이 어떤 점에서 자살과 거리가 먼가를 알 수 있게 된다. 자살은 반항에 뒤이어 오는 것이라고 믿을 수도 있다. 그러나 그것은 잘못이다. 왜냐하면 자살은 반항의 논리적 귀결을 나타내는 것이 아니기 때문이다. 자살은 부조리에 대한 동의를 전제로 하므로 반항과는 정반대가 되는 것이다. 자살은 비약과 마찬가지로 최극단에서의 수용이다. 모든 것이 소진되고 인간은 그 본질의 역사 속으로 되돌아간다. 자신의 미래, 자신의 하나뿐인 가공할 미래를 인지하고는 그 곳으로 돌진하는 것이다. 자살은 그것 나름의 방식으로 부조리를 해소해 버린다. 자살은 부조리를 바로 죽음 속으로 끌고 들어간다. 그러나 나는 부조리가 유지되기 위해서는 부조리 자체가 해소돼 버려서는 안 된다는 것을 알고 있다. 부조리는 죽음에 대한 의식인 동시에 죽음의 거부라는 점에서 자살에서 벗어난다. 부조리는 사형수의 마지막 생각이 극한점에 이르렀을 때, 현기증 나는 추락의 일보 직전 몇 미터 거리에서 어쩔 수 없이 바라보게 되는 저 한 가닥의 구두끈이다.

리디케는 원망어린 눈빛과 목소리만 남기고 어둠 속으로 사라지고 만다<역주>.

자살자의 반대, 그것은 바로 사형수이다.

반항은 삶에 가치를 부여한다. 한 존재의 전체 삶에 걸쳐 펼쳐져 있는 반항은 그 삶의 위대함을 회복시켜 준다. 편견이 없는 인간에게 있어서, 인간 자신을 능가하는 현실과 실랑이를 벌이고 있는 지성의 광경보다 더 아름다운 광경은 없다. 인간이 오만을 부리는 그 광경은 그 무엇과도 비할 데가 없다. 어떠한 평가절하도 그것에는 아무런 영향을 끼치지 못할 것이다. 정신이 스스로에게 부과하는 이 규율, 철저히 단련된 이 의지, 그리고 이 정면 대결에는 무엇인가 강력하고 독특한 것이 있다. 현실의 비인간적인 면 때문에 바로 인간이 위대하게 되는데, 이 현실을 피폐하게 하는 것은 곧 인간 자신을 피폐하게 하는 것이 된다. 그래서 나는 왜 나에게 모든 것을 설명해 주는 학설들이 동시에 나를 약화시키는지를 이해하게 된다. 이 학설들은 내 고유한 삶의 무게를 덜어주지만 나는 그 짐을 혼자서 짊어지고 가야만 한다. 이 지점에서 나는 회의적 형이상학이 포기라는 도덕과 손을 잡으려 하는 것을 도저히 이해할 수 없게 된다.

의식과 반항, 이 두 거부는 포기와는 정반대이다. 인간의 마음속에 있는 환원 불가능하고도 정열적인 모든 것은 그의 삶에 맞서서 이들 거부를 부추긴다. 문제는 화해하지 않고 죽는 것이지, 기꺼이 스스로 죽는 것은 문제가 아니다. 자살은 무지이다. 부조리의 인간은 모든 것을 다 소진할 수밖에 없고 스스로 소진될 수밖에 없다. 부조리는 인간의 최극단의 긴장이며 고독한 노력으로 한결같이 지탱하는 긴장이다. 왜냐하면, 그는 그날그날의 의식과 반항 가운데에서 자신이 도전이라는 유일한 진리를 증언하고 있다는 것을 알기 때문이다. 이것이 첫 번째 귀결이다.

만일 내가 하나의 발견된 개념으로부터 이르게 되는 모든 결과를(그리고 오직 이 결과만을) 남김없이 이끌어낸다는 일관된 입장을 견지한다면, 나는 제2의 역설에 직면하게 된다. 이 방법에 충실하기 위해서 나는 형이상학적 자유의 문제에는 아무런 관심도 가지지 않는다. 인간이 자유로운 존재인가 아닌가를 아는 것은 나에게는 관심이 없다. 나는 나의 고유한 자유만을 경험할 수 있을 뿐이다. 이 자유에 대하여 내가 가질 수 있는 것은 일반적인 개념이 아니라 몇몇 분명한 개요들이다. '자유 그 자체'의 문제는 의미가 없다. 왜냐하면 이것은 전혀 다른 방식으로 신의 문제와 결부되기 때문이다. 인간이 자유로운지 아닌지를 알기 위해서는 인간이 주인을 가질 수 있는가를 알아야 한다. 이 문제에 있어서의 특이한 불합리성은 자유의 문제를 가능하게 하는 개념자체가 동시에 이 문제에서 모든 의미를 앗아가 버린다는 점에 있다. 왜냐하면 신 앞에서는 자유의 문제보다 악의 문제가 더 크기 때문이다. 우리는 다음과 같은 양자택일의 경우를 알고 있다. 즉 우리에게는 자유가 없고 전지전능한 신이 악에 대하여 책임을 진다. 그것이 아니라면 우리에게는 자유와 책임이 있고 신은 전지전능하지 않다. 모든 학파의 미묘한 말로도 이 역설의 칼날에 무언가를 더하지도 빼지도 못했던 것이다.

그래서 나는 내 개인적인 경험의 범위를 넘어서는 바로 그 순간부터 나에게서 빠져나가고 그 의미를 잃어버리는 개념을 찬미하거나 단순히 정의하는 일에 헤맬 수는 없는 것이다. 나는 어떤 우월한 존재에 의해서 나에게 주어질 수 있는 자유가 어떤 것인지를 이해할 수 없다. 나는 위계의 감각을 상실했다. 내가 자유에 대해서 가질 수 있는 것은 죄수의 개념이나 혹은 국가 안에서의 근대적 개인의 개념뿐이다. 내가 알고 있는 유일한 자유는 정신과 행동의 자유이다. 그런데 부조리가 영원한 자유를 얻기 위한 나의 모든 기회를 말살하는 것이라면, 그것은 반대로 행동의 자유를 나에게 되돌려주며 고양시켜 준다. 희망과 미래를 박탈당했다는 것은 곧 인간의 행동 가능성이 되레 증대됨을 의미한다.

부조리를 알게 되기 전에 일상적인 인간은 목적을 가지고 살며 미래나 혹은 정당화(누구에 대해서 혹은 무엇에 대해서는 중요하지 않다)에 대한 걱정을 가지고 살아간다. 그는 자신의 운수를 가늠해 보며 장래에 대해서, 자신의 은퇴 후나 자식들의 일에 대해서 기대를 건다. 아직도 그는 자신의 삶 속에서 무엇인가를 이끌어갈 수 있다고 믿는다. 실제로 그는 마치 자기가 자유로운 존재인 것처럼 행동한다. 이 자유라는 것이 모든 사실을 통해서 지극히 당연하게 부인되는데도 말이다. 부조리를 만나고 난 후에는 모든 것이 흔들린다. '나는 존재한다'는 이 생각, 마치 모든 것이 의미를 가지고 있는 것 같이 행동하는 나의 태도(필요할 경우 의미 있는 것은 아무것도 없다고 말하기는 하지만), 이 모든 것은 생각할 수 있는 죽음의 부조리성에 의해서 현기증이 나리만큼 부정되어 버린다. 내일을 생각하는 것, 목표를 정하는 것, 선호하는 것을 갖는 것 등 이런 모든 것은, 비록 자유가 느껴지지 않는다고 때때로 확인될지라도 자유에 대한 믿음을 전제로 한다. 그러나 부조리와 맞닥뜨린 지금 이 우월적 자유, 즉 어떤 진리의 근거를 유일하게 제공할 수 있는 이 '존재'의 자유가 존재하지 않는다는 사실을 나는 잘 안다. 죽음은 여기, 유일한 현실로서 존재한다. 죽음 후에는 내기는 이미 끝난 것이다. 나는 내 자신을 영속시킬 수 있는 자유가 더 이상 없는 노예이다. 무엇보다도 나는 영구적인 혁명의 희망도, 경멸에 호소할 길도 없는 노예다. 그런데 혁명도 경멸도 없이 그 누가 노예의 상태로 머물 수 있겠는가? 영원에 대한 확신도 없이 어떤 자유가 절대적인 의미로 존재할 수 있겠는가?

그러나 이와 동시에 부조리의 인간은 지금까지 자유롭다는 가정에 얽매인 채 그 환상으로 여태껏 살아왔다는 것을 깨닫는다. 어떤 의미에서 이것은 그에게 족쇄를 채우는 것이었다. 자기 인생에 대한 어떤 목표를 상상하고 그에 따라 그는 도달해야 할 목표의 요구에 순응했다. 그리하여 그는 스스로 자유의 노예가 되었다. 이렇게, 나는 내가 되고자 스스로 준비한 가족의 아버지(혹은 기술자, 혹은 민족의 지도자, 혹은 우체국의 임시직하급직원)로서밖에는 달리 행동할 수 없을 것이다. 나는 다른 것이 되는 것보다 차라리 이것이 되겠다는 것을 선택할 수 있다고 믿는다. 내가 무의식적으로 그렇게 믿고 있는 것은 사실이다. 그러나 그와 동시에 나는 내 주변 사람들의 믿음과 나를 둘러싼 사회적 환경의 편견에 의해서(다른 사람들도 자유롭다는 것을 저렇게 확신하고 있고, 그런 기분 좋은 확신은 대단히 전염력이 강한 것이다!) 내 가정을 지탱해가고 있는 것이다. 우리가 모든 도덕적, 사회적 편견에서 아무리 멀리 떨어져 있다할지라도, 우리는 부분적으로 그 편견을 어쩔 수 없이 따르며, 게다가 그것들 중의 최상의 것들일 경우(좋은 편견도 있고 나쁜 편견도 있다), 우리는 그 편견에 우리의 삶을 맞춘다. 그렇기 때문에 부조리의 인간은 자신이 실제로 자유롭지 않았다는 것을 깨닫는다. 분명히 말하자면, 내가 희망을 가짐에 따라, 나 자신만의 진리가 존재하고 창조하는 방식에 대해 우려함에 따라, 그리고 끝으로 나의 삶에 질서를 부여하고 그렇게 함으로써 삶에 의미가 있다는 것을 시인하고 입증함으로써, 나는 나 스스로에게 온갖 울타리를 만들어 그 속에 나의 삶을 가두게 되는 것이다. 나는 나에게 오로지 혐오감만 불러일으키는 저 수많은 정신과 마음의 관료들처럼 행동하고 있다. 이제야 알게 된 사실이지만 그들은 오로지 인간의 자유만을 중대하게 받아들이고 있을 뿐인 것이다.

이 점에 대해서 부조리가 나에게 분명하게 보여주는 것은 내일은 존재하지 않는다는 사실이다. 이제부터 나의 완전한 자유의 존재 이유는 바로 여기에 있는 것이다. 나는 여기서 두 가지 비교를 들어보고자 한다. 먼저 신비주의자들은 자신들에게 부여할 자유를 발견한다. 자신들의 신 속으로 몰입하고 신의 규율에 동의함으로써 그들 역시 마음속으로 자유로워진다. 그들이 심오한 자주성을 되찾게 되는 것은 자발적으로 동의한 노예상태 가운데에서이다. 그러나 그런 자유가 무슨 의미가 있는 것일까? 그들은 자기 스스로에 대해 자유롭다고 '느끼는' 것일 뿐, 실제로는 자유롭다기보다는 오히려 해방감을 느끼는 것이라고 우리는 말할 수 있다. 이와 마찬가지로 완전히 죽음(여기서 죽음은 가장 명백한 부조리로 간주된다)만을 주목하다보니 부조리의 인간은 자신의 내면에서 결정(結晶)된 이 열정적인 관심 이외의 모든 것으로부터 해방된 것을 느낀다. 그는 일상적인 규칙들에서 벗어나 자유를 맛본다. 여기서 우리는 실존철학의 출발점이 되는 주제들이 모두 그들의 가치를 지니고 있음을 알게 된다. 의식으로의 복귀, 일상적인 삶의 졸음으로부터의 탈출은 부조리한 자유의 첫걸음을 보여준다. 그러나 이때 겨냥된 것은 실존적 '설교'이며, 이 설교와 더불어 사실상 의식에서 벗어나는 정신적 비약인 것이다. 마찬가지로(이것이 나의 두 번째 비교다), 고대의 노예들은 자유롭지 못했다. 그러나 그들은 조금도 책임감[10]을 느끼지 않는 그러한 자유를 맛보았던 것이다. 죽음 또한 억압하면서도 풀어주기도 하는 고대 로마 특권귀족과 같은 손을 가지고 있다.

밑바닥 없는 이 확실성 속으로 빠져든다는 것, 이제부터는 자기 자신의 삶에 대해서 충분히 이방인임을 느낌으로써 그 삶을 성장시키고, 연인들의 근시안을 갖지 않고 그 삶을 두루 편력하는 것, 여기에 해방의 원리가 있다. 이 새로운 독립은 모든 행동의 자유와 마찬가지로 시한부이다. 이것은 영원

앞으로 수표를 발행하지 않는다. 그러나 이 독립은 죽음에서 모두 끝이 나는 '자유'라는 온갖 환상을 대신한다. 어느 이른 새벽 자신 앞에 감옥의 문이 열릴 때 끌려나온 사형수가 맛보는 형언할 수 없는 자유로움, 삶의 순수한 불꽃 이외의 모든 것에 대한 이 믿을 수 없는 무관심, 죽음 그리고 부조리야말로 합리적인 유일한 자유의 원리, 즉 인간의 마음이 경험할 수 있고 맛볼 수 있는 자유의 원리임을 우리는 여기서 분명히 느낄 수 있다. 이것이 두 번째 귀결이다. 부조리의 인간은 이렇게 불처럼 뜨거우면서도 얼음처럼 차갑기도 한 세계, 투명하면서도 제한된 세계, 아무것도 가능하지 않지만 모든 것이 주어진 세계, 이를 넘어서면 붕괴와 허무뿐인 그런 세계를 엿보는 것이다. 그래서 그는 이런 세계에 사는 것을 받아들이고, 그 세계에서 자신의 힘을, 희망하는 것에 대한 자신의 거부를, 그리고 위로가 없는 삶의 고집스러운 증언을 이끌어낼 결심을 할 수 있을 것이다.

그러나 그러한 세계에서의 삶이란 무엇을 의미할까? 지금으로서는 미래에 대한 무관심과 주어진 모든 것을 소진하겠다는 열정 이외에는 아무것도 아니다. 삶의 의미에 대한 믿음은 항상 가치 척도와 선택, 그리고 우리의 기호(嗜好)를 전제로 한다. 우리의 정의에 따르면 부조리에 대한 믿음은 그와 반대되는 것을 가르친다. 그러나 이 문제는 여기서 잠시 검토해 볼 필요가 있다.

구원을 호소하지 않고 살아갈 수 있는가를 알아보는 것, 이것이 나의 주된 관심이다. 나는 결코 이 영역을 벗어나고 싶지 않다. 나에게 주어진 삶의 이런 모습, 나는 그 모습에 적응할 수 있을까? 그런데, 이런 특별한 불안 앞에서 부조리를 믿는다는 것은 결국 경험의 질을 양으로 바꾸어 놓는 것을 의미한다. 만약 내가 이 삶에는 부조리의 모습 이외에 다른 모습은 없다는 것을 믿는다면, 만약 모든 삶의 균형이 나의 의식적인 반항과 삶이 몸부림치는 어둠 사이의 영원한 대립에 기인하는 것이라는 것을 깨닫는다면, 또 만약 나의 자유는 한정된 운명과의 관계에 의해서만 의미를 갖는다는 것을 인정한다면, 그때 나는, 중요한 것은 가장 잘 사는 것이 아니라 가장 오래 사는 것이라고 말하지 않으면 안 된다. 나는 그것이 천박한 일인지 아니면 구역질나게 하는 일인지, 우아한 일인지 아니면 유감스러운 일인지를 스스로 자문할 필요도 없다. 이번만은 가치의 판단이 사실의 판단을 위하여 여기서 배제된다. 나는 오로지 내가 볼 수 있는 것에서 결론을 끌어내야 하고 가설일 수 있는 것은 어떤 것도 함부로 내세우지 말아야 한다. 이렇게 사는 것이 정직하지 않다고 가정한다면 그러면 진정한 정직이 나에게 부정직하도록 명하게 될 것이다.

가장 오래 사는 것, 넓은 의미에서 이런 삶의 규칙은 아무런 의미도 없다. 따라서 이 규칙을 명확하게 규정해야 한다. 우선 사람들은 이 양의 개념을 충분히 연구하지 않은 것 같다. 왜냐하면, 이 개념은 인간 경험의 광범위한 부분을 설명할 수 있기 때문이다. 한 인간의 도덕과 가치의 척도는 그가 축적할 수 있었던 경험의 양과 다양성에 의해서만 의미를 갖는다. 그런데 현대적 삶의 조건들은 대다수의 사람들에게 동일한 양의 경험을, 따라서 동일한 깊이의 경험을 강요한다. 물론, 개인의 자발적인 기여, 즉 개인에게 '주어진' 것 또한 분명히 고려해야만 한다. 그러나 나는 이것에 대해 판단을 내릴 수가 없으며, 한 번 더 말하자면 나의 규칙은 여기서도 직접적으로 명증성을 갖는 것만을 다루자는 것이다. 그래서 나는 공공 도덕의 고유한 특성은 그것에 생명력을 불어넣는 제 원칙의 관념적 중요성에 있다기보다 오히려 측정 가능한 경험의 규범 가운데에 있다는 것을 알게 된다. 이야기를 약간 과장한다면, 우리가 오늘날 여덟 시간 노동의 도덕을 가지고 있는 것처럼 그리스인들은 그들만의 여가 생활의 도덕을 가지고 있었다. 그러나 이미 많은 사람들이, 그것도 가장 비극적인 사람들이 보여준 보다 오랫동안의 경험을 통해서 볼 때 삶에 대한 가치의 도표가 변했다는 사실을 우리들은 예감하게 된다. 그들은 우리에게, 단순한 경험의 양으로 모든 기록을 깨뜨리고(나는 일부러 이 스포츠 용어를 사용한다) 그럼으로써 자신의 고유한 도덕성을 얻게 되는 이 일상의 모험가를 상상하게 해준다.[11] 그러나 낭만주의와는 거리를 두기로 하고, 다만 자신의 내기를 받아들이고, 놀이의 규칙이라고 생각하는 것을 엄격히 지킬 것을 결심한 인간에게 있어서 이러한 태도가 무엇을 의미할 수 있는가를 생각해보자.

모든 기록을 깨뜨리는 것, 그것은 무엇보다도 먼저, 그리고 오로지 가능한 한 자주 세계와 맞닥뜨린다는 것이다. 이것이 어떻게 모순되지 않고, 말장난 없이 이루어질 수 있겠는가? 왜냐하면 부조리는 한편으로 모든 경험은 차이가 없다고 가르쳐주면서, 다른 한편으로는 가장 많은 양의 경험을 하도록 밀어붙이기 때문이다. 그렇다면 어떻게 내가 위에서 언급했던 그 많은 사람처럼 행동하지 않을 수 있겠으며, 우리에게 이 인간적인 소재를 가능한 한 많이 가져다주는 삶의 형태를 선택하지 않을 수 있겠으며, 이를 통해서 다른 한편으로 우리가 배척하기를 바라는 가치의 척도를 도입하지 않을 수 있겠는가?

그러나 우리를 가르치는 것은 여전히 부조리와 이 부조리의 모순된 삶이다. 왜냐하면 이 경험의 양이라는 것이 오로지 우리 자신에게 달려있음에도 불구하고 우리 삶의 환경에 달려있다고 생각하는 데서 잘못이 생기기 때문이다. 여기에서는 단순하게 생각해야 한다. 똑같은 햇수를 살아가는 두 사람에게 세계는 항상 동일한 양의 경험을 제공한다. 이것을 의식하는 것은 우리들의 일이다. 자신의 삶, 반항 그리고 자유를 느낀다는 것, 그리고 가능한 한 가장 많이 느낀다는 것, 이것은 곧 살아가는 것이고, 가능한 한 가장 많이 살아가는 것이다. 생각의 통찰력이 지배하는 곳에서는 가치의 척도는 소용이 없어진다. 다시 한 번 더 단순해지자. 유일한 장애, 유일하게 '놓쳐버린 이익'은 너무 이른 죽음으로 이루어지는 것이라고 말하자. 여기에서 암시된 세계는 죽음이라는 변함없는 예외와의 대립에 의해서만 존속할 뿐이다. 그러기에 그 어떤 심오함도, 그 어떤 감동도, 그 어떤 정열도 그리고 그 어떤 희생도 부조리의 인간에게는(비록 그가 그것을 원한다할지라도) 40년간의 의식적인 삶과 60년에 걸쳐 펼쳐진 생각의 통찰력을 동등한 것으로 보이게 할 수는 없을 것이다.[12] 광기와 죽음은 부조리의 인간에게는 돌이킬 수 없는 몫이다. 인간은 선택하지 않는다. 따라서 부조리와 부조리가 내포하는 '덤으로서의' 삶은 인간의 의지에 달려있는 것이 아니라 죽음이라는 의지의 반대에 달려있다.[13] 신중히 해야 할 말이지만 이는 오로지 운의 문제이다. 운을 받아들일 줄 알아야 한다. 20년의 삶과 경험은 두 번 다시 대체될 수 없는 것이다.

그리스인들은, 그렇게도 깨어있는 민족치고는 이상한 모순이지만, 젊은 날에 죽는 사람들은 신의 사랑을 받은 것이라고 주장한다. 그러나 그러한 생각은, 사람들이 신들의 보잘것없는 세계 속으로 들어가는 것은 곧 이 이승의 땅에서 느끼고 또 느끼는 가장 순수한 기쁨을 영원히 잃어버리게 되는 것임을 인정할 때만이 옳을 뿐이다. 끊임없이 의식적인 영혼 앞에 전개되는 현재와 현재들의 연속, 이것이 바로 부조리 인간의 이상이다. 그러나 이때 이상이라는 말은 오해의 소지가 있다. 사실 그것은 부조리한 인간의 사명도 아니며 단지 그의 추론의 세 번째 귀결일 뿐이다. 부조리에 대한 성찰은 비인간적인 것을 매우 불안해하는 의식에서 출발해서 그 여정의 끝에서는 인간적 반항이라는 열정적인 불꽃의 바로 한가운데로 되돌아오는 것이다.[14]

이렇게 나는 부조리에서 나의 반항, 나의 자유, 그리고 나의 열정이라는 세 가지 귀결을 이끌어낸다. 오직 의식의 활동에 의해서 나는 죽음으로의 초대였던 것을 삶의 법칙으로 바꾸어 놓는다. 그래서 나는 자살을 거부한다. 나는 분명 살아가는 나날 내내 이어져 흐르는 은밀한 울림을 알고 있다. 그러나 내가 할 말은 한 마디 뿐, 그것은 이 울림이 필요하다는 것이다. 니체는 다음과 같이 쓰고 있다.

"하늘에서도 땅에서도 가장 중요한 것은 오랫동안 같은 방향으로 '복종하는' 일이라는 것이 분명해 보인다. 결국 그것으로부터 예를 들면 미덕, 예술, 음악, 춤, 이성, 정신과 같이 그것을 위해 이 땅 위에 살만한 가치가 있는 그 무엇, 변모하는 그 무엇, 세련된 그 무엇, 광적이거나 혹은 신성한 그 무엇이 생겨난다."

그는 이 말로써 위대한 풍모의 도덕적 규칙을 보여준다. 그러나 그는 또한 부조리의 인간이 가는 길도 보여준다. 불꽃에 복종하는 것, 그것은 가장 쉬운 것인 동시에 가장 어려운 것이다. 그러나 인간이 어려운 일에 도전함으로써 때때로 스스로를 평가하는 일은 좋은 것이다. 인간은 그것을 할 수 있는 유일한 존재이다.

"기도는 밤이 사유 위로 내려올 때 하는 것이다."라고 알랭[27]은 말한다.

27_ 알랭(Alain)의 본명은 에밀 오귀스트 샤르티에(Émile Auguste Chartier)로 1868년 모르타뉴에서 태어나 1951년 파리에서 죽은 프랑스의 철학자이자 평론가이다<역주>.

"그러나 정신은 밤을 만날 필요가 있다."라고 신비주의자들과 실존주의자들은 응답한다. 물론 그렇다. 그러나 감은 눈 아래에서 오직 인간의 의지만으로 태어나는 밤, 정신이 그 안에 몰입하기 위하여 불러들이는 캄캄하고 닫힌 밤이 아니다. 만약 정신이 밤과 만나야만 한다면 그것은 오히려 여전히 명석한 절망의 밤, 극지(極地)의 밤, 정신이 깨어있는 밤이리라. 그 밤에서 어쩌면 지성의 빛 속에서 각 대상을 그려내는 희고 순결한 이 광명이 솟아오르리라. 이 정도에 이르면 등가성은 열정적인 이해와 만난다. 그러면 실존적 비약을 판단하는 것 따위는 더 이상 문제조차 되지 않는다. 그것은 인간의 태도를 그린 몇 백 년 된 벽화의 한가운데에 있는 자신의 자리를 되찾는 것이다. 의식이 있는 관객의 입장에서 보면 이 비약 또한 부조리하다. 비약이 이 역설을 해결한다고 믿는 한, 비약은 역설을 완전히 원래대로 회복시켜 놓는다. 이러한 이유로 비약은 감동적이다. 이러한 이유로 모든 것은 자신의 위치를 되찾고 부조리의 세계는 휘황찬란함과 다양성 속에서 다시 태어난다.

그러나 멈춰서는 것은 좋지 않으며 사물을 보는 단 한 가지 방법에 만족하거나 모든 정신적 형태 중에서 아마도 가장 미묘한 모순을 스스로 금한다는 것은 어렵다. 지금까지 서술한 것은 단지 사유하는 방식을 정의한데 불과하다. 이제부터는 실제로 살아가는 문제이다.

부조리한 인간

1. 돈 후안주의
2. 연극
3. 정복

스타브로긴은 믿는다 하더라도,

그는 자기가 믿는 것을 믿지 않는다.

그가 믿지 않는다고 하더라도,

그는 자기가 믿지 않는다는 것을 믿지 않는다.

「악령」

"나의 영역은 시간이다."라고 괴테는 말한다. 이것이야말로 부조리한 말이다. 사실 부조리한 인간이란 무엇인가? 영원을 부정하지는 않지만 영원을 위해서 아무것도 하지 않는 자이다. 영원에 대한 향수가 그에게 낯선 것이어서가 아니다. 그러나 그는 향수보다 자신의 용기와 이성적 사유를 더 선호한다. 용기는 그에게 구원을 호소하지 않고 살아도 자신이 가지고 있는 것에 만족하는 것을 가르쳐주고, 이성적 사유는 그에게 자신의 한계를 가르쳐 준다. 시한부의 자유, 미래 없는 저항, 소멸하기 마련인 의식에 대해 확신하는 그는 자신의 삶 속에서 모험을 추구한다. 그곳에 자신의 영역이 있고 그곳에 자신의 판단 이외의 모든 판단에서 벗어나게 하는 행동이 있다. 그에게 더 위대한 삶이란 다른 세상에서의 삶을 의미한다고 할 수 없다. 만약 그런 삶을 기대한다면 그것은 파렴치한 일일 것이다. 나는 여기서 후세(後世)라고 부르는 이 터무니없는 영원을 말하고 있는 것도 아니다. 롤랑 부인[1]은 자신을 후세에 맡겼다. 이 신중하지 못한 행위로 그녀는 그 교훈을 맛보았다. 후세는 즐겨 그녀의 말을 언급하지만 그녀에 대해 판단하는 것은 까맣게 잊어버린다. 후세 사람들은 롤랑부인에 대하여 관심이 없는 것이다.

도덕에 관해 이야기하는 것이 문제가 될 수는 없다. 나는 사람들이 많은 도덕률을 가지고도 잘못 행동하는 것을 보아왔고, 정직한 사람은 규칙이 필요하지 않다는 것을 날마다 확인한다. 부조리의 인간이 인정할 수 있는 도덕은

1_ 롤랑 부인(Madame Roland, 1754~1793)은 뛰어난 지성을 가진 문학 애호자로 특히 루소의 영향을 받았다. 프랑스 혁명 때 그녀의 살롱에는 많은 혁명가가 모이고, 지롱드 당의 본부로 불리었다. 지롱드 당이 자코뱅 당과 대립하여 몰락하자 체포되어 단두대에서 처형되었다. 죽음의 직전 "자유여! 그대의 이름으로 얼마나 많은 범죄가 행하여졌던가!"라고 한 말이 유명하다(『두산백과』 참조)<역주>.

하나뿐이다. 그것은 신에게서 분리되지 않는 도덕, 곧 절실히 요구되는 도덕이다. 그러나 부조리의 인간은 바로이 신 밖에서 살고 있다. 그 밖의 도덕들에 관한 한(나는 반도덕주의도 인정한다), 부조리의 인간은 그런 것들이 기껏해야 변명이라고밖에 보지 않지만 그에게는 변명해야 할 것이 아무것도 없다. 따라서 여기서 나는 부조리의 인간의 무죄의 원리에서 출발한다.

이 무죄는 가공할 만한 것이다. "무슨 짓이든지 마음대로 해도 된다."라고 이반 카라마조프[2]는 외친다. 이 말 또한 이 말 나름의 부조리가 느껴진다. 그러나 이 말을 통속적인 의미로 해석하지 않는다는 조건하에서 그렇다. 나는 사람들이 이 점을 잘 주목했는지 모르겠다. 즉 해방과 기쁨의 외침이 문제가 아니라 뼈저린 확인이 문제이다. 삶에 의미를 줄지도 모르는 어떤 신이 있다는 확신은 나쁜 일을 하고도 벌을 받지 않을 수 있는 능력보다 월등히 매력적이다. 선택은 어렵지 않을 것이다. 그러나 선택의 여지는 없으며 따라서 고통이 시작된다. 부조리는 해방하는 것이 아니라 결박한다. 부조리가 모든 행위를 허용하는 것은 아니다. 모든 것이 허용된다는 것이 아무것도 금지되지 않는다는 것을 의미하는 것은 아니다. 부조리는 오로지 그 행위의 결과에 그들의 등가치를 돌려줄 뿐이다. 부조리는 죄를 조장하지 않는다. 만약 그렇다면 그것은 유치한 일이리라. 다만 부조리는 후회에게 그의 무용성을 회복시켜준다. 마찬가지로, 모든 경험 사이에 차이가 없다면 의무의 경험도 다른 경험만큼 정당하다. 사람은 기분에 따라 덕망 있는 사람도 될 수 있는 것이다.

모든 도덕은, 하나의 행위가 그 행위 자체를 정당화하거나 말소시키는 결

2_ 이반 카라마조프(Ivan Karamazov)는 도스토옙스키의 소설 『카라마조프가의 형제들』(1880)의 주인공이다<역주>.

과들을 가진다는 생각에 바탕을 두고 있다. 부조리가 스며든 정신의 소유자는 이러한 결과들이 공정하게 고려되어야 한다는 것만 생각한다. 그는 대가를 치를 준비가 되어 있다. 달리 말해서, 그가 볼 때 책임지는 사람은 있을 수 있어도 죄인은 없다는 것이다. 기껏해야 그는 미래의 행동을 위한 토대를 세우기 위해서 과거의 경험을 사용하는 것에 동의할 것이다. 시간은 시간을 살게 할 것이고, 삶은 삶을 도울 것이다. 한정되어 있으면서 동시에 가능성으로 가득 찬 이 영역 안에서 자신의 냉철한 이성을 제외한 모든 것은 그 자체로서 그에게 예측 불가능한 것처럼 보인다. 그렇다면, 이 얼토당토않은 질서로부터 어떤 규칙이 생겨날 수 있을까? 그에게 교훈적인 것처럼 보일 수 있는 유일한 진리는 조금도 형식적이지 않다. 즉 그것은 인간들 속에서 활기를 띠고 전개되는 진리이다. 따라서 그것은 부조리한 정신의 소유자가 자신의 추론 끝에 찾을 수 있는 윤리적인 규칙이 아니라, 인간 삶 자체의 실례들과 숨결일 뿐이다. 뒤이어 다루어질 몇몇 이미지들은 바로 그러한 것들에 관한 것이다. 이 이미지들은 부조리의 추론을 이어가면서 거기에 부조리한 인간의 자세와 그 이미지들의 열기를 부여할 것이다.

어떤 예를 든다고 해서 반드시 따라야 하는 것은 아니며(하물며 그것이 부조리의 세계에서라면 더욱 있을 수 없는 일이다), 그렇다고 해서 그러한 예시들이 반드시 본보기는 아니라는 점을 내가 상세히 말할 필요가 있는 것일까? 정도의 차이는 있겠지만 루소를 읽고 나서 네 발로 걸어야 한다는 결론을 도출하거나, 니체를 읽고 나서 자신의 어머니에게 폭력을 사용하는 것이 타당하다는 결론을 도출한다면 소명의식이 필요하리라는 것은 차치하고라도, 우리 자신이 우스꽝스러워질 것이다. "부조리해질 필요는 있으나 쉽게 속아 넘어가서는 안 된다."라고 현대의 한 작가는 쓰고 있다. 앞으로 문제가 될 태도들은 그것들에 반대되는 태도들을 고려할 때에만 비로소 그들의 모든 의미를 가질 수 있다. 우체국 임시직원과 정복자는, 만약 이들에게 공통된 의식이 있다면 그들은 동등하다. 이러한 관점에서 모든 경험들은 차이가 없다. 그 중에는 인간에게 기여를 하거나 피해를 주는 것이 있다. 인간이 의식적이면 모든 경험들은 인간에게 기여한다. 그렇지 않으면 그것은 아무런 의미도 없다. 즉 한 인간의 패배는 패배의 정황을 평가하는 것이 아니라 패배한 인간 자체를 평가한다.

나는 자신의 모든 힘을 남김없이 소진하는 것을 목표로 하는 사람들이나 혹은 스스로를 남김없이 소진한다는 것이 나에게 의식되는 사람들만 선택한다. 더는 나아가지 않을 것이다. 지금으로서는 삶과 마찬가지로 사유에서도 미래가 없는 세계에 대해서만 말하고 싶다. 인간이 일을 하게하고 활동하게 하는 모든 것은 희망을 이용한다. 따라서 거짓이 아닌 유일한 사고는 결실을 기대하지 않는 불모의 사고이다. 부조리의 세계에서 어떤 개념이나 삶의 가치는 그것의 불모성에 의해 측정된다.

1. 돈 후안주의

만약 사랑하는 것으로 충분하다면 세상사는 너무 단조로울 것이다. 우리가 사랑하면 할수록 부조리는 더욱더 견고해진다. 돈 후안이 이 여자에게서 저 여자에게로 전전하는 것은 사랑이 부족해서가 전혀 아니다. 그를 완전한 사랑을 찾는 환상가로 묘사하는 것은 우스꽝스러운 짓이다. 그러나 그가 그 천부적인 재주를 반복하면서 그 깊이를 더 심화해 나간 것은 모든 여자들을 똑같은 열정을 가지고 매번 자신의 모든 것을 다 바쳐서 사랑하기 때문이다. 그로 말미암아 여자들은 저마다 아무도 그에게 준 적이 없는 것을 그에게 주고 싶어 한다. 그때마다 그 여자들은 아주 큰 착각에 빠져 오로지 그에게 이 반복의 필요성을 느끼게 할 따름이다. "드디어 내가 너에게 사랑을 주었어."라고 그들 중에 한 여인이 외친다. 돈 후안이 그 말을 비웃으며, "드디어라고? 천만에, 다시 한 번이지."라고 대답하는 것에 우리는 놀라워하는가! 많이 사랑하기 위해서 왜 드물게 사랑해야만 한다는 것일까?

돈 후안은 슬픈가? 그럴 것 같지 않다. 나는 연대기 같은 것의 도움을 거의 구하지 않을 것이다. 그 웃음, 승리에 찬 오만방자한 태도, 그 두근거림과 연극 취미, 이러한 것은 밝고 유쾌하다. 건강한 모든 존재는 한꺼번에 여러 가지 일을 하는 경향이 있다. 돈 후안도 마찬가지이다. 그러나 슬픈 사람들은 슬퍼할 두 가지 이유를 가지고 있다. 그들은 모르거나 희망하기 때문이다. 그러나 돈 후안은 알고 있으며 희망하지 않는다. 그는 자신들의 한계를 알고 결코 그 한계를 넘어서지 않는 예술가들, 그리고 그들의 정신이 자리 잡고 있는 이 덧없는 틈 사이에서도 거장으로서의 놀랄만한 자유스러움을 지니고 있는 예술가들을 생각하게 한다. 이것이 바로 천재성, 즉 자신의 한계를 아는 지성인 것이다. 육체적 죽음의 경계에 이르는 날까지 돈 후안은 슬픔을 모른다. 그가 세상을 아는 순간부터 그의 웃음은 터져 나오고 모든 것을 용서하게 된다. 그는 희망을 안고 있었을 때 슬펐다. 오늘, 그 여인의 입술 위에서 그는 유일한 지식의 쓰면서도 위안이 되는 맛을 되찾는 것이다. 쓰다고? 거의 그렇지 않다. 이 필연적인 불완전함이 행복을 느끼게 하는 것이다!

후안에게서 전도서[3]를 통해 소양을 기른 한 인간을 보려고 하는 것은 굉장한 기만이다. 왜냐하면 그에게는 내세에 대한 희망을 제외하고는 더 이상 공허한 것이 없기 때문이다. 그는 하늘 자체를 상대로 내기를 함으로써 그것을 입증한다. 기쁨 속에서 잃어버린 욕망에 대한 회한, 그리고 이 무력함에 대한 진부한 이야기는 그에게 해당되지 않는다. 이것은 악마에게 자신을 팔아먹을 정도로 꽤 신을 믿은 파우스트에게나 어울릴 일이다. 돈 후안에게 그 문제는 더 단순하다. 몰리나[4]의 '색마(色魔)'는 지옥에 보내겠다는 협박에 항상 이렇게 대답한다. "저에게 오랜 유예기간만 주신다면!" 죽음 뒤에 오는 것은 소용없는 것이리라. 살 줄 아는 사람에게는 얼마나 긴 날들의 연속인가! 파우스트는 이 세상의 선을 요구했다. 따라서 불행한 사람들은 손을 내밀기만 하면 되었다. 자신의 영혼을 기쁘게 해줄 줄 모른다는 것은 이미 자신의 영혼을 팔았다는 것이다. 그와 반대로 돈 후안은 아주 흡족할 정도로 쾌락을 맛보라고 영혼에게 명한다. 그가 한 여자를 떠

3_ 「전도서 Eccleciastes」는 기원전 250년경에 씌어진 것으로 인간사회의 부조리와 모순, 노동의 허무함, 피할 수 없는 운명과 죽음에 관한 구약성서 중의 한 편이다<역주>.

4_ 몰리나(Tirso de Molina, 1584~1648)는 스페인의 '황금세기'를 대표하는 극작가이다. 대표작으로는 최초의 돈 후안 극이라고 할 수 있는 「세비야의 탕아와 돌의 초대객 *El burlador de Sevilla y Combidado de Piedra*」(1630) 외에 「녹색 바지를 입은 돈 힐」(1617) 등의 작품이 있다<역주>.

난다는 것은 절대로 그녀를 더 이상 원하지 않기 때문이 아니다. 아름다운 여인은 언제나 탐나는 것이니까. 그러나 그가 떠나는 것은 다른 여자를 원하기 때문이며, 그 여자를 더 이상 원하지 않는 것과는 절대 똑같은 것이 아니다.

이러한 삶은 그의 욕구를 완전히 충족시켜준다. 따라서 이 삶을 잃어버리는 것보다 더 나쁜 것은 없다. 이 광인은 위대한 현자이다. 그러나 희망을 품고 살아가는 사람들은 선량함이 관용에, 애정이 남성적인 침묵에, 그리고 생각과 감정의 완전한 일치가 고독한 용기에 자리를 양보하는 이런 세계를 있는 그대로 잘 받아들이지 못한다. 그래서 모두들 말하기를 "그는 의지가 박약한 자였거나, 이상주의자였거나 성자였다."라고 한다. 남을 모욕하는 위대함은 무시해 버려야만 한다.

사람들은 돈 후안의 언어적 표현에 대해서 그리고 모든 여인들에게 써먹는 바로 그런 똑같은 말에 대해서 상당히 분개한다(혹은 그가 찬양하는 것을 폄하하는 공모의 웃음을 짓는다). 그러나 양적으로 많은 즐거움을 추구하는 사람에게는 오로지 유효성이 중요하다. 이미 그 유효성이 입증된 암호들인데 그것들을 복잡하게 한들 무슨 소용이 있겠는가? 남자든 여자든 어느 누구도 암호의 내용에 귀를 기울이지 않고 오히려 암호를 발음하는 목소리에만 귀를 기우릴 뿐이다. 그 암호들이란 규칙이며 관례이며 예의이다. 암호가 말해지면 중요한 것은 정작 그 다음에 해야 할 일이다. 돈 후안은 벌써 그걸 준비한다. 무엇 때문에 그가 스스로 도덕적 문제를 제기할까? 그가 자신을 벌하는 것은 밀로즈의 마냐라[5]처럼 성자가 되려는 욕망에서가 아니다. 그에게 있어서의 지옥은 사람들이 획책하는 것이다. 신의 노여움에 대해서 그는 단 하나의 대답을 가지고 있을 뿐인데 그것은 바로 인간의 명예다. 그런즉 그는 기사령 영주에게 "나에게는 명예가 있다. 나는 기사이기 때문에 약속을 지킨다."라고 말한다. 그러나 그것 때문에 그를 부도덕한 자로 취급하는 것 또한 큰 잘못일 것이다. 이 점에 있어서 그는 '남과 다를 바 없다'. 즉 그도 자신만의 공감 혹은 반감의 윤리를 가지고 있는 것이다. 돈 후안은 그가 통속적으로 상징하는 것, 즉 평범한 유혹자이며 호색가라는 것을 항상 염두에 둘 때에만 잘 이해될 수 있다. 그는 평범한 유혹자이다.[15] 다른 점이 있다면 그가 유혹자임을 스스로 의식하고 있다는 것인데, 바로 이 점으로 인해서 그는 부조리의 인간이라는 것이다. 명석한 의식을 지닌 유혹자라고 해서 달라지는 것은 아무것도 없다. 유혹하는 것이 그의 신분이다. 신분이 변하거나 더 나아지는 일은 소설에서나 있다. 그러나 우리는 아무것도 달라지지 않았으나 모든 것이 변했다고 말할 수 있다. 돈 후안이 행동으로 실천하는 것은 양의 윤리학으로 질을 지향하는 성인의 윤리학과는 상반된다. 사물의 깊은 의미를 믿지 않는 것, 그것은 부조리한 인간의 특성이다. 열렬한 얼굴들, 혹은 경탄의 얼굴들, 그는 이 얼굴들을 편력하고 거두어들이고 불살라 버린다. 시간이 그와 함께 흘러간다. 부조리의 인간은 시간을 벗어나지 않는 인간이다. 돈 후안은 여자들을 '수집한다'고 생각하지 않는다. 그는 수많은 여자들을 그 수가 고갈될 정도로 만나고, 그 여자들과 더불어

5_ 마냐라(Miguel de Manara, 1627~1679)는 스페인 세비야의 귀족으로 돈 후안의 모델로 알려져 있다. 막대한 유산을 물려받은 그는 끝없이 방탕한 생활을 하였지만 아내의 죽음(1661년)을 계기로 잘못을 깨닫고, 그 이후로는 수도승과 같은 생활을 했다 <역주>.

삶의 기회를 여한이 없이 즐긴다. 수집한다는 것은 자신의 과거를 반추하며 살아갈 수 있다는 것이다. 그러나 그는 희망의 또 다른 형태인 미련을 거부한다. 그는 초상화를 바라볼 줄 모른다.

그렇다고 해서 그가 이기주의자일까? 아마 그 나름대로 그럴지도 모른다. 그러나 이것 역시 잘 이해할 필요가 있다. 살기 위해 태어난 사람들이 있고 사랑하기 위해 태어난 사람들이 있다. 적어도 돈 후안은 기꺼이 그렇게 말할 것이다. 그러나 그것은 그가 선택할 수 있는 암시적 어법을 통해서일 것이다. 왜냐하면 여기서 말하는 사랑은 영원이라는 환상으로 장식되어 있기 때문이다. 열정을 가진 모든 전문가들은 엇갈릴 운명을 가지고 있을 때에만 영원한 사랑이 존재한다고 우리에게 가르쳐준다. 투쟁 없는 사랑의 정열은 없다. 이와 같은 사랑은 죽음이라는 궁극적인 모순 속에서만 그 끝을 찾는다. 베르테르가 되거나 혹은 아무것도 아닌 것이 되어야 한다. 여기서도 또한, 자살하는 여러 가지 방법이 있는데 그 중 하나는 자기 자신의 완전한 헌신과 망각이다. 돈 후안도 다른 사람만큼이나 그것이 감동적일 수 있다는 것을 안다. 그러나 그는 중요한 것은 그것이 아니라는 것을 아는 소수의 사람들 중의 하나이다. 또한 그는, 위대한 사랑으로 자신의 개인적인 삶을 돌보지 않은 사람들은 아마도 스스로 풍성해질지는 모르나 그들의 사랑이 선택했던 사람들은 반드시 피폐해진다는 것도 잘 알고 있다. 어머니 또는 정열적인 여인은 필연적으로 메마른 마음을 가지고 있다. 왜냐하면 그들의 마음이 세상을 등지고 있기 때문이다. 단 하나의 감정, 단 하나의 존재, 단 하나의 얼굴뿐, 그러나 그 외 모든 것은 탕진되어 버린 것이다. 돈 후안을 동요하게 하는 것은 이와는 다른 사랑이다. 그것은 해방하는 사랑이다. 그 사랑은 세상의 모든 얼굴들을 그와 더불어 보여주며 그의 전율은 자신이 당연히 죽어 없어진다는 것을 인식하는 데서 온다. 돈 후안은 아무것도 아니기를 택했다.

그에게 중요한 것은 명확히 보는 일이다. 오직 책이나 전설에서 배워 얻은 집단적 사고방식에 따라, 우리는 우리들을 다른 어떤 사람들과 맺어주는 것을 사랑이라고 부를 뿐이다, 그러나 사랑에 관해서 나는, 그것이 나를 어떤 존재와 맺어주는 욕망과 애정과 지성의 혼합물이라는 것을 알고 있을 뿐이다. 상대가 다른 존재일 때는 이 복합체도 달라질 것이다. 나는 이런 모든 경험들을 똑같은 이름으로 지칭할 권리는 없다. 그렇게 되면 이 경험들을 똑같은 몸짓으로 이끌지 않아도 되는 것이다. 부조리의 인간은 여기서 또다시 자신이 통합할 수 없는 것을 다양화시킨다. 이렇게 그는 적어도 그에게 접근하는 자들을 자유롭게 하는 만큼 자신을 자유롭게 하는 새로운 존재 방식을 발견한다. 스스로 덧없는 것인 동시에 독특한 것임을 아는 사랑만이 너그러운 사랑이다. 돈 후안에게 있어서 생의 다발을 이루는 것은 이 모든 죽음과 이 모든 부활이다. 이것이 바로 그가 베푸는 방식이며 살아가게 하는 방식이다. 여기서 우리가 이기주의를 운운할 수 있는지는 각자의 판단에 맡기겠다.

나는 여기서 돈 후안은 응징되어야 한다고 단호하게 주장하는 사람들을 생각한다. 이 세상에서뿐만 아니라 저 세상에서도 그래야 한다는 것이다. 나는 노년의 돈 후안에 대한 그 모든 이야기와 전설과 비웃음에 대해서 생각한다. 그러나 돈 후안은 이미 그것에 대비하고 있다. 의식적인 인간에게 있어서 노년과 노년이 예고하는 것은 놀라운 일이 아니다. 그는 단지 그 공포를 숨기지 않는다는 면에서 의식적이다. 아테네에는 노인들에 바쳐진 사원이 있었다. 사람들은 그곳에 아이들을 데리고 가곤 했다. 돈 후안에게 있어서는 사람들이 그를 비웃으면 비웃을수록 그의 얼굴은 더욱 눈에 띈다. 이로써 그는 낭만주의자들이 그에게 덮어씌운 모습을 거부하는 것이다. 몹시 괴로워하는 이 가엾은 돈 후안을 비웃으려는 사람은 아무도 없다. 그가 동정을 받으면, 하늘조차도 그를 구원할 것인가? 그러나 그건 그렇지 않다. 돈 후안이 언뜻 본 세계에서는 우스꽝스러운 것 '또한' 포함되어 있다. 그는 벌 받는 것을 당연하다고 생각할 것이다. 그것이 게임의 규칙이다. 그리고 게임의 모든 규칙을 받아들였다는 것은 바로 그의 관대함을 뜻한다. 그러나 그는 자기가 옳으며 벌이 문제가 될 수 없다는 것을 안다. 운명이란 벌이 아니다.

이것이 바로 그의 죄이며 영원을 믿는 사람들이 그에 대해서 징벌을 요구하는 것이 이해가 된다. 그는 환상 없는 지식에 도달해 있는 바, 그들이 주장하는 모든 것을 부정한다. 사랑하고 소유하는 것, 정복하고 소진하는 것, 바로 이것이 그가 인식하는 방법이다(성서에서는 사랑의 행위를 '인식하다 connaître'라고 부르고 있는데, 거기에서 애용되는 이 말은 의미가 깊다). 그는 그들을 무시한다는 점에서 그들의 최악의 적이다. 한 전기 작가는 이 진짜 '색마'가 프란체스코 수도사들에 의해서 암살당했다고 기록하고 있다. 이 수도사들은 '귀족 출신이라는 이유로 면죄부가 주어졌던 돈 후안의 방종과 불경한 언행에 종지부를 찍기'를 원했기 때문이다. 그들은 그 후 하늘이 그에게 벼락을 내렸다고 발표했다. 이 괴이한 결말에 대한 증거를 제시한 사람은 아무도 없다. 또한 그 반대의 것을 증명한 사람도 아무도 없다. 그러나 그것이 있음직한 일인지 아닌지의 문제를 떠나 나는 그것이 논리적이라고 말할 수 있다. 나는 다만 여기서 '출생'이라는 말을 집어내어 말장난을 하고 싶다. 즉 살아있음 그대로가 그의 무죄를 보증해 주었던 것이다. 반면에 이제는 전설이 되어버린 그의 유죄를 끌어낸 것은 오직 죽음에서이다.

이 석기사(石騎士), 감히 생각하려고 했던 피와 용기를 벌하기 위해서 움직이기 시작한 이 차가운 석상은 무슨 다른 의미가 있는가? 영원한 이성과 질서와 보편적 도덕의 모든 권능과, 분노에 민감한 신의 모든 기묘한 위대함이 그 안에 요약되어 있다. 이 거대하고 영혼 없는 돌은 돈 후안이 영영 부정했던 권능들만을 상징하고 있을 뿐이다. 그러나 석기사의 임무는 그것으로 끝난다. 번개와 천둥은 사람들의 부름을 받고 떠나왔던 인위적인 하늘로 되돌아갈 수 있다. 진짜 비극은 그들 밖에서 행해진다. 아니, 돈 후안이 죽은 것은 돌로 된 손 아래에서가 아니다. 나는 전설 같은 허세를, 그리고 존재하지도 않는 신을 도발하는 건전한 사람의 당치도 않은 웃음을 기꺼이 믿는다. 그러나 나는 무엇보다도, 돈 후안이 안나의 집에서 기다리던 그날 저녁에 기사가 오지 않았다는 것과, 불경한 사람인 그가 자정이 지나자 자신이 옳았다고 생각하는 사람들이 겪는 그 끔찍한 고통을 느꼈으리라는 것을 믿는다. 나는 더욱이 만년에 그가 수도원에서 은둔해야 했던 삶의 이야기 역시 더 기꺼이 받아들인다. 이것은 그 이야기의 교훈적인 면이 있을 법하다고 생각되어서가 아니다. 신에게 어떤 은신처를 구하러 간단 말인가? 그러나 그것은 오히려 부조리에 완전히 관통당한 삶의 논리적 귀결을 보여주며 내일이 없는 기쁨을 향해 돌아선 존재의 가혹한 종말을 보여준다. 여기서 쾌락은 금욕(禁慾)으로 끝난다. 우리는 이 쾌락과 금욕이 똑같은 빈곤의 두 얼굴로 존재할 수 있다는 것을 이해해야만 한다. 자신의 육체에 배반당하고 제 때에 죽지 못해서 종말을 기다리며, 자기가 찬양하지 않는 신과 마주보면서 허공 앞에 무릎을 꿇은 채, 그가 보기에 깊이도 감동도 없는 무언의 하늘을 향해 두 팔을 벌리고서, 삶을 섬겼듯이 신을 섬기는 희극을 연출하는 한 인간의 모습, 이보다 더 끔찍한 모습을 바랄 수 있겠는가!

나는 어느 언덕 위, 외딴 스페인 수도원의 독방에 있는 돈 후안을 본다. 그리고 그가 무언가를 바라보고 있다면 그것은 사라져버린 사랑들의 환영이 아니라 아마 불타는 듯한 총구멍 틈을 통해 보이는 스페인의 어느 고요한 평원, 곧 거기서 자기 자신의 모습을 알아보는 장엄하면서도 혼이 없는 대지일 것이다. 그렇다, 그가 멈춰서야 할 곳은 바로 우수에 잠겨있으면서도 빛나는 이 모습 위인 것이다. 궁극의 종말, 기다려지긴 했지만 결코 바라지는 않았던 그 궁극의 종말은 경멸할 만하다.

2. 연극

"연극, 바로 이것이야말로 내가 왕의 의식(意識)을 포착할 덫이다."라고 햄릿은 말한다. '포착하다'라는 표현은 아주 적절하다. 왜냐하면 의식은 재빨리 스쳐지나가거나 움츠러들어 단절되기 때문이다. 의식은, 그것이 허공으로 날아가는 알아차릴 수 없는 순간에 재빨리 파악해야 한다. 왜냐하면 이때 의식은 스스로에게 순간적인 시선을 던질 뿐이기 때문이다. 일상적인 인간은 뒤처지는 것을 별로 좋아하지 않는다. 반대로 모든 것이 그를 서두르게 한다. 그러나 동시에 자기 자신보다 더 관심을 끄는 것은 아무것도 없으며, 무엇보다도 자기가 미래에 무엇이 될 수 있겠는가에 대해 더 관심을 가진다. 바로 그 때문에 연극과 공연에 대한 자신의 애정이 생겨난다. 거기서는 무수히 많은 운명이 그에게 제시되고 있어서 그는 이 운명들의 쓰라린 고통을 겪는 것 없이 시적인 정취만을 받아들일 수 있는 것이다. 적어도 여기서 우리는 무의식적인 인간을 알아보게 된다. 그는 계속해서 무엇인지도 모르는 희망을 향하여 분주하게 나아가고 있는 것이다. 부조리의 인간은 희망이 끝나는 곳에서부터, 그리고 정신이 연기에 감탄해 하는 것을 멈추고 그 속으로 직접 들어가기를 원하는 곳에서부터 시작한다. 이 모든 삶 안으로 들어가는 것, 그리고 다양성 속에서 그 삶들을 경험하는 것, 이것이 바로 모든 삶을 연기하는 것이다. 그렇다고 배우들이 일반적으로 이 요구에 복종한다거나 그들이 부조리한 인간이라고 말하는 것이 아니라, 그들의 운명이 명철한 마음을 유혹하고 끌어당길 수 있는 부조리의 운명이라고 말하는 것이다. 이것은 앞으로 이어질 이야기를 오해 없이 이해하기 위해서는 반드시 제기되어야 할 문제이다.

배우는 필연적으로 소멸하기 마련인 것 가운데 군림한다. 모두 알다시피 영광 중에서 배우의 영광이 가장 덧없는 영광이다. 적어도 이야깃거리로는 그렇게 말해진다. 그러나 모든 영광은 덧없다. 시리우스 별에서 내려다본다면 괴테의 작품들은 백 만년이 지나면 먼지가 될 것이고 그의 이름은 잊혀질 것이다. 몇몇 고고학자들이 아마도 우리 시대의 "증거물들"을 찾으려고 애쓸 것이다. 이런 생각은 항상 교훈적이었다. 이 생각을 깊이 숙고해보면 우리의 동요는 줄어들게 되고 무관심 속에서 찾아지는 심오한 고귀함에 이르게 된다. 이 생각은 무엇보다도 우리의 편견을 가장 확실한 것으로, 말하자면 즉각적인 것으로 향하게 해준다. 모든 영광 중에서 가장 속임수가 없는 영광은 스스로 살아가는 영광이다.

그러므로 배우는 무수한 영광, 곧 스스로 헌신하고, 스스로 체험하는 영광을 선택했다. 모든 것은 어느 날엔가 죽어야한다는 것에서부터 최선의 결론을 이끌어내는 것은 바로 배우이다. 배우는 성공하든가 혹은 성공하지 못하든가 할 뿐이다. 작가는 진가를 인정받지 못하더라도 희망을 간직한다. 그는 자신의 작품들이 자신이 어떤 존재였는지를 증명해 줄 것이라고 생각한다. 배우는 기껏해야 우리들에게 한 장의 사진을 남기게 될 뿐, 그가 누구였는지, 그의 몸짓과 침묵, 짧은 그의 한숨 혹은 사랑의 숨결 등 그 어느 하나도 우리에게까지 전달되지 못할 것이다. 그에게 있어 널리 알려지지 않는다는 것은 연극을 하지 않는다는 것이며, 연극을 하지 않는 것은 그가 생명을 불어넣거나 혹은 되살리고자 했던 그 모든 존재들과 더불어 수 백 번 죽는다는 것이다.

가장 덧없는 창조물들 위에 세워진 일시적인 영광을 발견한다고 해서 무슨 놀랄 일이 있겠는가? 배우는 세 시간 동안 이아고[6] 혹은 알세스트[7] 혹은 페드르[8] 혹은 글로세스터[9]가 된다. 이 짧은 출연시간 동안 그는 50 평방미터의 무대 위에서 그들을 태어나게도 하고 죽게도 한다. 일찍이 부조리를 이처럼 훌륭하게, 이처럼 오랫동안 구체화하여 보여준 적은 없었다. 이 놀라운 인생들, 벽들 사이에서 몇 시간 만에 자라나서 완성되는 이 유래 없는 완전한 운명들, 이보다 더 계시적이고 응축된 표현을 바랄 수 있겠는가? 연극이 끝나고 나면 지기스문트[10]는 더 이상 아무것도 아니다. 두 시간 후에 우리는 그가 시내에서 식사를 하는 것을 본다. 아마도 바로 이때 인생은 하나의 꿈과 같다고 할 것이다. 그러나 지기스문트에 뒤이어 다른 인물이 나타난다. 복수를 한 후에 울부짖는 인간은 사라지고 불안으로 고통 받는 주인공이 등장한다. 이렇듯 수 세기에 걸친 수많은 정신들을 편력하고, 그리고 또 있을 수 있고 또 있는 그대로의 인간을 흉내 내면서 배우는 여행자라는 또 하나의 부조리의 인물과 다시 만난다. 여행자와 마찬가지로 그는 무언가를 소진하며 쉬지 않고 두루 돌아다닌다. 그는 시간의 여행자이며, 최상의 경우 영혼들에게 쫓기는 여행자인 것이다. 혹시라도 양(量)의 도덕이 어떤 양식을 발견할 수 있다면, 바로 이 기괴한 무대 위에서 일 것이다. 배우가 이러한 인물들로부터 어느 정도로 혜택을 입는지는 말하기 어렵다.

6_ 이아고(Iago)는 셰익스피어의 『오셀로 *Othello*』에 등장하는 인물로, 행동에 대한 동기가 없는 순수한 악의 상징이다<역주>.

7_ 알세스트(Alceste)는 몰리에르의 『인간 혐오자 혹은 사랑에 빠진 우울한 사람 *Le Misanthrope ou l'Atrabilaire amoureux*』의 주인공이다<역주>.

8_ 페드르(Phèdre)는 라신의 『페드르 Phèdre』의 주인공이다<역주>.

9_ 글로세스터(Glocester)는 셰익스피어의 『리처드 3세 *King Richard the Third*』에 등장하는 인물이다<역주>.

10_ 지기스문트(Sigismund, 1368~1437)는 헝가리의 왕(재위 1387~1437)이자 신성 로마제국 황제(재위 1411~1437)이다<역주>.

그러나 중요한 것은 거기에 있지 않다. 다만 문제는 어떤 점에서 그가 이 대치될 수 없는 삶들과 일치되느냐를 아는 데 있다. 사실, 배우가 그 인물들을 자신과 함께 데리고 다님으로 해서 그들은 그들이 태어난 시간과 공간을 가볍게 넘어버릴 수 있다. 그들이 배우의 곁에 붙어 다님으로 해서 배우는 출연했던 무대의 자신에게서 더 이상 쉽사리 떨어져 나오지 못한다. 배우는 자신의 잔을 들면서 술잔을 높이 들어 올리는 햄릿의 동작을 다시 찾는 일이 있다. 아니, 그가 무대에서 재현했던 인물들과 그 자신을 분리해 놓는 거리는 그다지 멀지 않다. 그래서 그는 인간이 되기를 원하는 존재와 실제 존재 사이의 경계가 없다는 지극히 풍부한 이 진리를 매달 혹은 매일 마음껏 보여준다. 어떤 점에서 외양이 실체가 되는가, 바로 이것이 항상 더 잘 나타내려고 정신이 팔려있는 그가 증명해 보여주는 것이다. 왜냐하면 완벽하게 가장을 해서 자신의 것들이 아닌 삶들 속으로 가능한 한 깊숙이 들어가는 것, 바로 이것이 그의 예술이기 때문이다. 그의 노력의 막바지에 이르면 그의 사명이 무엇인지 명확해진다. 즉 그의 마음을 다하여 아무것도 아니거나 혹은 여러 존재가 되고자 전념하는 것이다. 자신의 인물을 창조하기 위해 그에게 주어진 제약이 크면 클수록 그의 재능은 더욱더 필요하게 된다. 오늘 그의 것이 된 얼굴로 그는 이제 세 시간 후에 죽는 것이다. 그는 세 시간 만에 한 예외적인 운명을 온전히 체험하고 그것을 표현해야만 한다. 이것이 소위 자신을 되찾기 위하여 자신을 잃는 것이라고 불리는 것이다. 이 세 시간 동안에 그는 객석의 관객이 일생에 걸쳐 편력하는 출구 없는 길의 끝까지 가는 것이다.

덧없이 사라질 것을 흉내내는 자인 배우는 오직 외관 속에서만 자신을 훈

련시키고 완성시킨다. 연극의 기법, 그것은 몸짓에 의해서 그리고 육체 안에서만- 혹은 육체의 것인 동시에 영혼의 것이기도 한 목소리로만- 마음을 표현하고 이해시키는 것이다. 이 예술의 법칙에 따르면 모든 것이 과장되어야 하고, 모든 것이 인간의 육신으로 표현되어야 한다. 만약 무대 위에서 우리가 사랑하는 것처럼 사랑을 해야 하고 무엇으로도 대신할 수 없는 이 마음의 목소리를 사용해야 하며 우리가 현실을 응시하는 것처럼 바라보아야 한다면, 우리의 언어는 암호화된 채 남아있게 될 것이다. 무대 위에서는 침묵도 귀에 들려야만 한다. 사랑은 소리를 높이며 움직일 수 없는 것조차도 눈길을 끄는 구경거리가 된다. 육체가 곧 왕이다. 바라는 것은 '연극적'인 것이 아닌데, 잘못 평가절하된 이 낱말은 모든 미학과 모든 윤리를 포괄하고 있다. 인간 생애의 절반은 마음속의 생각을 암시만 하고 얼굴을 돌리고 침묵하는 것으로 지나간다. 여기서 배우는 침입자다. 그는 저 사슬에 묶인 영혼의 마법을 풀어주고, 마침내 온갖 정열이 그들의 무대 위로 쏟아져 나온다. 이 정열은 모든 몸짓 속에서 말을 하고 오직 외침을 통해서만 존속한다. 이처럼 배우는 보여주기 위해서 자신의 인물들을 구성한다. 그는 인물들을 그리거나 조각하고, 그들의 상상적인 형태 속에 흘러들어가 그들의 망령에 자신의 피를 수혈한다. 나는 위대한 연극에 대해서 말하고 있다. 위대한 연극이란 배우에게 순전히 육체적인 자신의 운명을 실현할 기회가 주어지는 연극이라는 것은 두 말할 나위도 없다. 셰익스피어를 보라. 즉각적인 반응이 드러나는 이 연극에서 춤을 지배하는 것은 육체의 광란이다. 이 광란이 모든 것을 설명한다. 이 광란 없이는 모든 것이 붕괴될 것이다. 코델리아(Cordelia)를 추방하고 에드가(Edgar)를 교수형에 처하는 야만적인 행위 없이는 리어왕은 결코 광기가 그에게 내리는 약속 장소에 가지 못했을 것이다. 따라서 이 비극이 광란 상태의 분위기 하에서 전개되는 것은 당연하다. 영혼들은 악마들에게, 그리고 이들이 야단법석을 떠는 난장판에 맡겨진다. 자그마치 넷이나 되는 미치광이들, 즉 한 사람은 직업에 때문에, 다른 한 사람은 의지 때문에, 마지막 두 사람은 고민 때문에 미쳤다. 말하자면 무절제하게 흐트러진 네 개의 육체이자, 같은 처지에 놓인 말로 형언할 수 없는 네 개의 얼굴인 것이다.

인간의 육체라는 척도만으로는 부족하다. 가면과 반장화, 얼굴을 본질적인 요소들로 축소하고 강조하는 화장, 과장하고 단순화하는 의상 등, 이런 세계에서는 모든 것이 외관을 위해서 희생되고 오로지 눈을 위해서만 만들어져 있을 뿐이다. 부조리한 기적을 통해서 다시 한 번 지각적 인식을 가져오는 것은 육체이다. 내가 이아고의 역을 연기해 보지 않고서는 그를 결코 잘 이해하지는 못할 것이다. 내가 그의 말을 아무리 귀 기울여 듣는다 해도 소용이 없다. 내가 그를 눈으로 보는 순간에만 그를 알아차린다. 그 결과 부조리의 인물에 대하여 배우는 단조로움을 가지게 된다. 요컨대 그는 모든 그의 주인공들을 통하여 자신이 여기저기 데리고 다니는 기묘하면서도 친숙한, 독특하고도 집요한 실루엣을 가지게 된다. 여기서도 역시 위대한 연극 작품은 목소리의 통일성에 기여한다.[16] 바로 여기서 배우는 자기의 모순을 드러낸다. 즉 배우의 자기 모순은 동일하면서도 아주 다양하고, 단 하나의 육체에 의하여 그렇게 많은 영혼이 요약된다는 모순이다. 그러나 모든 것을 성취하고, 모든 삶을 살려고 하는 저 인간, 저 허황된 시도, 저 부질없는 고집은 부조리한 모순 그 자체이다. 그럼에도 불구하고 항상 서로 모순되는 것이 그의 안에서는 통일을 이룬다. 그는 육체와 정신이 다시 만나 서로 껴안는 곳이고, 실패로 지친 정신이 그의 가장 충실한 지지자에게 되돌아가는 곳이다. 햄릿은 말한다. "피와 판단이 너무나도 이상하게 뒤섞인 나머지, 운명의 손가락이 자기 마음에 끌리는 것만을 노래 부르게 하는 피리가 되지 않는 사람들은 복이 있을 지어다."

배우에게 있어서의 이와 같은 숭배를 교회가 어찌 단죄하지 않았겠는가? 교회는 이 예술에서 보이는 영혼의 이단적인 증식과 감정의 방탕함, 그리고 하나의 운명만으로 살아가기를 거부하고 온갖 음탕함 속으로 뛰어드는 한 정신의 소유자의 파렴치한 주장을 거부했다. 교회는 그들에게서 교회가 가르치는 모든 것의 부정인 현재에 대한 애착과 프로테우스[11]의 영향력을 금지했다. 영원은 유희가 아니다. 영원보다 연극을 더 좋아할 정도로 상당히 무분별한 정신은 자신의 구원 기회를 잃어버렸다. '어디에서나'와 '언제나' 사이에 타협의 여지는 없다. 그에 따라 이처럼 천대받는 이 직업은 엄청난 정신적 갈등을 야기할 수 있다. "중요한 것은 영원한 삶이 아니라 영원한 생동감이다."라고 니체가 말한다. 사실상 모든 연극은 이 선택에 있다.

아드리엔 르쿠브뢰르[12]는 죽음의 목전에 기꺼이 고해성사와 성체배령은 하기를 원했지만 자신의 직업을 버리는 것은 거절했다. 이로 인해서 그녀는 고해성사의 은총을 잃어버렸다. 사실 이것은 신을 거역하고 결국 자신의 깊

11_ 프로테우스(Proteus)는 그리스 신화에서 포세이돈의 아들이다. '바다의 노인'이라고 불리는 해신들 중 한 명으로 뛰어난 예언 능력을 지녔지만 그 능력을 피하여 도망치는 것으로 유명하다<역주>.

12_ 아드리엔 르쿠브뢰르(Adrienne Lecouvreur, 1692~1730)는 18세기 초반 프랑스의 대표적인 여배우이다. 그녀는 볼테르의 희곡 작품 「외디프」를 공연하던 중 실신하여 사망했지만 교회장으로 장례를 치를 수 없었다. 당시 배우는 교회장으로 장례를 치르는 것이 거부되었기 때문이다<역주>.

은 정열을 택한 것이 아니라면 무엇이었겠는가? 그리고 이 여인은 임종의 순간에 자신의 예술이라고 불렀던 것을 다시 부정하는 것을 눈물로 거부함으로써, 지금껏 무대의 조명 앞에서는 그녀가 결코 도달하지 못했던 위대함을 입증했다. 이것은 그녀의 가장 아름다운 배역이었으며 감당하기에 가장 어려운 배역이었다. 하늘과 보잘것없는 충실성 중 어느 것을 선택할 것인가, 영원보다 자신을 더 사랑할 것인가 아니면 신의 뜻 속으로 빠져들어 갈 것인가, 이것은 상황에 어울리는 자신의 자리를 찾아야만 할 매우 오래된 비극이다.

당시의 배우들은 자신이 파문당한 존재임을 알고 있었다. 이 직업에 들어선다는 것은 지옥을 선택하는 것이었다. 그리하여 교회는 그들에게서 교회의 최악의 적을 알아보았다. 어떤 문학가들은 이렇게 분노한다. "뭐라고, 몰리에르에게 최후의 구원을 거절하다니!" 그러나 교회의 태도는 정당했다. 무엇보다도 무대 위에서 죽은 그 사람, 그리고 무대조명의 분산(分散)에 바쳐진 일생을 분장한 얼굴로 마감한 그 사람에게는 더욱 그랬다. 그에 관해서 사람들은 모든 것에 변명이 되는 천재를 내세운다. 그러나 천재는 아무것도 변명하지 않는다. 변명을 거부하는 것이 바로 천재이기 때문이다.

그때 배우는 어떤 처벌이 자신에게 약속되어 있는가를 알고 있었다. 그러나 삶 자체가 그에게 마련해 놓은 최후의 징벌에 비하면 그렇게도 막연한 위협이 무슨 의미를 가질 수 있었겠는가? 그가 앞질러 느끼고 전적으로 받아들인 것이 바로 이 최후의 징벌이다. 부조리의 인간에게 있어서처럼 배우에게 있어서도 너무 이른 죽음은 돌이킬 수 없다. 그 죽음 없이는 그가 두루 돌아다녔을 얼굴들과 수 세기의 총화를 보상할 수 있는 것은 아무것도 없다. 그러나 어쨌든 문제는 죽는다는 것이다. 왜냐하면 배우는 분명히 도처에 있지만 시간이 또한 그를 단련시키고 그와 더불어 위력을 발휘하기 때문이다.

따라서 배우의 운명이 무엇을 의미하는지를 느끼기 위해서는 약간의 상상력을 발휘하는 것만으로도 충분하다. 그가 자신의 인물들을 구성하고 열거하는 것은 시간 안에서이다. 그가 그들을 지배하는 법을 배우는 것 또한 시간 안에서이다. 그가 다른 삶을 더 많이 살았으면 살았을수록 그는 더 쉽게 그 삶들에서 떨어져 나올 수 있다. 무대에서 그리고 이 세상에서 죽어야 할 시간은 어김없이 오기 마련이다. 그가 살아온 것이 그의 면전에 있다. 그는 똑똑히 본다. 그는 이 모험에 비통하고도 대체될 수 없는 면이 있다는 것을 느낀다. 이제 그는 죽을 줄 알며 죽을 수 있다. 늙은 배우들을 위한 퇴역자의 집들도 있다.

3. 정복

정복자는 말한다. "그렇지 않소. 내가 행동을 좋아하다 보니 생각하는 것을 잊을 수밖에 없었다고 여겨서는 안 되오. 그 반대로 나는 내가 믿는 것을 완벽하게 정의할 수 있소. 왜냐하면 나는 그것을 굳게 믿을 뿐만 아니라 또 그것을 확실하고 분명한 눈으로 보기 때문이오. '이것은, 내가 너무 잘 알고 있는 것이어서 말로 표현할 수가 없다.'라고 말하는 자들을 믿지 마시오. 왜냐하면 그들이 그것을 표현할 수 없다는 것은 그들이 그것을 모르거나 혹은 게으름 때문에 겉핥기식 알기에 그쳤기 때문이오."

내가 많은 의견을 가지고 있는 것은 아니다. 인생의 끝에 이르러 인간은 단 하나의 진리를 확인하기 위하여 수년을 보냈다는 것을 깨닫게 된다. 그러나 단 하나일지라도 그것이 명백하기만 하다면 한 존재의 삶을 이끄는 지표로 충분하다. 내게는 분명 개인에 대해서 무엇인가 할 말이 있는 것 같다. 그런 것은 거칠게 말해야 하며, 아니 필요하다면 적절히 경멸조로 말해야만 한다.

한 인간은 그가 말하는 것들에 의해서보다 그가 침묵하는 것들에 의해 한결 더 인간다운 모습을 지닌다. 내가 침묵하려는 것은 많다. 그러나 한 개인에 대하여 판단해 본 적이 있는 모든 사람들이 그들의 판단 근거를 확립하기 위한 경험을 우리보다 많이 한 적은 없다는 것을 나는 확고하게 믿는다. 지성, 그 감동적인 지성은 아마도 확인해야 할 필요성이 있는 것이 무엇인지를 미리부터 예감했을 것이다. 그러나 시대와 그 시대의 폐허, 그리고 그 시대에 흘린 피로 인하여 우리는 자명한 것들을 충분히 많이 목격한다. 고대 사람들 그리고 우리들의 기계 시대에 이르기까지의 보다 최근의 사람들에게 있어서조차도 개인과 사회의 힘을 저울질하는 것이 가능했으며, 또 어느 편이 다른 편에 봉사해야 하는지를 탐구하는 것도 가능했다. 그것은 우선 인간의 마음에 뿌리 깊게 자리 잡고 있는 이 판단착오에 의해서 가능했으며, 그 판단착오에 따라 인간들은 봉사하기 위해서 혹은 봉사 받기 위해서 태어난 것이다. 그것은 또한 사회도 개인도 아직 그들의 모든 수완을 보여주지 않았기 때문에 가능했던 것이다.

나는 선량한 정신의 소유자들이 플랑드르[13]의 피비린내 나는 전쟁의 와중에 태어난 네덜란드 화가들의 걸작에 감탄하는 것을 보았고, 참혹한 30년 전쟁[14]이 한창일 때 발표된 슐레지엔[15]의 신비주의자들의 기도문을 읽고 감동하는 것도 보았다. 영원한 가치는 속세의 소용돌이를 초월해서 그들의 놀란 눈에 잔존하는 것이다. 그러나 그 이래로 세월이 흘렀다. 오늘날의 화가들은 그런 평정심을 빼앗겨 버렸다. 비록 그들이 사실상 창조자에게 필요한 마음을 가지고 있다할지라도, 즉 냉정한 마음을 가지고 있다고 할지라도 그것은 아무 쓸모가 없다. 왜냐하면 모든 사람들이, 심지어 성인조차도 징집되기 때문이다. 아마도 바로 이것이 내가 가장 뼈저리게 느꼈던 것일 것이다. 참호 속에서 하나의 형상이 피기도 전에 떨어질 적마다, 칼날 아래에서 하나의 윤곽이, 하나의 은유 혹은 기도문이 만신창이가 될 때마다 영원은 승부에서 패배를 당하는 것이다. 나는 나의 시대로부터 분리될 수 없

13_ 플랑드르(Flandre)는 벨기에 동(東)플랑드르와 서(西)플랑드르 두 주를 중심으로 하는 지방. 역사의 변천에 따라 플랑드르 지방의 경계도 크게 변하여 한때는 네덜란드의 남부에서 프랑스의 북동부 일대를 통틀어 지칭하기도 하였다. 전략상 중요한 지역이었기 때문에 전란으로 자주 지배자가 바뀌고 영역에서도 변화가 뒤따랐다<역주>.

14_ 30년 전쟁(1618년~1648년)은 독일을 주무대로 한 같은 크리스트교인 가톨릭과 프로테스탄트 사이에 일어난 종교전쟁이다. 두 종파는 상대를 말살시키려고 했으나 결과적으로는 서로 관용을 베풀며 마지막 전쟁을 끝냈다<역주>.

15_ 슐레지엔(Schlesien)은 면적 약 5만 6천㎢의 중부 유럽의 오데르강 상류 및 중류 지역을 가리키며, 대부분이 폴란드령이지만 체코의 수데티산맥의 남쪽 기슭이 포함되는 역사적인 지역이다<역주>.

다는 것을 의식하기에 이 시대와 하나가 되기로 결심했다. 그래서 나는 개인을 매우 중시하게 되었는데 그것은 오로지 개인이 보잘 것 없고 굴욕적인 존재로 보이기 때문이다. 승리로 의기양양할 대의는 없다는 것을 알기 때문에 나는 패배로 끝난 대의에도 애착을 갖는다. 사실 패배한 대의도 일시적인 승리에서와 마찬가지로 모든 영혼을 바칠 것을 요구하기 때문이다. 이 세계의 운명과 연대감을 느끼는 사람에게는 문명들의 충격은 매우 고통스러운 무엇인가로 다가오는 것이다. 나는 이 고통을 나의 것으로 만드는 동시에 그 안에서 내 몫을 맡기를 원했다. 나는 확실성을 좋아하기 때문에 역사와 영원 사이에서 역사를 선택했다. 적어도 역사에 대해서 나는 확신을 가지고 있다. 나를 짓누르는 이 힘을 어떻게 부정할 수 있겠는가?

신과의 합일과 행동 사이에서 선택을 해야 할 시간은 언제나 찾아온다. 그런 것이 바로 인간이 된다는 것이다. 이런 고통들은 끔찍하다. 그러나 자부심이 강한 사람에게는 타협이란 있을 수 없다. 신이 아니면 시간, 십자가가 아니면 칼이 있을 뿐이다. 이 세계는 인간의 동요를 능가하는 보다 높은 의미를 지니고 있거나 아니면 그 동요들 외에는 진실인 것은 아무것도 없다. 시간과 더불어 살고 시간과 더불어 죽거나 아니면 더 위대한 삶을 위하여 시간에서 벗어나야 한다. 나는 사람들이 타협할 수 있고, 또 세속적으로 살면서 영원을 믿을 수도 있다는 것을 안다. 이것이 바로 '받아들인다'는 것이다. 그러나 나는 이 말에 혐오감을 느낀다. 나는 전부 아니면 전무를 원한다. 내가 행동을 선택할지라도 신과의 합일이 나에게 미지의 땅과 같은 것이라고 생각해서는 안 된다. 그러나 신과의 합일이 나에게 모든 것을 줄 수 없으므로 영원을 빼앗긴 나는 시간과 동맹관계를 맺기를 원한다. 나는 향수도 쓰라린 경험도 고려하고 싶지 않으며 나는 오로지 명확히 보기를 원할 뿐이다. 내가 당신에게 말한 대로 내일 당신은 징집될 것이다. 당신에게나 나에게나 그것은 일종의 해방이다. 개인은 아무것도 할 수 없지만 모든 것을 다 할 수도 있다. 이 경이로운 정신적 개방성 속에서 내가 왜 개인을 찬미하는 동시에 짓뭉개는가를 당신은 이해할 것이다. 개인을 망신창이로 만드는 것은 세계요, 개인을 해방시키는 것은 바로 나다. 나는 개인에게 그 모든 권리를 다 부여한다.

정복자들은 행동이 그 자체로서는 무용지물이라는 것을 안다. 단 한 가지 유용한 행동이 있는데 그것은 인간과 대지를 다시 만들 수도 있는 행동이다. 나는 결코 인간들을 다시 만들지는 못할 것이다. 그러나 '그럴 수 있는 체' 해야 한다. 왜냐하면 투쟁의 길을 가면 나는 육체와 마주치지 않을 수 없기 때문이다. 비록 모욕을 당한다할지라도 육체는 나의 유일한 확실성이다. 나는 오직 육체로만 살 수 있을 뿐이다. 피조물이 바로 나의 조국이다. 이것이 바로 내가 이 부조리하고도 부질없는 노력을 선택하였던 이유이다. 이것이 바로 내가 투쟁의 편에 속한 이유이다. 나는 이 시대가 그런 선택에 부합한다는 것을 이미 언급한 바 있다. 지금까지는 정복자의 위대함은 지리적인 것이었다. 그것은 정복한 땅의 넓이로 측정되었다. 이제 이 낱말의 의미는 바뀌었고, 그것이 더 이상 개선장군을 지칭하지 않는다는 것은 빈말이 아니다. 위대함은 진영을 바꾸었다. 그것은 항거와 내일 없는 희생 가운데 존재한다. 이 경우 또한, 패배를 좋아하는 취미 때문에 그런 것은 전혀 아니다. 승리가 바람직할 것이다. 그러나 오직 하나의 승리만 있을 뿐이며 그 승리는 영원하다. 내가 결코 거두지 못할 것이 이 승리이다. 그것이 바로 내가 부뒷치고 내가 집착하는 것이다. 최초의 현대적 정복자인 프로메테우스[16]의 혁명을 시작으로 혁명이란 항상 신들에게 대항함으로써 성취된다. 이것은 자신의 운명에 맞선 인간의 권리주장이다. 따라서 가난한 자들의 권리주장은 하나의 핑계거리에 불과하다. 그러나 나는 역사적인 행위에서만 그 정신을 파악할 수 있고 그곳에서 나는 그 정신을 다시 만난다. 그렇지만 내가 그것에 만족한다고는 생각하지 말라. 요컨대 본질적인 모순 앞에서 나는 나의 인간적인 모순을 지속시킨다. 나는 나의 냉철한 이성을 부정하는 것의 한가운데에다 되레 그 냉철한 이성이 자리 잡게 한다. 나는 인간을 짓누르는 것과 맞서서 인간을 앙양한다. 이리하여 나의 자유와 반항과 열정은 긴장과 통찰력과 엄청난 반복 속에서 서로 합쳐진다.

그렇다, 인간이야말로 인간 자신의 목적이다. 그것도 그의 유일한 목적이다. 인간이 어떤 존재이고자 하는 것은 이 삶 속에서이다. 이제 나는 그것을 너무나도 잘 안다. 정복자들은 때때로 승리하는 것과 극복하는 것에 대해서 말한다. 그러나 그들이 뜻하는 것은 항상 '스스로를 극복하는 것'이다. 당신들은 그것이 뜻하는 것을 잘 알고 있다. 모든 인간은 어느 순간엔가 자신과 신이 동등하다고 느낀 적이 있었다. 적어도 그렇게 말하곤 한다. 그러나 이것은 불현듯 그가 인간 정신의 놀랄만한 위대함을 느꼈다는 것에서 기인한다. 정복자들이란 그러한 우월함을 갖고서, 또한 그러한 위대함을 온전히 의식하면서 한결같이 살아가고 있다는 것을 확신할 만큼 충분한 힘을 느끼는 사람들일 뿐이다. 이것은 산술의 문제, 즉 더 많거나 아니면 더 적거나의

16_ 프로메테우스(Prometheus)는 '먼저 생각하는 사람'이란 뜻이다. 그리스 신화에서 주신(主神) 제우스가 감추어 둔 불을 훔쳐 인간에게 내줌으로써 인간에게 맨 처음 문명을 가르친 은인이다<역주>.

문제일 뿐이다. 정복자들은 가장 많은 것을 할 수 있다. 그러나 그들은, 인간이 하고자 원할 때 인간 자신이 할 수 있는 것보다도 더 많은 것을 할 수는 없다. 그래서 그들은 인간의 도가니를 결코 떠나지 않고 가장 뜨겁게 불타오르는 혁명의 영혼 속으로 뛰어드는 것이다.

그들은 그곳에서 훼손된 피조물을 발견하지만 그들이 사랑하고 찬미하는 유일한 가치들, 즉 인간과 인간의 침묵도 만난다. 그것은 그들의 궁핍인 동시에 부(富)이다. 그들에게는 오직 하나의 사치가 있는데 그것은 인간관계의 사치이다. 상처받기 쉬운 이 세계에서 인간적, 오직 인간적일 뿐인 모든 것은 보다 더 까다로운 의미를 갖게 된다는 것을 어찌 깨닫지 못하겠는가? 긴장된 얼굴들, 위협받는 형제애, 그리고 인간 상호간의 지극히 강하고 지극히 수줍은 우정, 이런 것들이야말로 진정한 부이다. 왜냐하면 그것들은 언젠가는 소멸할 것이기 때문이다. 이러한 부 가운데서 정신은 그 능력과 한계, 즉 그 유효성을 가장 깊이 느끼는 것이다. 어떤 사람들은 천재에 대해서 말했다. 그러나 천재란 표현은 매우 성급한 단정이므로 나는 지성이라는 표현을 더 선호한다. 이때 지성은 매우 멋진 것일 수 있다는 것을 말하지 않을 수 없다. 지성은 이 사막을 밝히고 지배한다. 지성은 자신의 속박 상태를 알고 그것을 예시해 준다. 지성은 이 육체와 동시에 죽을 것이다. 그러나 이를 안다는 것, 바로 거기에 그의 자유가 있다.

우리는 모든 교회가 우리를 적대시한다는 것을 모르지 않는다. 이토록 긴장된 마음은 영원을 회피하고 있는데, 모든 교회는-그것들이 신성하건 아니면 정치적이건 간에-영원을 열망한다. 행복과 용기, 그리고 대가(代價)나 정의는 교회의 입장에서는 부차적인 목적들이다. 그들이 내세우는 것은 교리이며 그것에 복종해야만 한다. 그러나 나는 관념이나 영원과는 아무 관련도 없다. 내 기준 안에 들어오는 진리들은 손으로 만질 수 있는 것들이다. 나는 그 진리들로부터 떨어져 나갈 수 없다. 바로 그런 이유 때문에 당신은 나를 기반으로 삼아 아무것도 세울 수 없는 것이다. 마찬가지로 정복자에게서 영속하는 것은 아무것도 없다. 심지어 그의 교의조차도 영속하지는 못한다.

그러나 이 모든 것의 끝에는 죽음이 있다. 우리는 그것을 알고 있다. 우리는 또한 죽음이 모든 것을 마무리한다는 것을 알고 있다. 바로 그런 이유 때문에 유럽을 뒤덮은 이 묘지들, 우리들 가운데 몇몇 사람의 머리에서 떠나지 않는 이 묘지들은 흉측한 것이다. 우리는 우리가 사랑하는 것만을 아름답게 꾸미는데, 죽음은 우리에게 혐오감을 주고 또 우리를 진력나게 한다. 죽음 또한 정복해야 할 대상이다. 페스트로 인해 텅 비어버린 채 베네치아인들에게 포위된 파도바[17]에서 포로가 된 최후의 카라라 영주는 황폐해진 왕궁의 방들을 울부짖으며 돌아다녔다. 그는 악마를 부르며 그에게 죽음을 달라고 청했다. 그것은 죽음을 극복하는 하나의 방법이었다. 그리고 죽음이 영광스럽다고 스스로 믿는 장소들을 그토록 끔찍한 곳으로 만들어버린 것 또한 서구인에게 고유한 용기의 표시이다. 반항인의 세계에서는 죽음이 불의를 선동한다. 죽음은 최고의 월권행위인 것이다.

다른 사람들도 역시 타협하지 않고 영원을 선택했고 또한 이 세상의 환상을 고발했다. 그들의 무덤은 수많은 꽃과 새들의 한가운데에서 미소 짓고 있다. 이런 것은 정복자에게 적합한 것으로 그가 배척한 것의 명확한 이

17_ 파도바(Padova)는 로마 시대부터 알려진 이탈리아 북부 베네트주의 도시로 1318년 카라라(Carrara) 가(家)의 지배 아래 들어간 후 모직물과 견직물 공업이 번성해 파도바 전성기를 이루었다. 15세기에서 1798년까지 베네치아 공화국의 지배를 받았다 <역주>.

미지를 그에게 부여한다. 정복자는 그 반대로 검은 쇠의 장식이나 이름 없는 무덤을 선택했다. 영원을 믿는 인간들 중에서 최상의 인간들은, 자신의 죽음에 대한 이러한 이미지를 가지고 살아갈 수 있는 사람들 앞에서 때때로 존경과 연민으로 가득 찬 두려움에 사로잡히는 것을 느낀다. 그러나 이런 정신의 소유자들은 그 이미지에서 그들의 힘과 정당성을 이끌어낸다. 우리의 운명이 우리의 면전에 있고 우리가 도발하는 것은 바로 이 운명이다. 이는 오만 때문이라기보다 가망 없는 우리의 조건에 대한 의식 때문이다. 우리도 역시 이따금 우리 자신에 대해 연민을 느낀다. 이것만이 우리가 받아들일 수 있을 것 같은 유일한 동정이다. 이는 아마도 당신이 거의 이해하지 못할 뿐만 아니라, 당신에게는 별로 사내다워 보이지 않는 감정일 것이다. 그러나 이것을 느끼는 사람은 우리들 중에서도 가장 대담한 사람들이다. 그러나 우리는 냉철한 이성을 지닌 사람들을 사내답다고 부르며, 통찰력으로부터 동떨어진 힘이라면 원치 않는다.

다시 한 번 더 말하지만, 이상과 같은 인간상들의 이미지는 도덕적 윤리를 제안하는 것이 아니며 판단을 강요하는 것도 아니다. 이 이미지들은 묘사일 뿐이다. 이 묘사들은 단지 삶의 한 양식만을 나타낼 뿐이다. 연인, 배우 또는 모험가는 부조리를 연기한다. 그러나 정숙한 사람이나 관리 혹은 공화국의 대통령 또한 그들이 원한다면 부조리를 연기할 수 있다. 아는 것과 아무것도 은폐하지 않는 것만으로 충분하다. 이탈리아의 박물관에 가면 사제가 사형수들에게 단두대를 숨기기 위해서 그들의 얼굴 앞에 들고 있는 작은 그림 가리개를 가끔 보게 된다. 온갖 형태의 비약, 신 또는 영원 속으로의 몰입, 일상적인 것 또는 관념의 환상 속으로 빠져들기와 같은 모든 가리개들은 부조리를 가린다. 그러나 가리개가 없는 관리들이 있는데 내가 말하고 싶은 것은 바로 이들에 대해서다.

나는 가장 극단적인 경우의 사람들을 선택했다. 이 정도에 이르면 부조리는 그들에게 왕과 같은 권한을 부여한다. 사실 이 왕자들은 왕국이 없다. 그러나 이들은 다른 왕자들에 비해서 모든 왕권이 헛된 것임을 알고 있다는 그런 이점을 가지고 있다. 그들은 바로 여기에 모든 그들의 위대함이 있다는 것을 알고 있다. 그러므로 그들에게 숨겨진 불행이니 환멸의 잿더미니 하는 말을 하려고 해도 그것은 헛된 일이다. 희망이 없다는 것은 절망하고 있다는 것이 아니다. 대지의 불꽃도 천상의 향기에 못지않은 가치가 있다. 나도 그 어느 누구도 여기서 그들을 판단할 수 없다. 그들은 최고가 되려고 애쓰기보다는 일관성을 유지하려고 노력한다. '현명한'이라는 낱말이 자신이 가지고 있지 않은 것에 대해서 사색하지 않고 자신이 가지고 있는 것으로 삶을 사는 인간에게 적용된다며, 그들이야말로 현명한 사람들이라 하겠다. 그들 중의 한 사람, 이를테면 정복자이지만 정신의 영역에서의 정복자, 돈 후안이지만 의식의 돈 후안, 배우이지만 지성의 배우는 그것을 그 누구보다도 더 잘 알고 있다. 즉, "사람은 어린양 같이 자상하고 유순한 마음을 완벽에 이를 정도로 가꾸어왔다고 하더라도 지상에서나 하늘에서 당연히 특권을 누려야 하는 것은 전혀 아니다. 아무리 그래봐야 기껏 뿔이 난 우스꽝스러운 어린양일 뿐 그 이상은 아무것도 아니다- 설령 허영으로 부풀어져 있지도 않고, 심판관 같은 태도로 추문을 불러일으킨 일이 없음을 인정한다 할지라도 그렇다."

어쨌든 부조리의 추론에 보다 열렬한 모습들을 회복시켜 줄 필요가 있다. 상상력을 발휘해 보면 미래도 없고 결함도 없는 세계를 따라 살아갈 줄도 알고, 시간에 얽매이고 유형(流刑)에 발목 잡힌 또 다른 많은 얼굴들을 거기에 보탤 수 있다. 그러면 신도 없는 이 부조리의 세계는 명료하게 생각하고 더 이상 희망이 없는 사람으로 가득 찰 것이다. 그런데 나는 인물들 중에서 가장 부조리한 인물, 곧 창조자에 대해서 아직 말하지 않았다.

부조리한 창조

1. 철학과 소설
2. 키릴로프
3. 내일 없는 창조

1. 철학과 소설

부조리의 척박한 분위기 속에서 유지되는 이 모든 삶은 그것에 생명력을 불어넣는 어떤 심오하고도 영속적인 사상 없이는 지속될 수 없을 것이다. 바로 여기에서 이 사상이란 독특한 충실성의 감정일 수밖에 없다. 우리는 의식적인 사람들이 전쟁 중 가장 어리석은 전쟁의 한가운데에서도 자신이 모순에 빠져 있다고 생각하지 않고 그들의 임무를 수행하는 것을 보았다. 이는 아무것도 교묘히 피하려하지 않는다는 것이 중요했기 때문이다. 이렇듯 세계의 부조리를 지탱해 나가는 데에는 형이상학적 행복이 있는 것이다. 정복 혹은 놀이, 헤아릴 수도 없는 사랑, 부조리한 반항, 이런 것들은 시작도 하기 전에 패배를 맛본 전장에서 인간이 자신의 존엄성에 바치는 경의인 것이다.

중요한 것은 다만 싸움의 규칙을 충실히 따르는 것이다. 이러한 생각만으로도 하나의 정신을 함양해 나가는 데 충분할 수 있다. 요컨대 이러한 생각이 문명 전체를 지탱해왔고 지금도 지탱하고 있는 것이다. 실제로 벌어지는 전쟁을 부정하지는 못한다. 그 전쟁으로 죽든가 살든가 해야 한다. 부조리에 대해서도 이와 마찬가지이다. 중요한 것은 부조리와 더불어 호흡하고, 부조리가 주는 교훈을 받아들이고, 그들의 육체를 재발견하는 것이다. 이러한 점에서 부조리한 기쁨의 전형은 창조이다. "예술, 오로지 예술. 우리는 결코 진리로 인하여 죽지 않도록 예술이라는 것을 가지고 있다."[1]라고 니체는 말한다.

내가 여러 가지 방식으로 기술하고 또 실감나게 하려고 시도하는 경험에

1_ 니체의 『우상의 황혼 *Götzen-Dämmerung*』(1989)<역주>.

비춰볼 때, 하나의 고뇌가 사라지는 곳에서 또 다른 고뇌가 생긴다는 것은 확실하다. 망각하려고 유치하게 애쓰거나 만족에 호소해 봐야 이제 아무런 반향도 없다. 그러나 매순간 변함없는 긴장을 통해 세계와 맞서고 질서정연한 열광 속에서 모든 것을 맞아들이는 인간은 자신에게 또 다른 열기가 솟아오르는 것을 느낀다. 그래서 이러한 세계 안에서 작품은 그의 의식을 지탱하고 그 의식의 모험들을 정착시킬 수 있는 절호의 기회이다. 창조한다는 것, 그것은 두 번 산다는 것이다. 프루스트와 같은 사람이 더듬거리면서도 불안스럽게 탐구하는 과정이나 꽃과 태피스트리[2]와 고뇌를 세심하게 수집하는 열정이 의미하는 바 역시 그와 다를 것이 없다. 그러나 동시에 그것은 배우, 정복자 그리고 모든 부조리의 인간들이 나날의 삶 속에서 몰두하는 그 미세하고도 부단한 창조보다 더 많은 가치를 갖는 것도 아니다. 모두가 자신의 현실을 흉내내고 반복하고 재창조하려고 애쓰고 있다. 마침내 우리는 항상 우리의 참모습을 가지게 된다. 영원과 등을 돌린 인간에게 있어서 존재 전체는 부조리의 가면을 쓴 엄청난 무언극일 뿐이다. 창조, 이것은 위대한 풍자 무언극이다.

이 인간들은 우선 앎으로부터 시작한다. 그 다음에는 그들이 이제 막 접하게 된 내일없는 섬을 두루 돌아다니고 확장시키고 풍요하게 만드는 데 모든 그들의 노력을 경주한다. 그러나 우선은 알아야만 한다. 왜냐하면 부조리의 발견은 미래의 정열들이 생성되고 정당화되는 휴지기간과 일치하기 때문이다. 복음서가 없는 사람들조차 그들의 감람산[3]을 가지고 있다. 그리

2_ '태피스트리(tapestry)'는 색실로 풍경 따위를 짠 주단(綢緞)으로 벽걸이나 가리개 따위의 실내 장식품으로 쓰인다<역주>.

3_ 예루살렘에서 1.1㎞ 정도 떨어진 곳에 위치한 해발 814m의 산이다. 구약에서 압살롬의 난 때 다윗은 예루살렘을 떠나 감람산을 넘어 피난길에 올랐고(삼하 15:30), 신

고 그들의 감람산 위에서도 역시 잠들어서는 안 된다. 부조리의 인간에게 있어서 중요한 것은 더 이상 설명하고 해결하는 것이 아니라 느끼고 묘사하는 것이다. 모든 것은 통찰력 있는 무관심으로부터 시작된다.

묘사하는 것, 이것이야말로 부조리한 사고의 최종적 야망이다. 과학 역시 그 역설의 종국에 이르면 제안하기를 중단하고 제 현상들의 순수한 풍경을 관조하고 묘사하는데 늘 주의를 집중시킨다. 이렇듯 세계의 여러 가지 모습을 바라보면서 우리가 갖게 되는 이 감동은 세계의 심오함에서 오는 것이 아니라 그 모습들의 다양성에서 온다는 것을 마음으로 깨닫는다. 설명은 덧없는 것이지만 감각은 남는다. 그리고 이 감각과 더불어 양적으로 무궁무진한 세계의 끊임없는 부름이 있다. 우리는 여기서 예술 작품이 차지하는 위치를 이해하게 된다.

예술작품은 한 경험의 죽음과 동시에 그 증식도 나타낸다. 그것은 이 세계가 이미 짜맞추어놓은 주제들의 단조롭고 열정적인 반복과 같은 것이다. 즉 수많은 사원의 정면에 수없이 새겨진 형상으로서의 육체, 형태나 색채들, 해조(諧調) 또는 비탄과 같은 주제들이다. 따라서 창조자의 웅장하고도 순진한 세계 속에서 이 시론의 중요한 주제들을 마지막으로 재발견하는 것은 결코 별 것 아닌 일이 아니다. 그렇다고 해서 거기서 어떤 상징을 본다거나 예술 작품이 마침내 부조리의 피난처로 고려될 수 있다고 생각하는 것은 잘못일 것이다. 예술 작품은 그 자체가 부조리의 현상이며, 중요한 것은 오

약에서 예수님은 낮에는 성전에서 가르치고 밤에는 감람산의 한적한 곳에서 기도하며 휴식하셨다(눅 21:37; 요 7:53; 8:1). 또 최후의 만찬 후에 예수께서는 제자들과 함께 감람산의 겟세마네 동산에서 공생애를 마감하는 최후의 기도를 하신 뒤 무리들에게 체포되셨다(막 14:26). (『라이프성경사전』(2006) 참조)<역주>.

로지 그 현상을 묘사하는 것이다. 그것은 정신의 병에 어떤 해결책을 제공하는 것은 아니다. 반대로 그것은 한 인간의 모든 사고 속에서 반향되고 있는 그 병의 징후들 중의 하나일 뿐이다. 그러나 처음으로 예술작품은 정신을 그 자신으로부터 나오게 하여 타자의 앞에 서게 한다. 이는 정신이 거기에서 사라지도록 하기 위해서가 아니라, 모든 사람이 연루되어 있는 출구 없는 길을 손가락으로 정확하게 가리켜주기 위해서다. 부조리한 추론의 단계에서 창조는 무관심과 발견의 뒤에 온다. 창조는 부조리한 정열이 솟아오르는 지점과 추론이 정지하는 지점을 표시해 준다. 이 시론에서 창조의 위치는 이렇게 정당화된다.

우리가 예술 작품 속에서 부조리와 관련된 사고의 모든 모순점들을 찾아내기 위해서는 창조자와 사상가에게 공통된 몇 가지 주제를 밝히는 것으로 충분할 것이다. 사실 동류의 지성을 이루는 것은 동일한 결론이라기보다 오히려 그들에게 공통된 모순을 통해서이다. 사고와 창조의 경우도 마찬가지이다. 인간이 이러한 태도를 취하도록 내몰리는 것이 동일한 고뇌로 인한 것이라는 것은 구태여 말할 필요도 없다. 바로 이 점에 있어서 이런 태도들은 출발에 있어 일치하는 것이다. 그러나 부조리에서 출발한 모든 사상 가운데 극소수만이 그 부조리한 태도를 유지하는 것을 나는 보았다. 그리하여 내가 무엇이 오직 부조리에만 속하는 것인지를 가장 잘 헤아린 것은 그들의 일탈이나 불성실에 의해서였다. 동시에 나는 이렇게 자문하지 않을 수 없다. 부조리의 작품이란 과연 가능한 것인가?

예술과 철학 사이의 케케묵은 대립이 자의적이라는 것에 대해서는 아무리 강조해도 지나치지 않을 것이다. 만약 우리가 그 대립을 지나치게 엄밀한 의미에서 이해하려 한다면 그것은 확실하게 잘못된 것이다. 만약 이 두 분야가 각기 고유한 풍토를 가지고 있다는 것만 말하고자 한다면 그것은 아마 옳을 것이지만 막연하게 옳을 것이다. 수긍할 만한 유일한 입론이 있다면 그것은 자신의 체계 '한복판'에 갇혀있는 철학자와 자신의 작품만 '쳐다보고' 있는 예술가 사이에서 제기되는 모순에 대한 것이다. 그러나 그것은 우리가 여기서 부차적인 것으로 취급하고 있는 어떤 일정한 형태의 예술과 철학에 대해서나 그럴 만한 가치가 있는 것이다. 예술을 그 창조자, 곧 작가로부터 분리하여 생각하는 관념은 단지 시대에 뒤떨어진 것만은 아니다. 그것은 거짓된 것이다. 예술가와는 대조적으로, 어떤 철학자도 결코 여러 가지 체계를 정립하지 못했다는 지적이 있다. 그러나 모든 예술가들이 표현하는 그 어떠한 것도 겉모습들은 다양하지만 그 속에 담긴 것은 단 한 가지의 이상뿐이라는 측면에서 그 지적은 사실이다. 예술은 순간적 완성이므로 그 갱신이 필요하다는 것, 이것은 오로지 편견일 뿐이다. 왜냐하면 예술 작품 또한 하나의 구성이며, 누구나 위대한 창조자들이 얼마나 단조로울 수 있는가를 알고 있기 때문이다. 사상가와 마찬가지로 예술가도 자신의 작품 속에 개입되어 있으며 그 속에서 자기 자신을 키워간다. 이 상호 침투는 가장 중요한 미학적 문제를 제기한다. 더군다나 정신이 지향하는 목적이 단 하나라고 확신하는 사람에게는 방법과 대상에 따른 이러한 구분보다 더 헛된 것은 없다. 인간이 이해하고 사랑하기 위하여 정한 분야들 사이에는 경계란 없다. 그 분야들은 상호침투하며 동일한 고뇌임에도 불구하고 그것들은 서로 혼동되어 버린다.

이 점은 먼저 말해 둘 필요가 있다. 부조리의 작품이 가능하기 위해서는 사고가 가장 명철한 형태로 그 속에 잠재되어야만 한다. 그러나 동시에 그 사고는 질서를 바로잡는 지성으로가 아니면 작품 속에 나타나서는 안 된다.

이 역설은 부조리에 의해 설명된다. 예술 작품은 지성이 구체적인 것을 이성적으로 추론하는 것을 포기하는 데서 태어난다. 예술작품은 육체의 승리를 표시한다. 예술작품이 생겨나게 하는 것은 명철한 사고이지만 이 행위 자체에서 사고는 스스로를 버린다. 사고는 이미 묘사된 것에다 자신이 부당한 것으로 알고 있는 보다 더 깊은 의미를 덧붙이고 싶다는 유혹에 넘어가지 않을 것이다. 예술 작품은 지성의 드라마를 구현하지만 다만 간접적으로 그 증거를 제시할 뿐이다. 부조리의 작품은 이러한 한계를 의식하는 예술가를 요구하며, 구체적인 것은 그 자체일 뿐 그 이상 아무것도 의미하지 않는 예술을 요구한다. 예술작품은 어떤 삶의 목적도, 의미도 그리고 위안도 될 수 없다. 창조를 하든지 창조를 하지 않든지 아무것도 달라지는 것은 없다. 부조리의 창조자는 자신의 작품에 집착하지 않는다. 그는 그것을 포기할 수도 있을 것이다. 실제로 가끔 그것을 포기한다. 아비시니아[4]같은 나라로 가버리는 것으로 충분하다.

동시에 여기서 우리는 하나의 미학의 규칙을 고려해 볼 수 있다. 진정한 예술작품은 항상 인간적인 적당한 자리에 위치한다. 그것은 본질적으로 '더 적게' 말하는 작품이다. 한 예술가의 총체적인 경험과 그 경험을 반영하는 작품 사이에는, 말하자면 『빌헬름 마이스터』[5]와 괴테의 완숙함 사이에는 어떤 관계가 있다. 작품이 설명적인 문학이 보이는 레이스 장식의 종이에다 모든 경험을 다 쏟아 부어야 한다고 주장할 때 이 관계는 좋지 않다. 작품이

4_ 아비시니아(Abyssinia)는 에티오피아의 옛 이름이다. 시 쓰기를 포기하고 아비시니아로 떠나버린 프랑스 상징주의 시인인 랭보(Arthur Rimbaud, 1854~1891)를 암시한다 <역주>.

5_ 『빌헬름 마이스터 Wilhelm Meister』 (1829)는 독일의 문호 괴테가 50여 년이나 걸려서 완성한 대작이다. 이 작품은 주인공 빌헬름을 인생의 거장으로 설정해 놓고, 그의 도제시대와 그리고 거장이 되기 위한 수업의 연장인 편력시대를 묘사하고 있다<역주>.

경험 속에서 잘라낸 한 토막, 이를테면 내면의 광채가 제한받지 않고 집약되는 다이아몬드의 한 결정면일 때만 이 관계는 좋다. 첫 번째 경우, 작품에는 많은 군더더기와 영원을 향한 자만이 있다. 두 번째의 경우, 그 풍부함이 예측되는 모든 암시적 경험 때문에 작품이 풍성해진다. 부조리의 예술가에게 있어서의 중요한 것은 수완의 차원을 초월하는 처세술을 터득하는 것이다. 결국 이러한 풍토 하에서 위대한 예술가는 무엇보다도 위대한 생존자, 곧 잘 살 줄 아는 사람이다. 물론 여기서 산다는 것은 깊이 생각하는 것 못지않게 느끼는 것으로이해되어야 한다. 따라서 작품은 지성적 드라마를 구현한다. 부조리한 작품이란 사고가 자신의 위엄을 포기하는 것과, 지성의 일이 한낱 외양만을 작품화하고 이유 없는 것에 이미지를 부여하는 것일 뿐이라는 체념을 밝히는 것이다. 만약 세계가 명료한 것이라면 예술은 존재하지 않을 것이다.

나는 여기서 화려한 절제 속에서 오로지 묘사가 지배하는 형태예술 혹은 색채예술에 대해서 말하고자 하는 것이 아니다.[17] 표현은 사고가 끝나는 곳에서 시작된다. 사원과 박물관에 가득 들어차 있는 텅 빈 눈을 가진 젊은이들의 상(像), 이들의 철학은 몸짓으로 표현되고 있다. 부조리한 인간에게 있어서 그런 철학은 모든 도서관보다 더 교육적이다. 또 다른 면에서 볼 때 음악의 경우도 마찬가지다. 만약 가르침이 없는 예술이 있다면, 그것은 바로 음악일 것이다. 그것은 수학과 너무나도 닮았기 때문에 수학에서 그 무상성(無償性)을 빌려왔다고 하지 않을 수 없다. 일정한 관습과 절도 있는 법칙에 따라 이루어지는 정신의 자기 자신과의 유희는 바로 우리들의 것인 소리 공간에서 전개되지만, 진동은 그 공간은 넘어 어떤 비인간적인 우주에서 서로 만난다. 이보다 더 순수한 느낌은 결코 없다. 이런 예들은 너무나도 이해하기

쉽다. 부조리한 인간은 이 화음과 형식들이 바로 자기의 것임을 인정한다.

그러나 나는 여기서 설명하려는 유혹이 가장 크게 남아있는 작품, 환상이 스스로를 드러내는 작품, 그리고 결론이 거의 필연적인 작품에 대해서 이야기하고자 한다. 즉 소설의 창조를 말하고 싶은 것이다. 나는 부조리가 소설 속에서 유지될 수 있는지를 자문해 볼 것이다.

생각한다는 것, 이것은 무엇보다도 하나의 세계를 창조하기를(혹은, 결국 똑같은 말이지만 자신의 세계를 한정하기를) 원하는 것이다. 그것은 인간을 자신의 경험에서 분리시키는 근본적인 불화에서 출발하여 자신의 향수와의 타협점을 찾고자 하는 것이며, 참을 수 없는 절연상태를 해소하도록 해주는 세계, 곧 이성에 의하여 속박되거나 유사점들에 의하여 훤하게 밝혀진 세계를 찾고자 하는 것이다. 철학자는 창조자이다. 그가 설령 칸트[6]라 할지라도 그렇다. 철학자에게는 자신만의 인물들과 상징과 비밀스러운 행동이 있다. 그는 자신만의 결말을 가지고 있다. 그와는 반대로, 소설이 시와 에세이에 대해 점하는 우위는 그 겉모습과는 달리 오로지 예술의 보다 큰 지성화(知性化)를 나타내는 데 있다. 여기서 말하는 것은 가장 위대한 작품들의 경우라는 것을 인정하자. 한 장르의 풍부함과 위대함은 종종 그 장르에서 발견되는 쓸데없는 부분들로 측정될 때가 있다. 졸렬한 소설의 수가 많다고 해서 가장 훌륭한 소설들의 위대함을 잊어서는 안 된다. 가장 훌륭한 소설들은 바로 그들 안에 그들의 세계를 품고 있다. 소설은 그 자체의 논리와 추론, 그리고 직관과 가설을 가지고 있다. 소설은 또한 명료성에 대한 요구를

6_ 칸트(Immanuel Kant, 1724~1804)는 대륙의 합리론과 영국의 경험론이라는 양대 사상의 종합을 시도한 비판 철학의 창시자이다<역주>.

가지고 있다.[18]

내가 앞서 언급한 고전적 대립은 이 특수한 경우에 있어서는 타당성이 훨씬 적어진다. 그 대립은 철학을 그 저자와 분리하는 것이 쉬웠던 시대에는 유효했다. 사상은 더 이상 보편적인 것을 주장하지 않고, 그리고 그 사상의 최상의 역사가 자신의 뉘우침의 역사라고 할 수 있을 오늘날, 가치 있는 체계는 그 저자와 분리하여 생각될 수 없다는 것을 우리는 잘 안다. 어떤 면에서는 '윤리학' 그 자체도 길고도 엄격한 자기 속내 이야기일 뿐이다. 추상적 사고가 마침내 그 지주인 육체와 결합한다. 이와 마찬가지로 육체와 정열의 소설적 유희는 세계관의 요구에 따라 좀 더 정돈된다. 사람들은 이제는 '이야기'를 하는 것이 아니라 자신의 우주를 창조한다. 위대한 소설가는 철학적 소설가, 즉 경향소설가의 반대이다. 이에 해당하는 몇 사람을 예로 든다면, 발자크, 사드, 멜빌, 스탕달, 도스토옙스키, 프루스트, 말로, 카프카 등이다.

그러나 그들이 추론으로서보다는 오히려 이미지로 글을 쓰기로 한 선택은 바로 그들에게 공통된 어떤 생각을 보여준다. 즉 그들은 모든 설명적 원리란 무용하다는 확신이 있을 뿐만 아니라 감각적 외양이 교훈적 메시지를 표현할 수 있음을 믿어 의심치 않는다. 그들은 작품이 끝인 동시에 시작이라고 생각한다. 작품은 종종 표현되지 않은 철학의 귀착점이자 그 예증(例證)이고 또 그 완성이다.

그러나 작품은 이 철학의 암시에 의해서만 완성된다. 결국 작품은 약간의 사고만으로는 삶에서 멀어지지만, 깊이 있는 사고로는 다시 삶으로 되돌아오게 하는 이 오래된 한 주제의 변이형에 정당성을 부여한다. 현실을 승화시킬 수 없는 사고는 현실을 모방하는 것으로 그친다. 여기서 문제가 되는 소설은 상대적이면서도 고갈되지 않는 이러한 인식의 도구로, 사랑의 인식과도 아주 흡사한 도구이다. 사랑에 대한 소설적 창조는 최초의 경이와 풍부한 반추(反芻)를 갖게 된다.

적어도 내가 소설 창조에서 처음부터 알아본 것은 불가사의한 명성들이다. 그러나 나는 굴욕적인 사고의 왕자들에게서도 그런 명성을 알아보았지만 그 후 내가 지켜볼수 있었던 것은 그들의 자살이었다. 당연히 나의 관심을 끄는 것은 환각이라는 공통된 길로 그들을 되돌아가게 하는 힘을 알아내어 그것을 묘사하는 것이다. 따라서 여기서도 동일한 방법이 나에게 도움이 될 것이다. 나는 이미 그 방법을 사용한 적이 있었으므로 나의 추론을 짧게 줄일 수 있을 것이며, 하나의 정확한 예를 들어서 곧바로 그 추론을 요약할 수도 있을 것이다. 나는 구원 없이 사는 것을 받아들인 사람이 역시 구원 없이 일도 하고 창조도 할 수 있는가를, 그렇다면 그와 같은 자유로 인도하는 길은 무엇인가를 알고 싶다. 나는 나의 세계를 그 망령들에게서 해방시키고 싶고, 다만 그 현존을 부정할 수 없는 육체의 진리들로서만 나의 세계를 가득 채우고 싶을 뿐이다. 나는 부조리한 작품을 만들 수 있고, 다른 태도보다는 창조의 태도를 선택할 수 있다. 그러나 부조리한 태도가 그대로 머물러 있기 위해서는 계속해서 그 태도의 무상성을 의식하고 있어야만 한다. 작품에 있어서도 마찬가지이다. 만약 작품 속에서 부조리의 계율이 존중되지 않는다면, 만약 작품이 절연과 반항을 잘 보여주지 않는다면, 만약 작품이 환상의 제물이 되어 희망이 생기게 한다면, 그것은 더 이상 무상이 아니다. 그렇게 되면 나는 더 이상 작품에서 떨어져 있을 수 없다. 나의 삶은 거기서 어떤 의미를 찾을 수 있게 되지만, 그것은 터무니없는 일이다. 이 작품은 더 이상 인간 삶의 찬란함과 무용성을 완성하는 이러한 초연함과 열정의 실천이 아니다.

설명하고 싶은 유혹이 가장 강한 창조의 세계에 있어서 우리는 과연 이 유혹을 극복할 수 있을까? 현실 세계의 의식이 가장 강한 이 허구의 세계에서 나는 결론을 내리고 싶은 욕망에 굴하지 않고 계속 부조리에 충실할 수 있을까? 바로 이러한 문제들이 최후의 노력으로 고찰되어야 할 것들이다. 우리는 이 문제들이 무엇을 의미하는지를 이미 이해했다. 이것은 궁극적인 환상에 이끌린 나머지 최초의 힘든 교훈을 저버리게 될까봐 두려워하는 의식의 마지막 불안감들이다. 부조리를 의식하는 인간이 보일 가능성 있는 태도들 중의 '하나'로 간주되는 창조에 가치가 있는 것은 인간에게 제공되는 삶의 모든 양식에도 가치가 있다. 정복자나 배우, 창조자나 돈 후안은 그들의 살아가는 행위가 그 무분별한 성격에 대한 의식 없이는 진행될 수 없을 것이라는 것을 잊어버릴 수가 있다. 우리는 아주 빨리 습관화된다. 우리는 행복하게 살기 위하여 돈을 벌기를 원하고, 인생의 모든 노력과 최상의 것은 이 돈 벌이에 집중된다.

행복은 잊혀지고 수단을 목적으로 착각한다. 이와 마찬가지로 이 정복자의 모든 노력은 보다 위대한 삶을 향한 하나의 길에 지나지 않았던 야망 쪽으로 빗나가 버린다. 한편 돈 후안 역시 자신의 운명에 순응하려 하며 반항에 의해서만 위대한 가치를 지니는 이 존재에 만족하려 한다. 전자의 경우는 의식이고 후자의 경우는 반항인데, 결국 이 두 경우에 있어서 부조리는 사라져버렸다. 인간의 마음속에는 그토록 집요하게 되살아나는 희망이 있다. 가장 헐벗은 인간들도 때때로 결국 환상에 동의하고 만다. 평화에 대한 욕구 때문에 강요된 이 찬동은 실존적 동의의 정신적 내면의 형제이다. 빛의 신들과 진흙 우상들이 이렇게 존재한다. 그러나 찾아내지 않으면 안 되는 것은 인간의 모습으로 인도하는 중간의 길이다.

지금까지 부조리의 요구가 무엇인가에 대해서 우리에게 가장 잘 가르쳐 준 것은 바로 이 요구의 실패였다. 이와 마찬가지로 소설의 창조도 철학과 똑같은 모호성을 나타낼 수 있다는 것을 알아차리기만 해도 우리가 과오를 피하기에는 충분할 것이다. 따라서 나는 예를 들어 설명하기 위해서 부조리의 의식을 나타내는 모든 것이 모여 있는 작품, 그리고 그 출발이 분명하고 그 풍토가 명증한 작품을 선택할 수 있다.

그 작품의 결론이 우리를 깨우쳐 줄 것이다. 만약 그 작품 속에서 부조리가 존중되지 않는다면, 우리는 어느 측면을 통해서 환상이 끼어들었는지를 알게 될 것이다. 이 경우에 하나의 정확한 예, 하나의 주제, 창조자의 성실성을 알아보는 것으로 충분할 것이다. 이것은 이미 더 오랫동안 행해졌던 것과 동일한 분석이다.

나는 도스토옙스키가 좋아하는 하나의 주제를 검토하고자 한다. 물론 다른 작품들을 연구할 수도 있었을 것이다.[19] 그러나 도스토옙스키의 작품에서는 앞서 문제가 되었던 실존적 사상들에 있어서처럼 위대함과 감동이라는 방향으로 문제가 직접적으로 다루어지고 있다. 이러한 유사성이 나의 목적에 도움이 된다.

2. 키릴로프

도스토옙스키의 모든 주인공들은 생의 의미에 대해서 자문한다. 그들이 근대적인 것은 바로 이 점에 있어서다. 즉 그들은 웃음거리가 되는 것을 두려워하지 않는다. 근대적 감수성과 고전적 감수성을 구별 짓는 것은 후자가 도덕적 문제에 몰두하는데 비해 전자는 형이상학적 문제에 몰두한다는 점이다. 도스토옙스키의 소설에서는 문제가 어찌나 강하게 제기되어 있는지 극단적인 해결책을 끌어들일 수밖에 없다. 존재는 허망하거나 '아니면' 존재는 영원하다. 만약 도스토옙스키가 그러한 검토만으로 만족해했다면 그는 철학자일 것이다. 그러나 그는 이 정신의 유희가 인간의 삶 속에서 가질 수 있는 결론들을 예를 들어 구체적으로 보여준다. 그가 예술가인 것은 바로 이런 점에서이다.

그 귀결들 가운데 그를 사로잡은 것은 최후의 것으로, 그 자신이 『작가의 일기』[7]에서 논리적 자살이라고 부른 것이다. 1876년 12월 호에서 그는 과연 '논리적 자살'에 대한 추론을 가정하고 있다. 불멸에 대한 믿음이 없는 사람에게 있어서 인간의 존재란 완전한 부조리라는 것을 확신하는 절망자는 다음과 같은 결론에 도달한다.

"행복에 관한 나의 의문들에 대해서 나의 의식을 통해서 밝혀진 대답은, 내가 상상할 수 없고 앞으로도 결코 상상할 수 없을, 거대한 전체와의 조화 속에서가 아니면 나는 행복해 질 수 없다는 것이다. 이것은 분명한

7_ 『작가의 일기』는 도스토옙스키가 1873년, 1876~1877년, 그리고 1880~1881년 사이에 독자적으로 발간한 월간지로 독특한 형식의 1인 집필 형식을 취하고 있다. 이를 통해 작가는 콩트, 사회 · 정치 평론, 수기, 소설 등의 장르를 넘나드는 실험적 저널리즘 양식으로 자신의 미학적, 철학적 견해를 밝히고 있다<역주>.

것으로…….”

“결국 이 당연한 일에서 나는 원고의 역할과 변호인의 역할, 피고의 역할과 재판관의 역할을 동시에 담당하기 때문에, 그리고 나는 자연의 입장에서 볼 때 이 연극은 완전히 어처구니없다고 생각하기 때문에, 그리고 나로서 그런 연극을 받아들인다는 것은 굴욕적이라고 생각하기 때문에…….”

“원고이면서 변호인, 재판관이면서 피고라는 이론의 여지가 없는 나의 자격으로,나는 그토록 파렴치한 뻔뻔스러움으로 나를 태어나게 해서 고통 받게 한 이 자연을 단죄한다. 나는 자연이 나와 함께 소멸될 것을 선고한다.”

이러한 입장에는 아직도 약간의 유머가 있다. 이 자살자는 형이상학적 면에서 ‘자존심이 상해서’ 스스로 목숨을 끊는다. 어떤 의미에서 그는 복수를 하는 것이다. 그것은 사람들이 ‘그를 이기지 못할 것’이라는 것을 증명하는 그만의 방식이다. 그렇지만 『악령』[8]의 작중인물이며 그 또한 논리적 자살의 지지자인 키릴로프에 이르면 동일한 주제가 엄청나게 놀라운 차원으로 확대되어 구현되는 것을 볼 수 있다. 기사(技師) 키릴로프는 스스로 삶을 포기하고 싶다고 하는데 그 이유는 ‘그것이 그의 생각’이기 때문이라고 어디선가 말했다. 이 말을 본래의 의미 그대로 받아들여야 한다는 것은 말할 필요도 없다. 그는 하나의 생각, 하나의 사상을 위해서 죽음을 준비하는 것이다. 이것은 고차원적인 자살이다. 점차적으로 키릴로프의 표정이 조금씩 밝아지는 모든 장면 내내 그를 고무하는 치명적인 사상이 우리에게 제시된

8_ 1871년에 발표된 도스토옙스키의 장편소설로 무신론 혁명 사상을 '악령'으로 보고, 그것에 이끌린 사람들의 파멸을 묘사하고 있다. 소설은 악마적인 초인 스타브로긴(Stavroguine), 자살 필연론자 키릴로프(Kirilov), 독자적인 사회주의적 미래상을 말하는 시가료프, 이상주의적 자유주의자 스테판 베르호벤스키, 거기에 또다시 투르게네프를 희화화한 작가 카르마지노프 등의 등장인물 사이의 사상적, 정신적 드라마로서 전개된다<역주>.

다. 사실 이 기사는 『작가의 일기』의 추론을 다시 계속한다. 그는 신이 필요하다는 것과 신이 존재해야만 한다는 것을 느낀다. 그러나 그는 신은 존재하지 않으며 신이 존재할 수도 없다는 것을 안다. "이것만으로 스스로 목숨을 끊을 충분한 이유가 된다는 것을 어떻게 그대는 이해하지 못하는가?"라고 그는 외친다. 이 태도는 또한 그에게 부조리의 몇몇 결과를 야기시킨다. 그는 자기가 경멸하는 이유를 위해 자신의 자살이 이용되도록 내버려두는 것을 무관심하게 받아들인다. "나는 오늘밤 그건 어찌되어도 상관없다고 결론지었다." 결국 그는 반항과 자유가 뒤섞인 감정 속에서 자신의 행동을 준비한다. "나는 나의 불복종, 나의 새롭고 무시무시한 자유를 확인하기 위해 자살을 할 것이다." 이제 문제가 되는 것은 더 이상 복수가 아니라 반항이다. 그러므로 키릴로프는 -다만 그가 자살을 한다는 이 본질적인 유보가 있긴 하지만- 한 사람의 부조리한 인물이다. 그러나 그 자신이 이 모순을 설명함에 따라 동시에 부조리한 비밀을 그의 모든 순수성 가운데서 드러낸다. 실제로 그는 자신의 치명적인 논리에다 특별한 야망을 하나 부가하는데, 그 야망이 이 인물의 전모를 드러내준다. 즉 그는 신이 되기 위해 자살하려 한다.

이 추론에는 고전적인 냉철한 이성이 있다. 만약 신이 존재하지 않는다면 키릴로프가 신이다. 만약 신이 존재하지 않는다면 키릴로프는 자살해야만 한다. 따라서 키릴로프는 신이 되기 위해 자살해야만 한다. 이러한 논리는 부조리하지만 필요한 것이다. 그러나 흥미로운 것은 땅 위로 끌려 내려온 이 신에게 어떤 의미를 부여하는 일이다. 이것은 결국 여전히 상당히 애매한 채로 남아있는 "만약 신이 존재하지 않는다면 나는 신이다"라는 전제를 밝히는 것이나 다름없다. 우선 이러한 비상식적인 주장을 표방하는 사람도 분명 이 세상에 속하는 사람이라는 것을 지적하는 것은 중요한 일이다. 그는 자신의 건강을 유지하기 위해 매일 아침 체조를 한다. 그는 자신의 아내와 재회하는 샤토프의 기쁨에 감동한다. 그의 죽음 후에 발견될 한 장의 종이 위에 '그들에게' 혀를 쏙 내밀며 비웃는 그림을 그리고 싶어 한다. 그는 유치하고 성 잘 내고 열정적이며 체계적이고 감각적이다. 초인으로서 그는 논리와 고정 관념만을 가지고 있을 뿐이며, 범인(凡人)으로서 그는 모든 능력을 가지고 있다. 그러나 자신의 신성(神性)에 관하여 조용히 말하는 사람은 바로 그다. 그는 광인이 아니다. 그렇지 않으면 도스토옙스키가 광인이다. 따라서 그를 동요하게 하는 것은 과대망상증 환자의 환상이 아니다. 그런데 이번에는 말을 문자 그대로의 뜻대로 받아들인다는 것은 우스꽝스러운 일이 될 것이다. 키릴로프 자신은 우리가 보다 잘 이해하도록 도와준다. 스타브로긴의 물음에 대한 대답에서 그는 신적 인간, 곧 신인(神人, dieu-homme)에 대해서 말하는 것이 아님을 분명히 한다. 이것은 자신을 그리스도와 구별하려는 배려에서라고 생각할 수도 있다. 그러나 실제는 그리스도를 합병하는 것이 문제이다. 사실 키릴로프는 죽어가는 예수가 '천국에 되돌아가지 못했다'라고 한순간 상상한다. 그때 그는 예수의 수난이 쓸데없는 것이었음을 깨달았다. "자연의 법칙은 그리스도를 거짓 가운데서 살게 하고 거짓을 위해 죽게 했다."라고 기사 키릴로프는 말한다. 오직 이러한 의미에서만 예수는 인간의 모든 비극을 잘 구현하고 있다. 그는 가장 부조리한 조건을 실현한 사람이므로 완전무결한 인간인 것이다. 그는 신인(神人)이 아니라 인간적 신, 곧 인신(人神, homme-dieu)이다. 그리고 그와 마찬가지로 우리들 개개인도 십자가에 못 박히고 기만당할 수 있는 것이다-어떤 면에서는 실제로 그렇게 되고 있는 것이다.

그러므로 문제가 되는 신성은 전적으로 지상적인 것이다. "나는 3년 동안 나의 신성의 속성을 탐구했고 마침내 그것을 발견했다. 나의 신성의 속성은 독립성이다."라고 키릴로프는 말한다. 이제 "만약 신이 존재하지 않는다면 내가 신이다."라고 하는 키릴로프의 전제의 의미를 깨닫게 된다. 신이 된다는 것, 그것은 오직 지상에서 자유로워진다는 것이며, 어떤 불멸의 존재도 섬기지 않는다는 것이다. 무엇보다도 그것은 말할 필요도 없이 이 고통스러운 독립으로부터 모든 귀결들을 이끌어낸다는 것이다. 만약 신이 존재한다면 모든 것은 신에게 달려 있으며 우리들은 신의 의지에 반하는 그 어떤 것도 할 수 없다. 만약 신이 존재하지 않는다면 모든 것은 우리에게 달려 있다. 니체에게서와 마찬가지로 키릴로프에게 있어서도 신을 죽인다는 것은 자신이 신이 되는 것이다. 이것은 복음서가 말하는 지상에서부터 영원한 삶을 실현하는 것이다.[20]

그러나 만약 이 형이상학적 죄악이 인간을 완성하기에 충분하다면 왜 거기에 자살을 덧붙이는 것일까? 자유를 쟁취한 후인데도 무엇 때문에 자살하고 이 세상을 떠나는 것일까? 이것은 모순적이다. 키릴로프는 이것을 잘 알고는 이렇게 덧붙인다. "만약 그대가 그것을 느낀다면 그대는 황제다. 그리하여 자살하기는커녕 영광의 절정에서 살게 될 것이다." 그러나 사람들은 이것을 알지 못한다. 그들은 '이것'을 느끼지 못한다. 프로메테우스의 시대와 같이 그들은 자신들 속에 맹목적인 희망을 품고 있다.[21] 그들은 누군가가 그들에게 길을 알려 줄 필요가 있으며 그들은 설교 없이는 살아갈 수 없다. 그러므로 키릴로프는 인류에 대한 사랑으로 자살을 해야만 한다. 그는 그의 형제들에게 자신이 선두가 될 험난한 왕도를 보여주어야 한다. 이것은 하나의 교훈적인 자살이다. 따라서 키릴로프는 자기를 희생시킨다. 그러나 그는 십자가에 못 박힐지라도 기만당하지는 않을 것이다. 그러나 그는 미래가 없는 죽음을 확신하며 복음주의적 우수에 깊이 젖어 인신에 머무른다. 그는 말한다. "나는 나의 자유를 확언하지 '않으면 안 되기' 때문에 불행하다." 그러나 그가 죽고 마침내 사람들이 깨달음을 얻게 되어 이 땅은 황제로 가득찰 것이고 인간적인 영광으로 빛날 것이다. 키릴로프의 권총 한 발은 궁극적 혁명의 신호가 될 것이다. 이처럼 그를 죽음으로 몰고 간 것은 절망이 아니라 자기 자신에 대한 이웃의 사랑이다. 피를 흘리면서 말로 표현할 수 없는 정신적 모험을 끝내기 전에 키릴로프는 인류의 고통만큼 오래된 한 마디 말을 한다. "모든 것이 다 좋다."

따라서 도스토에프키에게 있어서 이러한 자살의 주제는 확실히 부조리한 주제이다. 다만 한걸음 더 나아가기 전에, 새로운 부조리한 주제를 자신들 스스로 끌어들이는 다른 인물들 속에서 키릴로프가 다시 살아난다는 것에 주목하자. 스타브로긴과 이반 카라마조프는 실생활 속에서 부조리한 진리들을 실천한다. 키릴로프의 죽음이 해방시킨 것은 바로 그들이다. 그들은 황제가 되고자 시도해 보았다. 스타브로긴은 '아이러니컬한' 삶을 산다. 우리는 그것이 어떤 것인가를 충분히 알고 있다. 그는 자신의 주위에 증오를 불러일으킨다. 그렇지만 이 인물의 비밀을 푸는 열쇠는 "나는 아무것도 증오할 수 없었다."라는 그의 유서 속에 있다. 그는 무관심 속에 있는 황제이다. 이반 역시 정신적 왕권의 양위를 거부함으로써 황제이다. 그의 형제처럼, 믿기 위해서는 자신을 낮추지 않으면 안 된다는 것을 그들의 삶을 통해서 증명해 보이는 사람들에게, 그는 조건이 적절하지 않다고 대답할 수도 있을 것이다. 그의 비밀을 푸는 열쇠는 적당한 비애의 뉘앙스가 담긴 "모든 것은 허용되어 있다"라는 말이다. 물론 신의 암살자들 중에 가장 유명한 니체처럼 그는 광기로 죽는다. 그러나 이것은 마땅히 무릅써야 할 위험이므로 이 비극적 종말 앞에서 부조리한 정신의 본질적 움직임은 "이것은 무엇을 증명하는가?"라는 물음이다.

이렇듯 그의 소설들은 『작가의 일기』와 마찬가지로 부조리의 문제를 제기한다. 소설들은 죽음에 이르는 논리, 열광, '무시무시한' 자유, 인간적이 된 황제들의 영광 등을 새로 만들어낸다. 모든 것이 좋고 모든 것이 허용되며, 아무것도 가증스럽지 않다. 바로 이런 것들이 부조리의 판단들이다. 그러나 이 불과 얼음으로 된 존재들이 우리에게 이토록 친숙하게 보이는 창조라니 그 얼마나 경이적인가! 그들의 마음속에서 으르렁거리는 무관심의 정열에 넘친 세계는 우리에게 전혀 기괴한 것으로 보이지 않는다. 우리는 거기서 우리가 일상적으로 겪는 고뇌를 다시 만난다. 아마도 도스토옙스키처럼 부조리의 세계에 그토록 친밀하고 그토록 고통스러운 마력을 부여할 줄 알았던 사람은 아무도 없었을 것이다.

그러나 그의 결론은 무엇인가? 다음 두 가지의 인용문은 작가를 다른 계시로 끌고 가는 완전한 형이상학적 역전을 보여줄 것이다. 논리적 자살의 추론이 몇몇 비평가들의 항의를 불러일으키자 도스토옙스키는 『작가의 일기』의 다음 호들에서 자신의 입장을 발전시켜서 이렇게 결론짓는다. "불멸에 대한 믿음이 인간 존재에게 그토록 필요하다면(그 믿음 없이는 자살하기에 이를 정도로), 그것은 그 같은 믿음이 인간의 정상적인 상태이기 때문이다. 사정이 이러하다면 인간 영혼의 불멸은 의심할 여지없이 존재한다." 다른 한편, 그가 최후로 쓴 소설[9]의 마지막 페이지들에서 신과의 엄청난 투쟁 끝에 이르자 아이들이 알료샤에게 묻는다. "카라마조프, 종교가 말하는 것이 사실인가요? 우리가 죽은 자들 가운데서 다시 살아나고, 서로 서로 만나게 될 거라는 것이 사실인가요?" 그러자 알료샤가 대답한다. "물론이지. 우리는 서로 만나서 우리에게 일어난 모든 일을 즐겁게 이야기할거야."

이처럼 키릴로프, 스타브로긴과 이반은 패배한다. 『카라마조프가의 형제들』이 『악령』에 대답하고 있다. 그래서 문제가 되는 것은 바로 결론이다. 알료샤의 경우는 무슈킨 공작의 경우처럼 애매모호하지 않다. 병든 무슈킨은, 가끔 미소와 무관심이 미묘하게 섞여들 뿐인 영원한 현재 속에 살고 있다. 이 행복한 상태는 공작이 말한 영원한 삶이 될 수 있을지도 모른다. 이와는 반대로, 알료샤는 분명히 말한다. "우리는 다시 만날 거야." 자살과 광기는 더 이상 문제가 되지 않는다. 불멸과 그 기쁨을 확신하는 사람들에게 그것이 무슨 소용이 있겠는가? 인간은 자신의 신성을 행복과 바꾼다. "우리는 우리에게 일어난 모든 일을 즐겁게 이야기할 거야." 그리하여 다시 한 번, 키릴로프의 권총은 러시아의 어디선가 울렸지만, 세상은 계속해서 맹목적인 희망의 바퀴를 굴리고 갈 뿐이었다. 사람들은 '그것'을 깨닫지 못했다.

그러므로 우리에게 말을 하고 있는 것은 부조리의 소설가가 아니라 실존적 소설가이다. 여기서도 역시 비약은 감동적이고 이를 불러일으키는 예술에 그 위대성을 부여한다. 이것은 회의로 가득 차 불확실하나 정열적이고 가슴 뭉클한 동의이다. 『카라마조프가의 형제들』에 대해 말하면서 도스토옙스키는 다음과 같이 썼다. "이 책의 전편에 걸쳐 추구하게 될 주된 문제는 모

9_ 도스토옙스키의 『카라마조프가의 형제들』(1880)을 말한다. 그는 1881년 자택에서 폐출혈로 사망하기 바로 전 해에 이 작품을 발표하였다<역주>.

든 나의 생애를 통하여 의식적으로 혹은 무의식적으로 고통을 느꼈던 바로 그 문제, 즉 신의 존재의 문제이다." 한 권의 소설이 전 생애의 고통을 즐거운 확신으로 변화시키기에 충분했었다는 것을 믿기란 어려운 일이다. 어떤 해설자[22]는 정당하게 그 점을 지적하고 있다. 즉 도스토옙스키는 이반과 연결된 부분이 있다는 것이다—그렇기 때문에 『카라마조프가의 형제들』 가운데 긍정적인 장들은 3개월간의 노력이 요구된 반면에 그가 '신성모독'이라 부른 대목은 3주일 동안에, 그것도 열광 속에서 씌어졌다는 것이다. 그의 인물들 중에는 살 속에 박힌 이 가시를 지니고 있지 않은 사람, 그 가시로 인해 염증이 생기지 않은 사람은 하나도 없고, 그것에 대한 구제책을 감각이나 불멸 속에서 찾지 않는 사람은 하나도 없다.[23] 아무튼 이러한 회의에 대해서 좀 더 생각해 보기로 하자. 여기에 대낮의 빛보다 더 강렬한 명암 속에서 자신의 온갖 희망과 대적해 싸우는 인간의 투쟁을 이해할 수 있는 작품이 있다. 종극에 이르러 작품의 창조자는 작중 인물과 상반된 선택을 한다. 이러한 모순으로 인해 우리는 여기서 미묘한 차이를 끌어들일 수 있다. 여기서 문제가 되는 것은 부조리한 작품이 아니라 부조리의 문제를 제기하는 작품이다.

도스토옙스키의 대답은 굴종, 즉 스트브로긴에 의하면 '치욕'이라는 것이다. 반대로 부조리의 작품은 답을 제시하지 않는다. 바로 여기에 모든 차이가 있다. 끝으로 다음 사실을 유의해 두자. 즉 이 작품에서 부조리와 상반되는 것은 기독교적 성격이 아니라 그것이 미래의 삶에 대해서 말하는 예고이다. 사람들은 기독교적이면서도 부조리할 수 있다. 내세를 믿지 않는 기독교인들의 예는 얼마든지 있다. 따라서 예술 작품에 관한 한 이미 앞의 여러 대목들에서 예감할 수 있었던 부조리한 분석의 방향들 중 하나를 정확하게 밝히는 것은 가능할 것이다. 그 분석은 '복음서의 부조리성'을 제기하게 된다. 그 분석을 통해서 확신은 불신앙을 방해하지 않는다는, 그 전개상 발전 가능성이 많은 새로운 생각이 조명된다. 이와는 반대로 『악령』의 작가는 이러한 길들에 친숙하면서도 끝내는 아주 다른 길을 택했다는 것을 우리는 분명히 알고 있다. 창조자가 자신의 작중 인물들에게, 곧 도스토옙스키가 키릴로프에게 던진 의외의 대답은 결국 다음과 같이 요약될 수 있다. '존재는 거짓된 것이다. 그리고 그것은 영원한 것이다.'

3. 내일 없는 창조

그러므로 여기서 나는 희망이란 영원히 피할 수 있는 것이 아니라, 거기에서 벗어나고자 원하는 사람들조차 덮칠 수 있다는 것을 깨닫게 되었다. 이것이 지금까지 문제로 삼았던 작품들에서 내가 발견하는 관심거리이다. 나는 적어도 창조의 차원에서 정말 부조리한 몇몇 작품들을 열거할 수도 있다.[24] 그러나 모든 일에는 시작이 필요하다. 이 탐구의 목적은 성실성에 있다. 교회가 이단자들에게 그토록 가혹했던 것은 오로지 길을 잘못 들어 방황하는 어린아이보다 더 나쁜 적(敵)은 없다고 생각했기 때문이다. 그러나 그노시스파[10]의 대담한 주장의 역사와 마니교파[11]의 집요함은 정통적 교의의 확립을 위하여 모든 기도보다 더 많은 일을 했다. 정도의 차이는 있어도 부조리의 경우도 마찬가지이다. 사람은 부조리에서 멀어지는 길을 알아차림으로써 자신의 길을 알아보게 되는 것이다. 부조리한 추론의 바로 끝에 이르러 그 논리가 규정하는 태도들 중의 하나를 유지하면서 가장 비장한 모습들 중의 하나를 하고는 스며든 희망을 다시 찾는 것은 무심코 지나쳐버릴 일이 아니다. 이것은 부조리의 고행이 얼마나 어려운가를 보여준다. 특히 이것은 의식이 줄곧 깨어있어야 하는 필요성을 보여줌으로써 이 시론의 전체적인 구성과 일치한다.

10_ 그노시즘은 그노즈(gnose)를 통해서 구원에 이를 수 있다는 사유체계를 지닌 종파들을 일컫는다. 그래서 그노시즘은 영적인 지식을 추구하는 '영지주의'(靈智主義)로 번역된다(『문학비평용어사전』(2006) 참조)<역주>.

11_ 마니교(Manichaeism)는 3세기에 페르시아 왕국에서 마니(Mani)가 창시한 고유의 이원론적 종교이다. 교리로 선신(善神)과 악신(惡神)의 두 신을 숭배하며, 현세는 선과 악의 두 세계가 공존하나 종말에는 선신이 승리하고 선한 세상이 온다는 사유체계를 가진 종파이다(『교회용어사전』(2013) 참조)<역주>.

그러나 부조리의 작품들을 일일이 열거하는 것은 아직 어림도 없는 일이지만, 우리는 적어도 부조리한 존재를 완성시킬 수 있는 태도들 가운데 하나인 창조적인 태도에 관한 결론을 이끌어낼 수 있다. 부정(否定)적 사고만큼 예술에 이바지할 수 있는 것은 없다. 이 부정적 사고가 주는 모호하고도 굴욕적인 방식은 흰색을 이해하려면 검은색이 필요한 만큼이나 위대한 예술작품의 이해를 위해서는 필요하다. '쓸데없이' 작업하고 창조하는 것, 진흙 속에서 형태를 조각해 내는 것, 자신의 창조는 미래가 없다는 것을 아는 것, 자신의 작품이 수세기 동안 구축해온 것 이상의 중요성이 없다는 것을 깊이 의식하면서 자신의 작품이 하루 만에 파괴되는 것을 보는 것, 이것은 바로 부조리의 사고가 정당화시켜 주는 어려운 예지(叡智)인 것이다. 한편으로는 부정하고 다른 한편으로는 열광하는 이 두 가지 일을 동시에 처리하는 것, 이것이 바로 부조리한 창조자에게 열려진 길이다. 그는 공허를 자신만의 색깔들로 칠해야 하는 것이다.

이것은 예술 작품에 대한 특이한 이해에 이르게 한다. 사람들은 흔히 한 창조자의 작품을 고립된 증언들의 연속으로 간주한다, 이때 그들은 예술가와 문학가를 혼동하게 된다. 심오한 사상은 끊임없이 생성변화하며, 삶의 경험과 결합하여 그 안에서 다듬어진다. 이와 마찬가지로 한 인간의 유일한 창조는 연속적이면서 다양한 자신의 모습들, 곧 자신의 작품들 속에서 강화된다. 한쪽 작품들이 다른 쪽 작품들을 상호보완해 주고 수정해 주고 부족한 것을 만회하도록 해주고 나아가서는 부정하기까지 한다.

창조를 끝마치게 하는 무엇인가가 있다면, 그것은 "나는 모든 것을 말했다"라고 말하는 맹목적인 예술가의 의기양양하면서도 착각을 일으키는 외침이 아니라 그의 경험과 그의 천재성이 담긴 책을 닫아버리는 창조자의 죽음이다.

이러한 노력, 이러한 초인적인 의식이 반드시 독자에게 모습을 드러내는 것은 아니다. 인간의 창조에 신비는 없다. 의지가 그 기적을 만든다. 그러나 적어도 비밀 없는 진정한 창조는 없다. 아마도 일련의 작품들은 단지 동일한 사상의 근사치의 연속일 뿐일 수도 있으리라. 그러나 우리는 병렬배치를 사용하여 작업하는 또 다른 종류의 창조자들을 상상할 수 있다. 그들의 작품들은 서로 아무 관련이 없는 것처럼 보일 수도 있다. 어떤 측면에서 그것들은 모순적이다. 그러나 그들의 총체 속에서 본래의 자리에 다시 놓이면, 작품들은 자신들의 정연한 배열을 되찾는다. 그렇기 때문에 작품들이 결정적인 의미를 갖게 되는 것은 죽음으로부터이다. 작품들은 바로 저자의 생애 자체의 빛 중에서 가장 밝은 빛을 받아들인다. 이때 그의 작품들의 속편은 실패의 수집일 뿐이다. 그러나 만약 그 실패들이 모두 동일한 울림을 유지한다면, 창조자는 자신의 고유한 조건의 이미지를 되풀이할 줄 알고 자신이 지닌 불모의 비밀을 반향시킬 줄 아는 것이 된다.

이때 자제하는 노력은 엄청난 것이다. 그러나 인간의 지성은 그보다 더한 것도 만족시킬 수 있다. 그것은 창조의 의지적인 면만을 보여줄 것이다. 나는 이미 다른 곳에서 인간의 의지가 의식을 지탱하는 것 이외에 다른 목적이 없다는 것을 강조했다. 그러나 그것은 규율 없이는 앞으로 나아갈 수 없을 것이다. 인내와 명철성을 배우는 모든 학습의 장들 중에서 창조가 가장 효과적인 학습의 장이다. 그것은 또한 인간의 단 하나밖에 없는 존엄성에 대한 충격적인 증언이기도 하다. 즉 인간의 조건에 맞선 집요한 반항, 불모의 것인 줄 알고 있으면서 노력을 계속하는 불굴의 인내가 그것이다. 창조는 나날의 노력, 자제심, 진실의 한계들에 대한 정확한 평가, 절도와 힘을 요구한다. 창조 자체가 고행이다. 이 모든 것은 '아무것도 아닌 것을 위해서',

즉 반복하고 제자리걸음하기 위해서인 것이다. 그러나 아마도 위대한 예술 작품은 작품 그 자체 속에 중요성이 있다기보다는 오히려 그것이 인간에게 요구하는 시련과, 인간으로 하여금 자신들의 허울을 극복하고 적나라한 현실에 조금 더 가까이 접근하도록 해주는 기회 속에 있을 것이다.

미학적인 것에 대해 착각하지 않기를 바란다. 내가 여기서 내세우는 것은 인내심을 요하는 정보나 어떤 명제에 대한 끊임없는 헛된 해명이 아니다. 정확하게 나의 생각을 밝히자면 오히려 그 반대이다. 무엇인가를 증명하려고 하고, 또 모든 작품들 중에서 가장 가증스러운 것이기도 한 이른바 경향소설은 대개의 경우 '충분히 체계화된' 어떤 사상에서 착상을 얻고 있는 작품이다. 사람들은 자신이 소유하고 있다고 믿고 있는 진리를 보여준다. 그러나 사람들이 시작하는 것은 바로 이 관념으로부터인데 관념은 사상의 반대이다. 이러한 창조자들은 수치스러운 철학자들이다. 내가 말하고자 하거나 상상하는 창조자들은 그와 반대로 명철한 사상가들이다. 사고가 그것 자체에 되돌아오는 어느 지점에서 그들은 한계를 지니고서 소멸될 수밖에 없는 어떤 반항적인 사상의 분명한 상징으로서 그들 작품의 이미지들을 그려내는 것이다.

이런 작품들은 아마도 무엇인가를 증명하고 있을 것이다. 그러나 소설가들은 이 증거들을 남에게 제공한다기보다는 차라리 자기 자신에게 준다. 본질적인 것은 이들이 구상적인 것을 그려내는데 뛰어나며, 바로 그것이 그들의 위대함이라는 것이다. 전적으로 육체적인 이 승리는 추상적인 힘들이 굴종을 당한다는 사고에 의해 그들에게 준비되어졌던 것이다. 이 추상적인 힘들이 완전히 굴종을 당했을 때, 육체는 되레 부조리의 온갖 광채로 창조를 빛나게 한다. 정열적인 작품을 만드는 것은 바로 이런 아이러니컬한 철학들인 것이다.

통일을 포기하는 모든 사고는 다양성을 향상시킨다. 그리고 다양성은 예술의 터전이다. 정신을 자유롭게 하는 유일한 사고는 정신이 자신의 한계와 다가올 자신의 종말을 확신한 채 홀로 있도록 내버려 두는 사고이다. 어떠한 교의도 이 정신을 유혹하지 않는다. 정신은 작품과 삶의 성숙을 기다린다. 이 정신으로부터 떨어져 나온 최초의 작품은, 영원히 희망에서 해방된 영혼의 무딘 소리를 다시 한 번 더 들려줄 것이다. 혹은, 만약 창조자가 자신의 유희에 싫증이 난 나머지 그만 외면해 버리겠다고 작정한다면 그 작품은 아무것도 들려주지 않을 것이다. 그것은 결국 마찬가지이다.

이렇듯 나는 내가 사고에 요구했던 것, 즉 반항, 자유 그리고 다양성을 부조리한 창조에 요구한다. 부조리한 창조는 곧이어 자신의 본질적인 무용성을 나타낼 것이다. 지성과 정열이 서로 혼합되고 서로 간에 자리를 옮겨 갖는 이 나날의 노력 속에서 부조리의 인간은 자신의 힘의 본질을 이룰 어떤 규율을 발견한다. 거기에 필요한 열의, 그리고 고집과 통찰력은 예를 들면 정복자 같은 태도와 일치한다. 창조한다는 것, 그것은 자신의 운명에 어떤 형태를 부여하는 것이다. 이 모든 작중 인물들에 있어서 그들의 작품은 적어도 그들에 의해 그 작품이 정의되는 것만큼 그들을 정의한다. 배우는 우리에게 겉으로 보이는 것과 실제로 존재하는 것 사이에는 경계가 없다는 것을 이미 가르쳐주었다.

그것을 되풀이해 보자. 이 모든 것들 중에 아무것도 현실적 의미는 없다. 이 자유의 길 위에는 아직도 해야 할 전진(前進)이 있다. 이 유사한 정신의 소유자들, 즉 창조자 혹은 정복자에게 있어서 마지막 노력은 자신들의 기도(企圖)에서도 자유로워질 줄 아는 것이다. 다시 말해서 그것이 정복이든 사랑이든 창조이든 간에 작품 그 자체가 존재하지 않을 수도 있다는 것을 인정하기에 이르는 것이고, 그리하여 개인의 삶 전체의 근본적인 무용성을 완성할 줄 아는 것이다. 바로 이렇게 함으로써 정신들은 보다 더 용이하게 작품을 실현할 수 있게 된다. 이는 그들이 삶의 부조리성을 깨달음으로써 지나칠 만큼 열광적으로 삶 속에 몰입하는 것과 같다.

남은 것은 운명이다. 그것의 유일한 결말은 숙명적이다. 죽음이라는 유일한 숙명성을 제외하고는, 기쁨이건 행복이건 모든 것이 자유이다. 인간만이 유일한 주인인 세계가 남는다. 인간을 구속하고 있었던 것은 어떤 다른 세계의 환상이었다. 인간 사고의 운명은 더 이상 스스로를 포기하는 것이 아니라 이미지들로 다시 활기를 띠는 것이다. 그것은 -아마도 신화 속에서- 인간 고뇌의 깊이 이외에 다른 깊이가 없는 신화 속에서, 따라서 인간의 고뇌처럼 고갈되지 않는 신화 속에서 행해진다. 그것, 곧 인간 사고는 사람들을 즐겁게 하고 맹목적으로 만드는 신들의 우화가 아니라 힘든 예지와 내일 없는 정열로 요약되는 지상의 얼굴이고 몸짓이며 드라마인 것이다.

시지포스 신화

신들은 시지포스에게 끊임없이 산꼭대기까지 바위 덩어리를 굴려 올리게 하는 형벌을 내렸다. 그러나 돌덩이는 그 자체의 무게 때문에 그 꼭대기에서 다시 굴러 떨어졌다. 신들은 나름대로의 이유로 이 무익하고도 희망 없는 일보다 더 무서운 형벌은 없다고 생각했다.

호메로스[1]의 말에 의하면 시지포스는 인간들 중에서 가장 현명하고 신중한 사람이었다. 그러나 또 다른 설화에 의하면 그의 직업은 강도였다고 한다. 나는 여기에 모순이 없다고 본다. 그가 지옥의 무익한 노동자가 되어야만 했던 원인에 대해서는 의견이 분분하다. 첫째로 그는 신들을 상대로 약간 경박하게 굴었다는 비난을 받는다. 그가 신들의 비밀을 누설했다는 것이다. 아소포스[2]의 딸 아이기나는 주피터에 의해 납치되었다. 그녀의 아버지는 딸의 행방불명에 놀라서 시지포스에게 한탄을 했다. 이 납치 사건을 알고 있었던 시지포스는 코린트 성에 물을 대어 주겠다는 조건으로 그 사건의 전말을 알려주겠다고 아소포스에게 제의했다. 시지포스는 하늘의 분노보다 물의 혜택을 선택했다. 이 때문에 그는 지옥에 떨어지는 벌을 받게 되었다. 호메로스는 또한 우리에게 시지포스가 죽음의 신을 쇠사슬로 묶어놓

1_ 호메로스(Homeros, BC 800?~BC 750)는 고대 그리스의 작가이다. 서사시 「일리아스」와 「오디세이아」의 저자이며, 일설에 따르면 시각장애인 음유시인이라고도 한다<역주>.

2_ 아소포스(Asopos)는 그리스신화에 나오는 강의 신이다<역주>.

았다는 이야기를 한다. 플루토[3]는 황량하고 침묵에 휩싸인 그의 왕국의 모습을 보고 참을 수가 없었다. 그는 전쟁의 신을 급파하여 정복자의 손에서 죽음의 신을 해방시켰다.

또 전해오는 이야기로는 죽음 직전의 시지포스가 경솔하게도 자신의 아내의 사랑을 시험해보고 싶어 했다고 한다. 그는 아내에게 자기의 시체를 매장하지 말고 광장의 한복판에 던져버리라고 명령했다. 시지포스는 지옥에 떨어졌다. 이렇게 되자 인간적인 사랑과는 너무나 상반되는 아내의 복종에 화가 난 시지포스는 아내를 벌하기 위해 지상으로 되돌아갈 허락을 플루토에게 받았다. 그러나 또 다시 이 세상의 모습을 보고 물과 태양 그리고 따뜻한 바위들과 바다를 맛보았을 때, 그는 지옥의 어둠 속으로 되돌아가고 싶지 않았다. 수차례에 걸친 소환, 분노와 경고도 아무 소용이 없었다. 다시 여러 해 동안 그는 해안의 곡선과 눈부신 바다, 그리고 대지의 미소를 눈앞에 보며 살았다. 신들의 판결이 불가피했다. 메르쿠리우스[4]가 이 대담한 자의 목덜미를 움켜잡아 그를 쾌락에서 끌어낸 다음 굴려 올릴 바위가 이미 다 준비되어 있는 지옥으로 강제로 끌고 갔다.

우리는 이미 시지포스가 부조리의 영웅이라는 것을 알아차렸다. 그는 그의 고뇌만큼이나 정열 때문에 부조리의 영웅인 것이다. 신들에 대한 그의 멸시, 죽음에 대한 증오, 그리고 삶에 대한 정열은 아무것도 성취할 수 없는 일에 전 존재를 다 바쳐야 하는 형용할 수 없는 형벌을 그에게 내린 것이었다. 이것이 그가 이 땅에 대한 정열을 위해서 지불해야 할 대가이다. 지옥에

3_ 그리스 신화에서 플루토(Pluto)는 명계(冥界)의 신인 하데스의 후신(後身)으로 저승의 지배자인 동시에 지하의 부(富)를 인간에게 가져다주는 신이다<역주>.

4_ 메르쿠리우스(Mercurius)는 로마신화에서 주피터의 아들이고 제신의 사자(使者)이다<역주>.

서의 시지포스에 대해서는 우리에게 아무것도 전해진 것이 없다. 신화란 상상력이 거기에 생기를 불어넣도록 만들어진 것이다. 시지포스 신화에서는 거대한 돌을 들어올리기 위하여 수백 번 되풀이하여 언덕으로 그것을 굴려올리는 긴장된 육체의 모든 노력이 보일 뿐이다. 경련으로 찡그린 얼굴, 돌덩이에 밀착된 뺨, 진흙으로 덮인 바위 덩어리를 떠받치는 어깨, 그 바위 덩어리를 지탱하려고 버티는 다리, 돌을 되받아 안은 팔끝, 흙투성이가 된 두 손 등 완전히 인간적인 확신이 보인다. 하늘 없는 공간과 깊이 없는 시간으로 헤아려지는 이 기나긴 노력의 끝에 목적은 달성된다. 이때 시지포스는 돌덩이가 순식간에 저 아래의 세계로 굴러 떨어지는 것을 바라본다. 그는 저 아래에서 정상을 향해서 다시 돌덩이를 밀어 올려야만 하는 것이다. 그는 다시 들판으로 내려간다.

바로 저 정상으로부터 다시 내려오는 회귀, 이 잠시 동안의 휴식 때문에 특히 시지포스는 나의 관심을 끄는 것이다. 그토록 바위 곁에서 고통스러워하는 얼굴은 이미 바위 그 자체인 것이다! 나는 이 사람이 무겁지만 한결같은 발걸음으로 그 끝을 알 수 없을 고통을 향하여 다시 내려가는 것을 본다. 마치 내쉬는 숨과 같은 이 시간, 그의 불행만큼 어김없이 되찾아오는 이 시간, 이 시간은 바로 의식의 시간이다. 그가 산의 정상을 떠나 신들의 소굴을 향해서 조금씩 조금씩 들어가는 그 순간순간마다 그는 자신의 운명보다 더 우월한 것이다. 그는 그의 바위보다 더 강하다.

이 신화가 비극적인 것은 그 주인공의 의식이 깨어있기 때문이다. 만약 걸음걸음마다 성공에 대한 희망이 그의 힘을 북돋아 준다면 실제로 고통이 어디에 있겠는가? 오늘날의 노동자는 똑같은 일을 하며 자신에게 주어진 삶의 매일 매일을 영위한다. 따라서 그 운명도 역시 시지포스 못지않게 부조리한 것이다. 그러나 그 운명은 의식이 깨어있는 드문 순간들에만 비극적일 뿐이다. 신들 중에 프롤레타리아이며, 무력하고도 반항적인 시지포스는 자신의 비참한 처지의 정도를 완전히 알고 있다. 즉 그가 산에서 내려오면서 생각하는 것은 그의 처지이다. 아마도 그를 고뇌에 사로잡히게 했을 그 통찰력이 동시에 그의 승리를 완성시킨다. 멸시로 극복되지 않는 운명이란 없다.

이처럼 시지포스의 하산이 어떤 날에는 고통 속에서 이루어진다면, 그것은 또한 기쁨 속에서도 이루어질 수 있다. 이 말은 결코 지나친 말이 아니다. 나는 다시 자신의 바위로 되돌아가는 시지포스를 상상해 본다. 처음에는 고통으로써 시작되었다. 이 대지의 영상들이 기억에 너무나 생생하고 행복의 부름이 너무나도 강렬할 때, 인간의 마음속에 슬픔이 생기게 마련이다. 그 슬픔은 바위의 승리요 바위 그 자체이다. 엄청난 비탄은 감당하기에는 너무나 무겁다. 이것은 우리의 겟세마네[5]의 밤들이다. 그러나 짓누르는 압도적인 진리들도 인식됨으로써 사라진다. 이와 마찬가지로 오이디푸스도 처음에는 운명을 알지 못하고 그 운명에 복종한다. 그가 운명을 아는 순간부터 그의 비극은 시작된다. 그러나 바로 그 순간에, 눈멀고[6] 절망한 그는 자기를 이 세상과 연결시키는 유일한 끈은 한 처녀[7]의 싱싱한 손이라는 것을 안다. 이때 터무니없는 말소리가 울려온다. "그 많은 시련에도 불구하고, 나의 고령과 내 영혼의 위대함에 의하여 나는 모든 것이 다

5_ 겟세마네(Gethsemane)는 예수가 유대교도들에게 잡히기 전날 밤 땅에 엎드려서 기도했던 장소로 예루살렘의 동쪽 감람산 기슭에 있는 동산이다<역주>.

6_ 오이디푸스(Oedipus)는 자신의 어머니인 이오카스테(Iocaste) 왕비와 결혼했다는 사실을 깨닫자 왕비의 브로치로 자기 눈을 찔러 장님이 되었다<역주>.

7_ 오이디푸스와 이오카스테 왕비 사이에 근친상간으로 나은 안티고네(Antigone)를 말한다<역주>.

좋다고 판단하게 된다." 이렇게 소포클레스의 오이디푸스는 도스토엡스키의 키릴로프처럼 부조리의 승리를 경구로 표현한다. 고대의 예지가 현대의 영웅주의와 다시 만난다.

부조리는 어떤 행복의 안내서를 쓰려는 시도 없이는 발견되지 않는다. "어! 뭐라고, 이처럼 좁은 길들을 통해서......?" 그러나 오직 하나의 세계가 있을 뿐이다. 행복과 부조리는 같은 땅에서 태어난 두 아들이다. 이들은 서로 떨어질 수 없다. 잘못이 있다면 행복이 필연적으로 부조리의 발견에서 태어난다고 말하는 잘못일 것이다. 실상 부조리의 감정이 행복에서 태어날 수도 있다. "내가 판단하기에 모든 것이 다 좋다"라고 오이디푸스는 말한다. 이 말은 신성하다. 이 말은 인간의 다듬어지지 않은 한정된 세계 안에서 울린다. 이 말은 모든 것이 고갈되지는 않으며 고갈된 적도 없었다는 것을 가르쳐준다. 이 말은 불만과 무용한 고통에 대한 취미를 가지고 이 세계에 들어온 신을 추방한다. 이 말은 운명을 인간의 문제로, 곧 인간들 사이에서 해결되어야 할 문제로 만드는 것이다.

시지포스의 모든 은밀한 기쁨이 여기에 있다. 그의 운명은 그의 것이다. 그의 바위는 그의 것이다. 이와 마찬가지로 부조리한 인간이 자신의 고통을 주시할 때 모든 우상들은 침묵한다. 갑자기 본연의 침묵으로 돌아간 우주 속에서 경이에 찬 무수한 작은 소리들이 대지로부터 솟아오른다. 무의식적이면서도 비밀스러운 부름과 모든 얼굴들의 초대는 승리의 필연적인 이면이요 대가이다. 그림자 없는 햇빛은 없으므로 밤을 겪어 체험으로 알지 않으면 안 된다. 부조리한 인간은 긍정적으로 대답하고 자신의 노력은 멈추지 않을 것이다. 비록 개인적인 운명이 있을지라도 초월적인 운명은 결코 없다. 혹시 있다면 오직 숙명적이고 경멸해야 할 것으로 판단되는 단 하나의 운명이 있을 뿐이다. 그 외의 것에 관한 한 인간은 자신이 자기 삶의 주인이라는 것을 안다. 인간이 자신의 삶으로 돌아서는 이 미묘한 순간에 시지포스는 자신의 바위로 되돌아가면서, 자신에 의해 창조되고 기억의 시선 아래에서 통일되고 머지않아 죽음에 의해 봉인될 그의 운명이 되는 이 서로 연관도 없는 행위들의 연속을 응시한다. 이렇듯, 인간적인 모든 것은 전적으로 인간적인 근원이 있음을 확신해보기를 원하나 밤은 끝이 없다는 것을 아는 장님인 시지포스는 여전히 앞을 향해 걸어가고 있다. 바위는 또다시 굴러 떨어진다.

나는 시지포스를 산기슭에 내버려 둔다! 우리는 항상 그의 무거운 짐을 인식한다. 그러나 시지포스는 신들을 부정하고 바위를 들어 올리는 탁월한 성실성을 가르쳐준다. 그 역시 모든 것이 좋다고 판단한다. 이제부터 주인 없는 이 우주가 그에게는 불모의 것으로도 하찮은 것으로도 보이지 않는다. 이 돌의 부스러기 하나하나, 어둠으로 가득한 이 산의 광물질 섬광 하나하나가 오직 그에게만은 하나의 세계이다. 정상을 향한 투쟁 그 자체가 사람의 마음을 가득 채우기에 충분하다. 행복한 시지포스를 상상해야만 한다.

부 록

프란츠 카프카의 작품에 있어서의 희망과 부조리

우리가 여기서 부록으로 간행하는 프란츠 카프카에 대한 연구는 『시지포스 신화』의 초판에서는 「도스토옙스키와 자살」에 관한 장으로 대치되어 있었다. 카프카에 관한 이 연구는 1943년에 「아르발레트 L'Arbalète」지에 발표된 바 있다.

독자들은 도스토옙스키에 관한 몇몇 쪽에서 이미 다룬 바 있는 부조리한 창조에 대한 비평을 여기서는 다른 관점에서 재발견하게 될 것이다.

(편집자 노트)

카프카의 모든 기법은 독자로 하여금 다시 읽을 수밖에 없도록 하는데 있다. 작품의 결말이나 그 결말의 결여는 여러 설명을 암시해주지만 그것은 분명하게 드러나 있지 않아서 타당한 근거를 바탕으로 드러내 보이기 위해서는 새로운 각도에서 이야기를 다시 읽지 않으면 안 된다. 때로는 이중의 해석이 가능하기 때문에 두 번을 읽어야 할 필요성이 생긴다. 이것이 바로 작가가 추구했던 것이다. 그러나 카프카에 있어서 모든 것을 세세하게 해석하려는 것은 잘못이리라. 상징이라는 것도 항상 일반적인 것 안에 있다. 따라서 그 해석이 아무리 정확하다 할지라도 예술가는 거기에 작품의 생동감만을 재현할 수 있을 뿐이다. 즉 한마디 한마디를 그대로 옮겨놓을 수는 없는 것이다. 게다가 상징적인 작품보다 더 이해하기 어려운 것은 없다. 상징은 항상 그것을 사용하는 사람을 능가하며 사실상 그가 표현하고자 의식하는 것 이상을 말하게 한다. 그러한 관점에서 상징을 파악하는 가장 확실한 방법은 상징을 자극하지 않는 것이며, 선입감 없는 정신으로 작품을 시작하는 것이며, 그리고 비밀스러운 흐름을 찾으려 하지 않는 것이다. 특히 카프카의 경우는 그의 유희에 호응하면서 겉모습을 통해서 연극에, 그리고 형식을 통해서 소설에 접근하는 것이 적절하다.

언뜻 보기에는, 그리고 초연한 독자에게 있어서는, 그것들은 결코 표명되지 않은 문제를 고집스럽게 추구하며 두려움으로 전율하는 작중 인물들의 마음을 열광시키는 불안한 모험들이다. 『심판』에서 요제프 K...는 고소를 당한다. 그러나 그는 무엇 때문에 고소당했는지 모른다. 그는 확실히 자신을 변호하기를 몹시 바라지만 그 이유는 모른다. 변호사들은 그의 소송이 어렵다고 느낀다. 그러는 동안에도 그는 사랑하고 먹고 신문을 읽는 일을 게을리 하지 않는다. 그리고 그는 재판을 받는다. 그러나 법정은 매우 어둡다. 그는 이해하는 것이 별로 없다. 다만 그는 유죄 선고를 받았다고 추측만 할 뿐, 어떤 판결이 내려졌는지 거의 궁금해 하지도 않는다. 실상 그는 그 일에 대해 가끔 의심을 품기도 하지만 그대로 계속 살아간다. 오랜 시간이 지난 후에 말쑥하게 차려입은 정중한 두 신사가 그를 찾아와서 자신들을 따라 오라고 청한다. 그들은 더할 나위 없는 정중한 태도로 그를 어느 절망적인 교외(郊外)로 데리고 가서는 돌 위에 머리를 올려놓고는 찍어 죽인다. 죽기 전에 그 죄수는 '개처럼'이라는 한마디를 내뱉을 뿐이다.

자연스러움이 가장 두드러진 특징인 이야기에서 상징에 대해서 말하기란 어려운 일인 것 같다. 하지만 자연스러움은 이해하기 어려운 범주이다. 사건이 독자에게 자연스러워 보이는 작품들이 있다. 그러나 훨씬 드문 일이지만, 작중인물이 자신에게 일어나는 일을 자연스럽다고 생각하는 다른 작품들도 있다. 기묘하고도 명백한 역설이겠지만, 작중인물의 모험이 기이하면 기이할수록 이야기의 자연스러움이 더 현저해질 것이다. 즉 자연스러움은 한 인간 삶의 기이함과 그 사람이 삶을 받아들이는 단순성 사이에 우리가 느낄 수 있는 거리에 비례한다. 이러한 자연스러움은 카프카의 자연스러움인 것 같다. 바로 그래서 『심판』이 말하고자 하는 것이 무엇인지 잘 느껴진다. 이 소설에서는 인간 조건의 한 이미지에 대해서 말했다. 아마 그럴 것이다. 그러나 그것은 더욱 단순한 동시에 더욱 복잡하다. 나는 이 소설의 의미가 카프카에게 있어서는 보다 더 특수하며 보다 더 개인적인 것이라고 말하고 싶다. 어떤 면에서 그가 고백을 하는 것이 우리들 모두의 일이라면 그것을 말하는 것은 바로 그 자신이다. 그는 살고 있으나 유죄 선고를 받았다. 그는 자신이 이 세상에서 이어나가고 있는 소설의 첫 몇 페이지에서부터 그 사실을 알아차린다. 그는 그것을 시정하려고 시도는 하지만 그것이 놀랍지는 않다. 이 놀랍지 않다는 사실에 대해 그는 별로 놀라지 않을 것이다. 우리는 바로 이런 모순들로부터 부조리한 작품의 첫 징후들을 알아보게 된다. 인간정신은 그 자체의 정신적인 비극을 구상적인 세계 속에 투영한다. 그런데 그것은 오로지 색채에 공허를 표현할 능력을 부여하고, 일상적인 몸짓에 영원한 야망들을 표출할 힘을 부여하는 항구적 역설에 의해서만 할 수 있는 것이다.

마찬가지로, 『성』은 어쩌면 현재 실행되고 있는, 곧 현실태의 신학이라 할 것이다. 그러나 그것은 무엇보다도 먼저 자신의 은총을 구하는 한 영혼의 개인적인 모험이고, 이 세상의 사물들에게는 장엄한 비밀을, 그리고 여자들에게는 그들 안에서 잠들어 있는 신의 징후를 찾는 한 인간의 개인적인 모험이다. 한편 『변신』도 명철성의 윤리학에 대한 무시무시한 영상을 확실하게 보여준다. 그러나 그것은 또한 자신이 노력하지 않고 쉽게 벌레로 변한 것을 느낄 때 인간이 체험하게 되는 예측 불가능한 경악의 산물이기도 하다. 바로 이런 근본적인 모호성 속에 카프카의 비밀이 있는 것이다. 자연스러움과 비범함, 개인적인 것과 보편적인 것, 비극적인 것과 일상적인 것, 그리고 부조리와 논리 사이에서의 이 영원한 흔들림은 그의 전 작품을 통하여 나타나며, 또한 그의 작품에 울림과 동시에 의미를 부여하고 있다. 부조리한 작품을 이해하기 위해서는 이 역설들을 열거해야만 하고 이 모순들을 강화해야만 한다.

사실, 상징은 두 가지 측면, 곧 관념과 감각의 두 세계를 전제로 하고, 또 이 두 세계 사이를 서로 교감시키는 어떤 사전을 전제로 한다. 그 어휘부야말로 정하기에 가장 어려운 것이다. 그러나 대면하고 있는 두 세계를 의식한다는 것은 그들 사이가 은밀한 관계의 길로 접어들었다는 것을 말한다. 카프카의 작품에 있어서는 이 두 세계는 한편으로는 일상적인 생활이며, 다른 한편으로는 초자연적인 불안의 세계이다.[25] 우리는 여기서 "중대한 문제는 길거리에 있다."라는 니체의 말을 끝임 없이 활용하고 있다는 느낌이 든다.

인간 조건 속에는 근원적인 부조리성과 동시에 준엄한 위대성이 있는데 이는 모든 문학의 흔해빠진 주제이다. 이 두 가지는 마치 당연한 것처럼 일치한다. 반복해서 이야기해 보자. 이 둘은 모두 우리 영혼의 방탕함과 육체의 덧없는 기쁨을 갈라놓는 우스꽝스러운 대립 속에서 나타난다. 부조리, 그것은 그토록 터무니없이 육체를 능가하는 것이 바로 이 육체의 영혼이라는 데에 있다. 이 부조리를 나타내고자 하는 사람은 평행선을 긋고 있는 상호대조의 놀이 속에서 부조리에 생명력을 불어넣어야만 할 것이다. 이처럼 카프카는 일상적인 것을 통해서 비극을, 논리를 통해서 부조리를 표현하고 있다.

배우는 과장을 경계하면 경계할수록 비극적 인물에 그만큼 더 큰 힘을 부여하게 된다. 그가 신중하게 과장을 절제한다면 그가 야기하는 공포는 엄청날 것이다. 이러한 관점에서 그리스 비극은 많은 것을 가르쳐 준다. 비극 작품에서 운명은 항상 논리와 자연스러움의 모습을 띨 때 더 잘 느껴지도록 되어 있다. 오이디푸스의 운명은 이미 예고되어 있다. 그가 살인과 근친강간의 죄를 범할 것이라는 것이 초자연적으로 결정되어 있다. 극의 모든 노력은 추론에서 추론으로 주인공의 불행을 완성해 가는 논리적 체계를 보여주는 데 있다. 이 이례적인 운명을 우리에게 단지 알려주기만 하는 것은 별로 끔찍하지 않다. 왜냐하면 그것은 있을 법한 일이 아니기 때문이다. 그러나 만약 운명의 필연성이 일상의 삶, 즉 사회, 국가, 친숙한 감정의

테두리 안에서 우리에게 구체적으로 입증된다면, 그때는 공포의 감정이 확고해질 것이다. 충격을 받은 인간에게 "그건 불가능해!"라고 말하게 하는 이 반항 속에는 '그건' 있을 수 있는 일이라는 절망적인 확신이 이미 내포되어 있는 것이다.

이것이 그리스 비극의 모든 비밀, 혹은 적어도 그 비밀의 여러 양상 중의 하나이다. 왜냐하면 정반대의 방법으로 우리에게 카프카를 더 잘 이해하게 해줄 수 있는 또 다른 일면이 있기 때문이다. 인간의 마음은 단지 자신을 짓누르는 것만을 숙명이라고 부르려는 유감스러운 성향을 가지고 있다. 그러나 행복 역시 그 나름대로 이유가 없다. 왜냐하면 그것은 불가피한 것이기 때문이다. 그럼에도 불구하고 현대인은 행복을 인식할 때 행복의 모든 공을 자신의 것으로 돌린다. 반대로 그리스 비극에 있어서의 특별히 선택받은 사람들의 운명들, 그리고 율리시즈처럼 최악의 모험 속에서 스스로를 구해 낸 것으로 생각하는 전설의 총아들에 대해서는 할 이야기가 많을 것이다.

아무튼 기억해 두어야 할 것은 비극에 있어서 논리적인 것과 일상적인 것을 연결해 주는 이 은밀한 공모다. 『변신』의 주인공 삼사(Samsa)가 외판원인 이유가 바로 여기에 있다. 바로 그렇기 때문에 자신이 한 마리의 벌레가 되어 버리는 그 기묘한 모험 속에서 그를 난처하게 하는 유일한 일은 사장이 그의 결근에 대해서 불만스러워 할 것이라는 것이다. 다리와 더듬이가 돋아나고, 그의 척추가 활모양으로 휘고, 배에는 여기저기 흰 반점들이 생기지만-이것이 그를 놀라게 하지 않는다고 말하려는 것은 아니다. 그러면 효과가 없어질 테니까-이것은 그에게 '사소한 귀찮은 일'을 야기할 뿐이다. 카프카의 모든 예술은 이러한 뉘앙스 속에 있다. 그의 중요한 작품인 『성』에서는 일상생활의 사소한 일들이 다시 우세해진다. 그렇지만 아무것도 되는 일은 없고 모든 것을 다시 시작하는 이 이상한 소설에서 묘사되는 것은 자신의 은총을 찾는 한 영혼의 본질적인 모험이다. 이처럼 문제를 현실태 속에서 표현하거나 보편적인 것과 특수한 것 사이의 일치는 매우 위대한 창작자 특유의 사소한 기교들 속에서도 엿볼 수 있다. 『심판』에서 주인공의 이름이 슈미트 혹은 프란츠 카프카일 수도 있었을 것이다. 그러나 그의 이름은 요제프 K...이다. 그는 카프카가 아니다. 그렇지만 그는 바로 카프카 자신이다. 그는 보통의 유럽인이다. 그는 세상 사람들과 다를 바 없다. 그러나 그는 또한 육체의 방정식의 x에 해당하는 실체로서의 K이기도 하다.

마찬가지로 만약 카프카가 부조리를 표현하고자 한다면 그가 사용하게 될 것은 논리적 일관성이리라. 우리는 목욕탕 속에서 낚시질을 했던 미치광이의 이야기를 알고 있다. 정신병 치료에 일가견이 있는 한 의사가 그에게 "고기가 물리느냐?"라고 묻자 그는 단호하게 대답했다. "아니, 멍청아, 이건 목욕탕이야." 이것은 괴상야릇한 우스개 이야기이다. 그러나 여기서 부조리한 효과가 얼마나 논리적 남용과 연관되어 있는지가 민감하게 파악된다. 카프카의 세계는 사실상 아무것도 나오지 않을 거라는 것을 알면서도 목욕탕에서 낚시질이라는 괴로운 사치를 자청하는 인간의 말로 다 표현할 수 없는 세계인 것이다.

따라서 여기서 나는 그 원칙들에서 부조리한 작품을 알아보게 된다. 예를 들어 『심판』의 경우는 전적으로 성공한 것이라고 나는 분명히 말할 수 있다. 육체가 승리를 거두고 있는 것이다. 거기에는 아무것도 결여된 것이 없다. 이를테면 표현되지 않은 반항도(그러나 바로 그 반항이 글을 쓰고 있는 것이다), 명철하면서도 말이 없는 절망도(그러나 바로 그 절망이 창조하고 있는 것이다), 그리고 소설의 인물들이 마지막 죽음에 이르기까지 열망하는 그 놀라운 행동거지의 자유도, 그 어느 하나 모자라는 것이 없는 것이다.

그러나 이 세계는 보이는 것만큼 그렇게 폐쇄적이 아니다. 이 진전 없는 세계 속에 카프카는 기묘한 형태의 희망을 도입하려고 한다. 이 점에 있어서 『심판』과 『성』은 동일한 방향으로 나아가지는 않는다. 이 두 작품은 상호보완적이다. 『심판』에서 『성』에 이르기까지 간파할 수 있는 그 눈에 띄지 않는 전진은 도피의 차원에서 볼 때 거대한 성과를 나타낸다. 『심판』이 제기한 문제를 『성』이 어느 정도 해결하고 있다. 전자는 거의 과학적인 방법으로 묘사만 하되 결론이 없다. 후자는 어느 정도 설명을 하고 있다. 『심판』은 진단을 하고 『성』은 치료를 상상한다. 그러나 여기에서 권하는 약은 낫지 않는다. 그것은 단지 병이 정상적인 삶 속으로 되돌아가게 할 뿐이다. 그것은 병을 받아들이도록 도와준다. 어떤 의미에서(키에르케고르를 생각하자) 그 약은 병을 지극히 사랑하게 한다. 측량 기사 K...는 자신을 갉아먹는 고민 이외에 다른 고민은 상상할 수 없다. 그를 둘러싸고 있는 사람들조차도, 마치 여기서는 고통이 어떤 특권적인 모습을 띠고 있다는 듯이 이 공허와 이름 없는 이 고뇌에 열중한다. 프리다(Frieda)가 "제겐 당신이 너무나도 필요해요. 제가 당신을 알게 된 후부터 당신이 내 곁에 없으면 난 마치 버림받은 느낌이 들어요."라고 K...에게 말한다. 우리로 하여금 우리를 짓누르는 것을 사랑하게 하고 출구 없는 세계에서 희망이 생겨나게 하는 이 묘약, 이를테면 모든 것을 변화시키는 이 갑작스런 '비약', 이것이 바로 실존적 혁명의 비밀이요 『성』 그 자체의 비밀이다.

전개 방식에 있어서 『성』보다 더 빈틈없는 작품은 별로 없다. K...는 성의 측량 기사로 임명되어 그 마을에 도착한다. 그러나 마을에서 성으로는 연락이 불가능하다. 수백 페이지에 걸쳐서 K...는 성으로 가는 자기의 길을 찾으려고 집요하게 애쓸 것이고, 모든 방법을 다 취할 것이고, 속임수도 쓸 것이고, 완곡한 방법도 쓸 것이고, 결코 화내지 않을 것이고, 그리고 놀라울 정도의 신념을 가지고 자기에게 맡겨진 직분을 수행하려고 할 것이다. 각 장은 하나의 실패이다. 그리고 또한 새로운 시작이다. 이 시작은 논리가 아니라 일관성 있는 정신에서 비롯된다. 이 고집스런 집요함이 작품의 비극적 상황을 만든다. K...가 성에 전화를 걸 때 그의 귀에 들려온 것은 확실치 않으면서도 뒤섞인 목소리들, 희미한 웃음소리들, 그리고 멀리서 부르는 소리들이다. 이런 것들은 여름 하늘에 나타나는 어떤 전조들처럼 혹은 우리에게 삶의 이유가 되는 저녁의 약속들처럼 그의 희망을 키우기에 충분한 것이다. 여기서 우리는 카프카 특유의 우수가 지닌 비밀을 보게 된다. 그것은 확실히 프루스트의 작품 속에서나 플로티노스의 풍경 속에서 느껴지는 것과 같은 우수, 이를테면 잃어버린 낙원에 대한 향수이다. 올가(Olga)는 말한다. "아침에 바르나바스가 성에 간다고 말할 때면 나는 아주 우울해져요. 그것은 아마 헛걸음이 될 테고, 아마 하루를 허비하는 것이 될 테고, 아마 헛된 희망이 될 테니까요." '아마'라는 말이 주는 미묘한 느낌으로 카프카는 그의 작품 전체를 이끌어 나간다. 그러나 그것은 아무 효과도 없다. 여기서는 영원에 대한 탐구가 세심하게 이루어지고 있는 것이다. 그리하여 영감을 받은 자동인형 같은 카프카의 주인공들은 유희 26
가 불가능해진 채 신의 모욕에 송두리째 내맡겨진 우리들의 미래 모습 그 자체를 보여준다.

『성』에서는 이런 일상적인 것에 대한 순종이 하나의 윤리처럼 되어 있다. K...의 큰 희망은 성에서 그를 받아준다는 약속을 얻어내는 것이다. 혼자서 그 희망을 이룰 수 없으므로 그는 이 마을의 주민이 되어 모든 사람들이 그로 하여금 느끼게 하는 이방인이라는 자격을 잃음으로써 입성이라는 은총을 마땅히 받을 자격을 갖출 수 있도록 그의 모든 노력을 다 한다. 그가 바라는 것은 하나의 직업이며 가정이고 정상적이고도 건전한 사람의 생활이다. 그는 자신의 미친 짓을 더 이상 견딜 수 없다. 그는 분별 있은 사람이 되기를 원한다. 마을에서 자신을 이방인으로 만들어 놓는 특별한 저주에서 그는 벗어나고 싶은 것이다. 이 점에서 프리다의 에피소드는 의미심장하다. 성의 관리들 중 한 사람을 알고 있는 이 여자를 그가 자기의 정부로 삼는다면 그것은 바로 그녀의 과거 때문이다. 그는 그녀에게서 자기를 뛰어넘는 그 무엇인가를 찾는다. 그와 동시에 그는 그녀를 성과 영원히 어울리지 않는 존재로 만드는 것이 무엇인가를 의식하고 있다. 여기서 우리는 레기네 올센[1]에 대한 키레르케고르의 기이한 사랑을 떠올리게 된다. 어떤 사람들에 있어서는 그들을 순식간에 삼켜버리는 영원의 불길이 너무나 엄청나서 그들 주위 사람들의 마음까지도 태워버린다. 신의 것이 아닌 것을 신에게 바치는 이 불길한 오류, 이것 역시 『성』의 에피소드의 주제이다. 그러나 카프카에게 있어서는 이것이 분명 오류가 아닌 것 같다. 그것은 교의(教義)이며 '비약'이다. 신의 것이 아닌 것은 아무것도 없다.

측량 기사가 프리다를 떠나 바르나바스 자매에게 간다는 사실은 한층 더 의미심장하다. 왜냐하면 바르나바스 가족은 성과 마을 자체에서 완전히 버림받은 유일한 집안이기 때문이다. 언니 아말리아는 성의 한 관리가 한 수

1_ 레기네 올센(Regine Olsen)은 덴마크의 철학자 키레르케고르(1813~1855)가 평생 동안 사랑했던 여인으로 그녀와 약혼에 이르지만 결국 그녀로부터 도망치고 만다<역주>.

치스러운 구혼을 거절했다. 이에 따르는 부도덕한 저주로 그녀는 영원히 신의 사랑으로부터 배척당했다. 신을 위하여 자신의 명예를 잃을 수 없다는 것은 신의 은총을 받을 자격이 없어진다는 뜻이다. 우리는 여기서 도덕과 상반되는 진리라는 실존철학의 낯익은 주제를 알아보게 된다. 여기서 이야기는 더 나아간다. 왜냐하면 카프카의 주인공이 추구하는 길, 그리고 프리다로부터 바르나바스 자매에게로 가는 길은 바로 믿음이 바탕이 된 사랑으로부터 부조리의 신격화에 이르는 길이기 때문이다. 여기에서 또 한 번 카프카의 사상은 키에르케고르와 만난다. '바르나바스 이야기'가 책의 마지막 부분에 자리 잡고 있는 것은 놀랄 일이 아니다. 측량 기사의 최후의 시도는 신을 부정함으로써 신을 재발견하려는 데 있으며, 우리의 선과 미의 범주에 따라서가 아니라 신의 무관심과 불의와 증오의 공허하고 흉측한 모습 뒤에 있는 신을 인정하는 데 있다. 성에서 자기를 받아주기를 요구하는 이 이방인은 그의 여행의 끝에 가서는 좀 더 고립되는 처지가 된다. 왜냐하면 이번에는 그가 자기 자신에게 충실하지 않고, 도덕과 논리와 정신의 진리를 버리고 오직 무모한 희망에 부풀어 신의 은총이라는 사막 속으로 들어가려고 하기 때문이다.[27]

여기서 희망이라는 말은 우스꽝스럽지 않다. 그와 반대로 카프카가 이야기하는 상황이 비극적이면 비극적일수록 이 희망은 더 확고해지고 도전적이 된다. 『심판』이 진실로 부조리하면 부조리할수록 『성』의 열광적인 '비약'은 더욱 더 감동적이고 비합리적으로 보인다. 그러나 우리는 여기서 키에르케고르가 예를 들어 다음과 같이 표현한 바가 있는 실존주의 사상의 역설을 순수한 상태로 다시 보게 된다. "우리는 지상의 희망을 때려죽여야만 한다. 오직 그 때라야만 비로소 우리는 진정한 희망[28]을 통해서 구원받을 것이다." 이 말을 다음과 같이 재해석해서 표현할 수도 있다. "그가 『심판』을 쓴 후에라야 『성』을 구상할 수 있다."

카프카에 대해서 말한 대부분의 사람들은 사실 그의 작품은 어떠한 구원도 인간에게 남겨져 있지 않은 절망의 외침이라고 정의했다. 그러나 이 정의는 수정할 필요가 있다. 희망에도 여러 종류가 있다. 앙리 보르도[2]의 낙관적인 작품은 나에게 유난히도 실망스러워 보인다. 왜냐하면 그의 작품에서는 다소 까다로운 마음을 가진 사람에게는 아무것도 허용되지 않기 때문이다. 그와 반대로 말로[3]의 사상은 항상 계속해서 활력을 준다. 그러나 이 두 경우 문제가 되는 것은 동일한 희망도 동일한 절망도 아니라는 것이다. 나는 다만 부조리한 작품 그 자체도 내가 피하고 싶은 불성실에 이르게 할 수 있다는 것을 안다. 아무런 결실을 맺지 못하는 상태의 무의미한 반복뿐이었던 작품이, 덧없는 것에 대한 통찰력 있는 열광을 보일 뿐이었던 작품이 여기서는 환상의 요람이 된다. 이 작품은 설명을 하고 희망에 어떤 형식을 부여한다. 창조자는 더 이상 작품에서 분리될 수 없다. 작품은 마땅히 그랬어야만 하는 비극적 유희가 아니다. 작품은 작가의 삶에 어떤 의미를 부여한다.

어쨌든 카프카, 키에르케고르 그리고 셰스토프의 작품들과 같이 서로 유사한 영감으로 씌어진 작품들, 간단하게 말해서 부조리와 그 귀결에 전적인 관심을 쏟은 실존적 소설가나 철학가의 작품들이 결국 이 거대한 희망의 외침에 이르게 되는 것은 기이한 일이다.

2_ 앙리 보르도(Henry Bordeaux, 1870~1963)는 프랑스 소설가이다. 주요 소설로는 『삶의 공포 *La peur de vivre*』(1902), 『집 *La Maison*』(1913) 등이 있다<역주>.

3_ 앙드레 말로(André Malraux, 1901~1976)는 프랑스의 소설가이다. 주요 소설로는 『인간의 조건 *La Condition humaine*』(1933), 『희망 *L'Espoir*』(1937) 등이 있다. 드골 정권하에서 정보·문화 장관을 역임했다<역주>.

그들은 자신들을 삼켜버리는 신을 껴안는다. 희망은 바로 굴종을 통해서 끼어드는 것이다. 왜냐하면 이러한 존재의 부조리성은 그들로 하여금 초자연적 실재를 더욱 확신하도록 하기 때문이다. 만약 이 인생길이 신에게 이르는 것이라면 거기에는 해결책이 있는 것이다. 그리하여 키에르케고르, 셰스토프, 그리고 카프카의 주인공들이 그들의 여정을 반복할 때 보여주는 그 인내와 집요함은 이 확신의 열광적인 힘에 대한 기이한 보증이다.[29]

카프카는 그의 신에게서 도덕적 위대함, 명증성, 선(善), 일관성을 거부하지만, 그것은 그의 품안에 더 깊이 뛰어들기 위해서이다. 부조리가 인정되고 받아들여지고, 인간이 그 사실을 체념하고 받아들이는 순간부터 우리는 그것이 더 이상 부조리가 아니라는 것을 안다. 인간 조건의 한계 안에서 이 조건을 벗어날 수 있게 하는 희망보다 더 큰 희망이 어디 있겠는가? 나는 실존사상이 사람들의 일반적인 견해와는 달리 엄청난 희망으로, 이를테면 초기의 기독교 및 복음의 전파와 더불어 고대 세계를 뒤흔들었던 바로 그 희망으로 가득 차 있다는 것을 한 번 더 확인하게 된다. 그러나 모든 실존사상을 특징짓는 이러한 비약 속에서, 이러한 집요함 속에서, 그리고 겉모습이 없는 신성(神性)을 고려한다면 어떻게 스스로를 포기하는 명석함의 징후를 보지 않을 수 있겠는가? 사람들은 구원을 받기 위해서 포기해야 하는 것은 오만이라고 믿는다. 이 포기는 오히려 결실을 얻을 수 있는 기회일 수도 있을 것이다. 그러나 이러한 포기가 오만을 변화시키지는 않는다. 모든 오만과 마찬가지로 명철성이 결실이 없는 것이라고 말하더라도 내가 보기에는 그것의 정신적인 가치가 평가절하되는 것은 아니다. 왜냐하면 진리 또한 그 정의 자체로서는 결실이 없는 것이기 때문이다. 모든 자명한 사실들은 다 결실이 없는 것이다. 모든 것이 주어지고 아무것도 설명되지 않는 세계에서 가치 혹은 형이상학의 풍요로움이라는 것은 무의미한 개념이다.

어쨌든 우리는 여기서 카프카의 작품이 어떤 사상의 전통에 속하는지를 알 수 있다. 사실 『심판』에서 『성』에 이르는 과정을 빈틈없이 고려하는 것은 어리석은 일일 것이다. 요제프 K...와 측량 기사 K...는 카프카를 끌어당기는 양극일 뿐이다.[30] 나도 카프카처럼 말할 수 있고, 그의 작품이 아마도 부조리한 것이 아니라고 말할 수 있다. 그러나 그렇게 말한다고 해서 우리가 그의 위대성과 보편성을 보지 못하게 되는 것은 아니다. 그의 위대성과 보편성은 희망에서 비탄으로, 절망적인 예지에서 의도적인 맹목으로 옮겨가는 일상의 추이를 그처럼 풍부하게 묘사할 줄 알았다는 데서 온다. 그의 작품이 보편적인 것은(참으로 부조리한 작품은 보편적이지 않다), 자신의 온갖 모순들 속에서 믿어야할 이유를 끌어내고 자신의 수많은 절망 속에서 희망을 가질 이유를 끌어내며 그 무시무시한 죽음의 학습을 삶이라고 부르면서 인간성을 회피하려는 인간의 감동적인 모습이 거기서 상상되기 때문이다. 그의 작품은 종교적 영감이 있는 것이기에 보편적이다. 모든 종교에서 그렇듯이 인간은 그 작품 속에서 자기 삶의 짐에서 해방된다. 그러나 나도 그것을 알고 또한 그것을 찬미할 수는 있겠지만, 나는 내가 추구하는 것이 보편적인 것이 아니라 진실한 것이라는 것 또한 알고 있다. 이 두 가지는 서로 일치될 수가 없다.

진실로 절망적인 사상은 바로 그와 대립되는 기준들에 의하여 정의되며 비극적인 작품은 미래의 모든 희망이 다 배제된 상황에서 행복한 인간의 삶을 묘사하는 작품일 수 있다고 내가 말한다면, 이와 같은 관점은 좀 더 잘 이해될 수 있을 것이다. 삶이 열광적이면 열광적일수록 그 삶을 잃는다는 생각은 더욱 부조리하게 된다. 우리가 니체의 작품에서 호흡하게 되는 이 찬란한 메마름의 비밀은 아마도 여기에 있을 것이다. 이러한 사상의 영역에서 니체야말로 '부조리' 미학의 극단적인 결과들을 이끌어낸 유일한 예술가인 것처럼 보인다. 왜냐하면 그의 최후의 메시지는 결과는 없지만 자신만만한 명철성과 일체의 초자연적인 위안에 대해 집요하게 부정하고 있기 때문이다.

지금까지 말한 것으로도 이 시론의 틀 안에서 카프카 작품이 차지하는 핵심적인 중요성을 밝히기에 충분했을 것이다. 우리는 이제 인간 사상의 궁극점까지 와 있다. 엄밀한 의미에서 이 작품 속에서는 모든 것이 다 본질적이라고 말할 수 있다. 어쨌든 이 작품은 작품 전체에 걸쳐 부조리의 문제를 제기한다. 그리하여 만약 이 결론들과 우리가 처음에 지적했던 사실들, 내용과 형식, 『성』의 은밀한 의미와 그 의미 속에 흐르는 자연적인 기법, 그리고 K...의 오만하고 열정적인 추구와 그 추구가 나아가는 일상적인 배경을 비교해 본다면, 이 작품의 위대함이 무엇인지를 이해할 수 있을 것이다. 왜냐하면 만일 향수가 인간적인 것을 나타내는 표시라면, 아마 카프카를 뺀 그 누구도 그처럼 많은 육체와 기복(起伏)을 이 회한의 망령들에게 바치지 않았을 것이기 때문이다. 그러나 이와 동시에 우리는 부조리의 작품이 요구하지만 여기에서는 아마도 발견되지 않는 기이한 위대성이 어떤 것인가를 파악하게 될 것이다. 예술이 갖는 본래의 의미가 보편적인 것을 특수한 것에 결합시키고, 한 방울의 물에 담긴 덧없는 영원성을 그 빛의 유희에 결합시키는 데 있다면, 부조리한 작가의 위대함을 그가 이 두 세계 사이에 설정하는 간격에 따라 평가하는 것이야말로 한층 더 타당한 일일 것이다. 그의 비밀은 이 두 세계가 그들의 가장 큰 불균형 속에서도 서로 일치하는 정확한 지점을 찾을 줄 안다는 것이다.

그런데 솔직히 말해서, 순수한 마음을 가진 사람들은 인간과 비인간적인 것이 공존하는 이 기하학적인 접점을 도처에서 볼 수 있다. 파우스트와 돈키호테가 예술의 탁월한 창조물일 수 있는 것은 그들이 자신들의 세속적인 손으로 우리에게 보여주는 도를 넘어선 그 엄청난 위대성 때문이다. 그럼에도 불구하고 손으로 만질 수 있는 진리를 정신이 부정하는 순간이 항상 찾아온다. 창조가 더 이상 비극으로 받아들여지지 않고 오로지 진지함으로 받아들여지는 순간이 온다. 이때에 인간은 희망에 관심을 기울인다. 그러나 그것은 인간의 소관사항이 아니다. 그가 할 일은 교묘한 술책에서 빗겨나는 것이다. 그런데 카프카가 전 우주에 제기하는 격렬한 소송의 끝에서 내가 다시 만나는 것은 바로 이 교묘한 술책이다. 그가 내리는 터무니없는 평결은 두더지들조차도 희망을 가질 생각을 하는 이 추악하고 혼란한 세계에 끝내 무죄를 선고하는 것이다.[31]

미 주

1 여기서 이 시론의 성격을 분명히 해두기로 하자. 사실 자살은 훨씬 더 명예로운 동기와 관련되어 있을 수 있다. 중국혁명 당시 항의의 표시로 결행한 정치적 자살들이 그 예이다.

2 나는 페레그리노스의 모방자에 관한 이야기를 들은 적이 있다. 전후 작가였던 그는 자신의 첫 번째 작품을 끝낸 후에 자신의 작품에 대한 관심을 끌기 위해 자살했다. 과연 관심을 끌기는 했지만 그의 책은 형편없는 것으로 평가되었다.

3 그러나 문자 그대로의 의미에서 말하는 부조리가 아니다. 이는 정의의 문제가 아니라 부조리를 내포할 수 있는 감정들의 열거에 관한 문제이다. 열거가 끝났다고 할지라도 부조리가 철저히 고찰된 것은 아니다.

4 특히 예외의 개념과, 그리고 아리스토텔레스의 사상에 반대하여.

5 내가 여기서 가장 본질적인 문제, 즉 신앙의 문제를 소홀히 하고 있다고 생각될 수도 있겠다. 그러나 나는 키에르케고르, 혹은 셰스토프 혹은 더 나아가 후설의 철학을 검토하는 것이 아니라(그런 것들을 다루려면 지금과는 다른 자리와 다른 정신적인 태도가 필요할 것이다), 그들에게서 한 가지의 주제를 빌려와서, 그것이 낳는 결과들이 이미 정해진 규칙들에 부합될 수 있는지를 알아보고자 할 뿐이다. 여기서는 오직 깊이 파고드는 연구만이 중요하다.

6 나는 '신을 배제한다'라고 말하지 않았다. 그랬다면 그것 역시 신을 긍정하는 것일 것이다.

7 다시 한 번 정확히 하자. 여기서 문제로 삼는 것은 신의 존재의 긍정이

아니라 신에게 이르게 하는 논리이다.

⑧ 가장 엄격한 인식론들조차도 여러 형이상학을 전제로 한다. 따라서 대부분의 현대 사상가들의 형이상학은 단 한 가지 인식론밖에는 가진 것이 없다고 할 정도이다.

⑨ A. 이 시대에도 이성은 적응을 하거나 아니면 죽거나 해야 했다. 이성은 적응한다. 플로티노스와 더불어 이성은 논리적인 것에서 미적인 것이 된다. 은유법이 삼단논법을 대신한다.

B. 게다가 이것만이 현상학에서 플로티노스의 유일한 공헌이 아니다. 이러한 모든 태도는 이미 알렉산드리아 사상가에서의 아주 소중한 관념, 즉 인간의 관념만이 아니라 소크라테스의 관념도 있다는 생각 속에 포함되어 있다.

⑩ 여기서 중요한 것은 사실적 비교이지 겸양의 옹호는 아니다. 부조리의 인간은 화해한 인간의 반대이다.

⑪ 때로는 양이 질을 만든다. 최근에 이루어진 과학이론의 상세한 설명에 따르면 모든 물질은 에너지의 핵들로 구성되어 있다. 이들 핵의 양이 많으냐 적으냐에 따라 각기 개별적인 다른 특성이 생겨난다. 10억 개의 이온과 한 개의 이온은 양에 있어서뿐만 아니라 질에 있어서도 다르다. 이러한 유추를 인간의 경험 속에서 찾아내는 것은 쉬운 일이다.

⑫ 허무의 개념과 같이 지극히 다른 개념에 대해서도 똑같은 고찰을 할 수 있다. 허무의 개념은 현실에 대하여 아무것도 더하거나 빼지도 않는다. 허무의 심리학적 경험에 있어서 우리 자신의 고유한 허무가 진정한 의미를 가지는 것은 2천년 후에 일어날 일에 대해 고려할 때이다. 어떤 면에서 보면 허무는 우리의 삶이 아닌 미래의 삶의 총화다.

⑬ 여기서 의지는 행동주체일 뿐이다. 즉 그것은 의식을 지탱하는 경향이 있다. 의지는 삶의 규율을 제공하는데, 이는 평가받을 만한 일이다.

⑭ 중요한 것은 일관성이다. 여기서 우리는 세계에 대한 동의에서 출발한

다. 그러나 동양사상은 세계에 '대항해서'를 선택하면서도 똑같은 논리적 노력에 전념할 수 있다는 것을 가르쳐 준다. 이것 역시 정당한 것으로 이 시론에 그 전망과 한계를 부여한다. 그러나 세계의 부정도 마찬가지로 엄격하게 실행될 때, 우리는 종종 (베다철학의 몇몇 학파에서 그렇듯이), 예를 들어 작품의 무관심과 관련되어서는 유사한 결과에 도달한다. 『선택 Le choix』이라는 매우 중요한 책에서 장 그르니에(Jean Grenier)는 이런 방식으로 진정한 '무관심의 철학'의 토대를 마련한다.

⑮ 이 말의 실질적 의미, 그리고 그 결함까지도 포함하는 의미에서 그렇다. 건전한 태도는 결함 '또한' 포함하고 있기 때문이다.

⑯ 여기서 나는 몰리에르의 알세스트를 생각한다. 모든 것이 지극히 단순하고 분명하며 거칠다. 필랭트 대 알세스트, 엘리앙트 대 셀리멘, 종말을 향하여 떠밀리는 성격의 부조리한 귀결 속에 담겨있는 모든 주제, 그리고 시구 그 자체, 성격의 단조로움과 마찬가지로 거의 운율로 분석될 수 없는 '형편없는' 시구.

⑰ 회화들 중에서 가장 지적인 회화, 즉 현실을 본질적인 요소로 환원시키려고 노력하는 회화가 궁극에 이르러서는 눈의 즐거움 이외에는 아무것도 아니라는 사실은 실로 신기한 일이다. 이 회화는 세계에서 오로지 색채만을 간직할 뿐이다.

⑱ 여기에 대해서 잘 생각해보았으면 한다. 즉 이것은 가장 나쁜 소설들이 어떤 것인지를 말해준다. 거의 모든 사람은 사유할 능력이 있다고 생각하며, 실제로 좋건 나쁘건 어느 정도 사유한다. 반대로 자신을 시인 혹은 문장가라고 생각하는 사람은 극소수다. 그러나 생각이 문체보다 더 중요시되는 순간부터 대중들이 소설을 다 차지하고 말았다.

이것은 사람들이 말하는 것만큼 그렇게 나쁜 일은 아니다. 가장 훌륭한 사람들은 자기 자신을 향해서 보다 엄격함을 요구하기에 이른다. 여기에서 쓰러지는 자들은 살아남을 자격이 없었던 것이다.

⑲ 예를 들어 말로의 작품을 살펴볼 수도 있었을 것이다. 그러나 그러기 위해서는 사실 부조리의 사상이 피할 수 없는 사회적 문제를 동시에 다루어야만 했을 것이다(비록 부조리의 사상이 여러 가지의 해결책, 그것도 상당히 다른 해결책을 제안할 수도 있겠지만). 그러나 제한을 두지 않을 수 없는 것이다.

⑳ "스타브로긴: '당신은 저 세상에서 영생을 믿습니까?

키릴로프: '아니오, 바로 이 세상에서의 영생을 믿습니다.'"

㉑ 인간은 자살하지 않기 위해서 신을 만들어 낸 것뿐이다. 이것이 현재까지의 보편적 역사의 요약이다."

㉒ 보리스 드 슐레제르(Boris de Schloezer).

㉓ 지드(A. Gide)의 호기심 어린 날카로운 지적, 즉 도스토옙스키의 거의 모든 주인공들은 일부다처이다.

㉔ 예를 들면 멜빌(H. Melville)의『백경 Moby Dick』

㉕ 카프카의 모든 작품을 사회비평의 방향에서 해석할 수 있다(예를 들면 『심판』)는 것 역시 당연히 가능한 방법이라는 것을 주목해야 한다. 하지만 한쪽을 선택하지는 않을 것이다. 두 가지 해석이 다 의미가 있다. 이미 봤듯이 부조리의 시각에서 볼 때 인간들에 대한 반항은 '또한' 신에 대한 반항이기도 하다. 즉 위대한 혁명은 항상 형이상학적인 것이다.

㉖『성』에서 파스칼적 의미에서의 '유희'는 K...로 하여금 그의 근심에서 '벗어나게 하는' 조수들에 의하여 표현되고 있는 것이 분명해 보인다. 만약 프리다가 결국 이 조수들 중의 한 명의 정부가 된다면, 그것은 그녀가 진실보다는 겉치레를, 고뇌를 나누기보다는 일상적인 삶을 더 좋아하기 때문이다.

㉗ 이것은 물론 카프카가 우리에게 남긴『성』의 미완성 원고에만 해당된다. 그러나 작가가 마지막 장들을 완성했더라도 소설의 통일된 문체를 깨뜨렸을까하는 의심의 여지가 있다.

28 마음의 순수성.

29 『성』에서 희망 없는 유일한 인물은 아말리아다. 측량 기사가 가장 난폭하게 적대시하는 것이 바로 그녀이다.

30 카프카 사상의 이 두 가지 측면에 관해서는『유형지에서』의 "유죄는 조금도 의심할 여지가 없습니다(인간의 죄로 이해할 것)"와『성』의 한 구절(모뮈스의 말) "측량 기사 K.의 유죄는 밝히기가 어렵습니다."라는 말을 비교해 볼 것.

31 이상에서 제시된 것은 당연히 카프카의 작품에 대한 한 가지 해석일 뿐이다. 그러나 모든 해석을 차치하고 순전히 미학적인 시각에서 이 작품을 고찰하는 것을 막는 것은 아무것도 없다는 것을 지적해둘 필요가 있다. 예를 들면 B. 그뢰튀젠은『심판』의 주목할 만한 서문에서 우리보다 더욱 현명하게, 놀랍게도 그 자신이 눈뜨고 잠자는 사람이라고 명명한 존재의 고통스러운 상상들을 단순히 뒤따라가는 데 그치고 있다. 모든 것을 다 보여주면서도 아무것도 확언하지 않는 것이 이 작품의 운명이요, 어쩌면 그 위대함일 것이다.

해 설

1. 알베르 카뮈의 생애와 작품
2. 『이방인』의 요약과 작품 설명
3. 『시지포스 신화』 내용 설명

해 설

1. 알베르 카뮈의 생애와 작품[1]

"나는 가난과 태양의 한가운데에 위치해 있었다."라고 알베르 카뮈는 『안과 겉』에서 쓰고 있다. 그는 알제리의 콘스탄틴주의 몽도비 근처 포도재배지에서 1913년 11월 7일 태어났다. 그의 아버지 뤼시앵 카뮈는 1914년 마른 전투[2]에서 치명적인 부상으로 사망했고, 그의 어머니 카트린 생테스는 스페인의 마요르카 섬 출신으로 문맹이었다. 알제에서의 비참한 어린 시절, 초등학교 교사 루이 제르맹으로부터의 각별한 지도와 총애[3], 그리고 또 문학과 철학에서 그의 재능을 깨달을 수 있게 해준 장 그르니에 교수[4], 17세 때 이른 발병으로 그가 부조리라고 부르는 비극적인 감정을 가지고도 필사적으로 살고자 하는 갈망을 불러일으킨 결핵. 이상이 그의 인격을 만들어 간 정

1_ 이 부분은 Albert Camus, *Le mythe de Sisyphe*(시지포스 신화)(Gallimard)의 1985년 판 서두에 실린 편집자의 말을 중심으로 해서 역주자의 설명을 덧붙인 것이다.

2_ '마른(Marne) 전투'는 제1차 세계대전 발발(1914. 7. 28.) 직후인 1914년 9월 6~12일에 프랑스 파리의 북동쪽 마른강을 사이에 두고 독일군과 프랑스·영국 연합군이 파리의 공방을 놓고 벌인 싸움으로 연합국이 독일군을 극적으로 격퇴한 전투이다.

3_ 카뮈가 1923년 알제의 뷔조 중고등학교에 장학생으로 들어갈 수 있도록 도와준 것도 루이 제르맹(Louis Germain)이었다. 카뮈는 1957년 노벨 문학상 수상 연설, 곧 「스웨덴 연설」을 그에게 헌정한다.

4_ 훗날 카뮈는 철학자이자 문필가인 장 그르니에(Jean Grenier) 교수에게 『안과 겉』과 『반항적 인간』을 헌정하고, 은사의 저서 『섬』(1933)의 서문을 쓴다.

보들이다. 그는 글을 쓰고 신문기자가 되고 극단과 문화원을 이끌고 정치를 한다. 특히 연극은 카뮈에게 하나의 열정이었다. 1935년 카뮈는 노동자 관객들을 대상으로 한 '노동극단'(Théâtre du travail)(나중에 '팀원 극단'(Théâtre de l'Equipe)으로 발전함)을 창단하여 직접 각본을 쓰고 연출과 연기까지 맡는다. 1936년에는 알제 라디오 방송극단의 배우로서 전국 순회공연도 한다. 연극에 대한 그의 애정은 평생 계속되었다. 나중에 파리의 지식인 사회에서 '아웃사이더'로 살았을 때도 그가 연극을 계속한 것은 작가와 배우와 관객이 하나가 되는 무대야말로 그가 사랑하는 행복한 공간이었기 때문이다. 이런 연극 활동은 카뮈의 많은 희곡 작품 활동으로 이어지게 된다. 1938년부터 카뮈는 파스칼 피아[5]가 창간한 진보적 신문 「알제 레퓌블리캥 *Alger Republicain*」지에서 일하면서 아랍인들의 비참함을 고발하는 글들을 쓴다. 이 일로 인해 더 이상 일을 할 수 없게 된 카뮈는 1940년 3월 이번에도 피아의 추천으로 「파리 수아르 Paris soir」지의 편집 비서 자리를 얻어 파리로 떠난다. 프랑스에서 전쟁 동안 카뮈는 1943년부터 레지스탕스 지하신문 「전투 *Combat*」지의 편집장이던 파스칼 피아의 권유로 또 다시 이 신문의 편집자들 중의 한 명이 된다. 프랑스가 해방되자 그가 주필이던 「전투」지는 그의 문체와 주장을 통해서 언론의 역사에 신기원을 이루는 일간지가 된다.

이무렵 카뮈는 이미 프랑스 문단을 이끄는 주요 작가들 중 한 명으로 인정받게 된다. 알제에서 그는 『안과 겉 *L'envers et l'endroit*』(1937)과 『결혼 *Noces*』(1938)을 출판한다. 제2차 세계대전 직후 그 절정에 이른 실존주의자

5_ 파스칼 피아(Pascal Pia, 1903~1979)는 본명이 피에르 뒤랑(Pierre Durand)인 파리 태생의 작가이자 저널리스트였고 문학 분야에 박식한 연구자로서 보들레르와 아폴리네르 등에 관한 많은 저술을 남겼다. 특히 제2차 세계대전을 전후한 시기에 저널리스트로 활동한 파스칼 피아는 카뮈에게 신문사 일자리를 주선하고 저널 활동을 할 수 있도록 배려한 은인이었다. 그래서 카뮈는 『시지포스 신화』(1942)를 그에게 헌정한다.

들의 운동에 의도치 않게 엮인 카뮈는 사실상 부조리와 반항을 중심으로 한 자신만의 작품을 쓴다. 이 두 개념에 대한 개괄적인 의미를 포크너[6]는 "카뮈는 부조리의 세계에 태어난 인간의 유일한 참된 역할은 살아가는 것이며, 자신의 삶, 자신의 반항 그리고 자신의 자유를 의식하는 것이라고 말했다." 라고 명료하게 요약하고 있다. 그리고 카뮈 자신은 자신의 작품 전체를 어떻게 생각하는지를 다음과 같이 설명한다. "나는 우선 세 가지 형태로 부정(否定)[7]을 표현하고 싶었다. 즉 소설로는 『이방인 *L'étranger*』(1942)이 있고, 희곡으로는 『오해 *Le malentendu*』(1944)와 『칼리귈라 *Caligula*』(1945)가 있고, 관념적인 철학 에세이로는 『시지포스 신화 Le mythe de Sisyphe』(1942)가 있다. 나는 다시 세 가지 형태로 긍정(肯定)[8]을 계획했다. 소설로는 『페스트 *La peste*』(1947)가 있고, 희곡으로는 『계엄령 *L'état de siège*』(1948)과 『정의의 사람들 *Les justes*』(1949)이 있고, 관념적인 철학적 에세이로는 『반항적 인간 *L'homme révolté*』(1951)이 있다. 나는 이미 사랑을 주제로 한 세 번째 유형의 작품을 예상하고 있었다.[9]"

예를 들면, 소설의 배경이 되는 도시인 오랑(Oran)에서 카뮈가 1941년부터 1년 반 넘게 지내며 계획한 『페스트』는 어느 정도는 그 충격적인 신화

6_ 윌리엄 포크너(William Faulkner, 1897~1962)는 노벨문학상(1949)과 퓰리처상(2회)을 수상한 미국의 작가이다. 그의 작품으로 미국 남부사회의 변천 모습을 연대기적으로 묘사한 『우화』, 『자동차 도둑』 등이 있다. 한편 카뮈는 1956년 포크너의 작품 「어떤 수녀를 위한 진혼곡」(1951)을 각색하여 연극으로 공연해 성공을 거둔다.

7_ '부조리'라는 주제를 말한다.

8_ '반항'이라는 주제를 말한다.

9_ 카뮈가 1960년 뜻하지 않은 자동차 사고로 죽음을 맞을 당시 그의 가방 속에는 미발표작 원고 「태초의 인간 *Le Premier homme*」이 들어 있었다. 카뮈의 가족을 소재로 삼은 이 미완의 소설은 '사랑'을 주제로 하고 있다.

가 카뮈의 마음을 뒤흔든 『백경』[10]과 같이 악을 상징한다. 카뮈는 이 소설에서 페스트로 인한 공포와 절망에 대항하는 인간들의 다양한 태도와, 인간이 자신에게 주어진 운명 앞에서 완전히 무능하지는 않다는 것을 보여주려 한다.[11] 이별과 불행과 희망의 소설인 『페스트』는 사람들에게 자신들이 막 살았던 그 시대 상황을 상징적으로 회상시키면서 엄청난 성공을 거둔다.

1951년에 출판된 『반항적 인간』은 카뮈가 자신의 작품 속에서 추구했던 실존적 문제의식을 명쾌한 논리로 정리하여 발표한 철학적 에세이이다. "나는 계속해서 관대함을 유지하면서 진실을 말하기를 원했습니다."라고 카뮈가 쓰고 있듯이 그는 이 에세이에서 인간 실존의 진실을 이야기하려 하고 있다. 카뮈는 또한 자신에게 많은 반감을 불러일으켰고, 특히 자신과 초현실주의자들 및 사르트르와의 사이를 틀어지게 했던 이 철학적 에세이에 대해서 다음과 같이 말한다. "우리 시대만의 특이한 뒤바뀜으로 인하여 죄가 무죄로부터 획득한 전리품을 과시하는 날, 무죄만이 자신의 정당성을 제시하도록 재촉을 받고 있다. 이 철학적 에세이의 열망은 그러한 이상한 도발을 받아들여 면밀히 검토하는 것일 것이다."

5년 후 출판된 『전락 *La chute*』(1956)은 『반항적 인간』(1951) 후 5년간 카

10_ 『백경 *Moby Dick*』(1851)은 미국의 소설가 멜빌(Herman Melville, 1819~1891)이 '모비딕(Moby Dick)'이라는 머리가 흰 거대한 고래에게 한쪽 다리를 잃은 에이햅(Ahab)의 복수담을 그린 장편소설이다.

11_ '사랑과 행복에 대한 권리를 주장'하는 사람(신문기자 랑베르)도 있고, 재앙 앞에서 '인간의 구원'의 문제를 성찰하는 사람(파늘루 신부)도 있고, 큰 슬픔과 부조리한 꿈속에 빠져있는 사람(말단 공무원 그랑)도 있고, 모두가 고통에 빠진 상황에서 오히려 세상에 소속감을 느끼는 사람(코타르)도 있고, 부당한 죽음을 거부하면서 '행위의 필요성'을 부르짖는 미지의 인물(타루)도 있다. 그리고 묵묵히 환자들을 치료하면서 이 상황을 관찰하고 기록하는 의사 리외가 있다. 이들은 불완전한 인간이지만, 공동체의 운명을 극복하기 위해 극한의 절망 속에서도 억누를 수 없는 희망의 의지를 보인다.

뮈가 살면서 겪은 환멸과 은둔과 고독의 시기에 나온 쓴 열매처럼 보인다. 『전락』은 인간들이 죽어가고, 또 인간들이 행복하지 않은 부조리한 세계를 더 이상 비판하지 않는다. 여기서는 죄가 있는 것은 인간의 본성이다. "고해(苦海)는 어디에서 시작하며, 참회(懺悔)는 어디에서 시작하는가?"라고 자신의 작품 속에서 이 독특한 이야기에 대해서 카뮈 자신이 쓰고 있다. "이 용의주도한 얼음놀이에서, 어쨌든 유일한 진실은 고통과 그 고통이 약속하는 것이다."

1년 후 1957년, 그의 저술들과, 인간을 짓밟기를 원하는 모든 것에 대항해서 앞장서기를 결코 멈추지 않았던 그의 전투를 기리기 위해 노벨 문학상이 카뮈에게 수여된다.[12] 1960년 1월 4일 그가 자동차 사고로 죽음을 맞았을 때 우리는 그의 작품 활동에서 새로운 전개를 기다리고 있었다.

2. 『이방인』의 요약과 작품 설명

알베르 카뮈의 『이방인』은 프랑스가 독일 점령 하에 있던 1940년 5월에 완성되었고, 그 후 2년이 지난 1942년 5월에 갈리마르 출판사에서 출간된다. 카뮈 스스로가 『이방인』의 영문판(1958) 서문에서 '영웅적인 태도는 취하지 않으면서도 진실을 위해서는 죽음을 마다하지 않는 한 인간의 이야기'라고 한 이 소설은 '종전 후 최대 걸작'이라는 찬사를 받았고, 사르트르의 말로는 '이 시대의 문예창작 가운데서 이미 하나의 이방인'이었다.

이 소설은 일인칭 화자 주인공인 뫼르소가 아랍인을 살해하는 것을 기점

12_ 노벨 문학상 아카데미는 소설 『이방인』(1942)에 대한 카뮈의 수상 사유를 "우리 시대 인간의 정의를 탁월한 통찰과 진지함으로 밝힌 작가"라고 밝힌다.

으로 제1부와 제2부로 나뉜다. 제1부에는 뫼르소의 무감각하고 타성에 젖은 자유로운 삶이 그려지고, 제2부에는 제1부에서 보인 뫼르소의 삶이 부조리한 세계의 관점에서 해석된다.

제1부에서 평범한 회사원 뫼르소가 양로원에서 지내던 어머니의 장례식을 치른다. 그는 이 장례식 동안에도, 그리고 장례식이 끝난 후에도 어머니의 죽음을 슬퍼하는 모습을 보이지 않는다. 또한 장례식 이튿날 여자 친구와 함께 수영을 하고, 희극 영화를 보러가고, 육체적 관계를 맺는 등 자신의 욕구에 따라 아무 일이 없었던 듯이 생활한다. 그 이후 이웃인 젊은 친구 레몽을 만나고 살리마노 영감을 만나는 등 자유롭고도 일상적인 하루하루를 보내던 어느 날 레몽의 친구가 주말을 지내는 해변 별장으로 놀러갔다가 '태양 때문에' 아랍인을 권총으로 살해하게 된다.

제2부에서는 뫼르소의 살인사건에 대한 재판이 살인에 대한 재판을 넘어서 뫼르소의 삶 전체가 부조리한 세계의 관점에서 해석되고 판결의 대상이 된다. 이 과정에서 뫼르소는 바로 자신의 재판임에도 불구하고 재판에서 소외되어 '자신의 재판을 재판하는 이방인'이 된다. 결국, 뫼르소는 사형선고를 받고 사형 집행을 기다린다. 생의 마지막 순간에 대한 기다림, 곧 죽음을 응시하면서 '밤과 대지와 소금 냄새'에서 경이로운 평화를 느끼듯이 그는 자신의 삶, 곧 세계와 하나가 된다. 이로써 뫼르소는 자신이 왜 죽어야 하는지 모르는 그 '부조리한 죽음'의 운명보다 더 우월해진다. 그는 사형수로서의 죽음을 삶의 일부분으로 받아들인다. 그래서 '전에도 행복하였고 지금도 행복하다'고 분명하게 말하며, 사형집행을 받는 날에는 단두대 주위에 많은 구경꾼들이 와서 '증오의 함성으로 맞아주기'를 바라는 행복한 뫼르소로 거듭난다. 각 장의 내용을 요약하여 정리하면 다음과 같다.

제1부

1) 제1장

알제에 거주하는 젊은 사무원인 뫼르소는 엄마의 죽음을 알리는 전보를 받고 알제 근처의 마랑고에 있는 요양원으로 버스를 타고 간다. 그는 어떠한 슬픔도 감정도 드러내지 않는다. 그는 어머니의 마지막 모습을 보는 것을 거부하고, 전통대로 밤샘을 하면서 담배도 피우고 카페오레도 마신다. 다음날 그는 무섭게 내리쬐는 무더운 태양 아래 행해진 엄마의 장례식에서 어떠한 슬픔도 보이지 않고 눈물도 흘리지 않는다. 그리고 알제로 돌아온다.

2) 제2장

알제에서 돌아온 다음날 뫼르소는 바다에 수영을 하러가고, 거기서 옛 사무실 동료 마리 카르도나를 만나 즐거운 시간을 보내면서 가까워진다. 수영이 끝나고 뫼르소가 옷을 입을 때 마리는 뫼로소가 전날 모친상을 치른 것을 알고 약간 당황한다. 저녁에 뫼르소의 제안에 따라 그들은 영화를, 그것도 희극 영화를 보고 뫼르소의 집으로 돌아와 함께 잔다. 일요일 아침, 마리는 떠나고 침대에서 정오까지 뒹굴던 뫼르소는 점심 후 발코니에서 이런 저런 사람들의 일상을 내려다보며 평범하고 무심한 하루를 보낸다. "어쨌든 항상 지나가는 일요일이고, 엄마는 이제 땅속에 묻혔으며, 나는 다시 일을 시작할 것이고, 결국 변한 것이라곤 아무것도 없다."라고 생각한다.

3) 제3장

월요일 뫼르소는 퇴근길에 계단에서 이웃인 살라마노 영감을 만난다. 그는 8년 전부터 개와 함께 사는데 둘은 끊임없이 티격태격 싸우는 애증 관계에 있다. 이어서 그는 포주로 알려진 레몽 생테스라는 두 번째 이웃을 만난다. 뫼르소를 저녁식사에 초대한 레몽은 자신의 정부의 오빠와 싸운 이야기와, 또 자신을 기만한 정부 이야기를 하면서 그녀가 후회할 만한 내용이 담긴 편지를 대신 써 줄 것을 뫼르소에게 부탁하고 뫼르소는 그 부탁을 받아들인다. 그들은 이렇게 친구가 된다. 레몽과의 이 관계가 삶의 일상적 흐름을 바꾸어 놓는 계기가 된다.

4) 제4장

다시 한 주가 흘러간다. 토요일에 마리가 와서 바다에서 물놀이를 한 후 점심을 함께 먹으러 다시 뫼르소의 집으로 온다. 뫼르소는 자신의 파자마를 소매를 걷어 올려 입고 있는 마리가 웃을 때 욕정을 느낀다. 마리는 자신을 사랑하느냐고 묻지만 그는 그런 것 같지 않다고 대답한다. 마리는 슬픈 표정을 짓는다. 뫼르소는 어머니의 장례식에서와 마찬가지로 마리에게 애정이나 감정을 보이지 않는다.

점심을 준비하는데, 뫼르소와 마리는 레몽의 방에서 심한 말다툼 소리와 그가 자신의 정부를 계속 때리는 소리를 듣는다. 결국 경찰이 출동해서야 상황은 정리된다. 마리가 떠난 후 레몽이 와서 자기 정부의 도덕성에 대해서 증인이 되어달라고 부탁하고 뫼르소는 승낙을 한다. 레몽과의 외출에서 돌아오면서, 잃어버린 개 때문에 안절부절 못하고 있는 살라마노 영감을 출입문에서 만난다. 그는 개를 어떻게 찾아야 할지 허둥대다가 자기 방으로 돌아간다. 그 사이 벽 너머로 이상한 소리가 들린다했는데 그가 울고 있다는 것을 직감한다. 왠지 모르겠지만 뫼르소는 엄마 생각을 한다.

5) 제5장

근무시간에 레몽이 전화를 해서 그의 친구가 알제 인근의 별장에서 일요일을 함께 보내자고 뫼르소를 초대한다는 말과 자신이 옛 정부의 오빠가 포함된 아랍인 무리에 의해 미행을 당했으니 혹시 집주위에서 보면 알려달라고 한다.

저녁에는 마리가 찾아와서 자기와 결혼할 마음이 있는지, 자기를 사랑하는지 알고 싶어 한다. 그는 마리가 원한다면 결혼할 수는 있지만 사랑하지는 않는 것 같다고 대답한다. "그렇다면 왜 나와 결혼한다는 거죠?"라는 그녀의 물음에 뫼르소는 그건 전혀 중요하지 않고, 마리가 바란다면 결혼할 수 있다는 것이라고 말한다.

뫼르소는 방 문간에서 만난 개를 잃어버린 살라마노 영감을 방으로 들어오게 하여 영감의 개에 대한 이야기를 들어준다. 그는 떠나기 전에 "오늘 밤에는 개들이 짖지 않았으면 좋겠소. 그놈이 내 개라는 생각이 끊임없이 들거든요."라고 말한다.

6) 제6장

일요일 아침, 뫼르소와 마리, 그리고 레몽은 레몽 친구의 별장으로 가기 위해 버스정류장으로 향한다. 이때 레몽에게 두들겨 맞은 녀석도 포함된 한 무리의 아랍인을 보게 되는데 레몽은 신경이 좀 쓰이는 눈치다. 그들은 버스를 타고 알제 교외에서 내린 후 레몽의 친구인 마송의 별장에 도착한다. 마송은 예쁘장하게 생긴 아내와 함께 그들을 맞는다. 뫼르소와 마리, 그리고 마송은 수영을 하러 바닷가로 내려간다. 수영 후, 집으로 돌아왔을 때 배가 몹시 고파 모두 다 아무 말 없이 먹기만 한다.

점심식사 후, 뫼르소를 포함한 남자들 셋은 해변으로 내려가서 바다를 따라 거닌다. 그때 뫼르소는 해변의 끝에서 아랍인 두 명이 자신들 쪽을 향해서 오는 것을 발견한다. 아랍인과 싸움이 일어나고 레몽은 팔을 찔리고 입을 베인다. 레몽은 의사에게로 가서 응급치료를 받지만 우울해 보이고 말이 없다.

뫼르소는 해변으로 다시 내려가는 레몽을 뒤따라 나선다. 해변 끝 쪽 바위 뒤의 조그마한 샘에 이르러, 그들은 거기에 그 두 아랍 녀석이 누워 있는 것을 본다. 레몽을 찌른 녀석이 아무 말 없이 레몽을 쳐다보자 레몽은 "저 놈을 죽여 버릴까?"라고 묻는다. 뫼르소는 레몽에게 "쏴선 안 돼. 그 놈을 남자 대 남자로 상대해. 네 총은 나에게 줘. 다른 녀석이 끼어들거나 칼을 꺼내면 내가 그 놈을 죽여 버릴게."라고 말한다. 레몽이 뫼르소에게 권총을 주었을 때, 그들은 뒷걸음치며 바위 뒤로 기어들어가 버린다. 그래서 그들은 갔던 길을 되돌아온다.

별장으로 돌아왔던 뫼르소는 태양의 열기 아래서 여기에 머물거나 떠나거나 매한가지라는 생각하며 다시 해변을 향해 걷기 시작한다. 이글거리는 태양 아래서 그 바위 뒤쪽에 있는 샘을 생각하면서 천천히 걸어간다. 거기서 뫼르소는 레몽과 상대했던 녀석이 다시 돌아와 있는 것을 본다. 더 이상 견딜 수 없는 태양의 열기 때문에 뫼르소가 앞으로 한 걸음 움직이자 그 아랍인이 몸을 일으키지 않은 채 자신의 단도를 끄집어내어 뫼르소에게로 겨눈다. 햇볕이 강철 위에서 반사하자, 그것은 번쩍거리는 길쭉한 칼날이 되어 뫼르소의 이마를 쑤셔댄다. 바로 그 순간 눈썹에 맺혀 있던 땀이 한꺼번에 눈꺼풀 위로 흘러내려 미지근하고 두터운 막으로 눈두덩을 덮어 버린다. 그 불타는 칼날은 그의 속눈썹을 갉아 먹고, 고통스러운 그의 눈을 후벼 판다. 뫼르소는 온몸이 긴장되고 총을 든 손에 경련을 일으키며 방아쇠를 당긴다. 뫼르소는 한낮의 균형과, 그가 행복해 했던 해변의 이례적인 침묵을 깨뜨려 버린 그때, 그 움직이지 않는 몸뚱이에 다시 네 발을 쏜다.

제2부

1) 제1장

체포된 뒤 곧 뫼르소는 여러 번의 심문을 받는다. 처음 경찰에서는 아무도 그의 사건에는 관심이 없어 보였으나, 일주일 후 예심판사는 호기심을 가지고 뫼르소를 관찰한다. 뫼르소에게는 그의 심문이 놀이처럼 여겨진다.

다음날 한 변호사가 교도소에 와서 자신을 믿어주기만 하면 재판에 이길 것이라고 하면서 문제의 핵심을 얘기하자고 한다. 그는 뫼르소가 엄마의 장례식 날 슬펐었느냐고 묻는다. 이 질문에 뫼르소는 매우 놀라면서 분명 엄마를 매우 사랑했지만, 그건 아무 의미도 없는 물음이라고 답한다. 그는 다시 그날 뫼르소가 자신의 자연적인 감정을 억눌렀다고 말할 수 있는지 묻지만 뫼르소는 "아니요, 왜냐하면 그건 거짓이니까."라고 대답한다. 그 대답이 약간의 혐오감을 불러일으키기라도 한 듯이 변호사가 이상한 태도로 뫼르소를 바라본다.

얼마 지나지 않아 뫼르소는 다시 예심판사에게 사건이 일어난 날에 대한 심문을 받는다. 뫼르소는 이미 그에게 얘기했던 '레몽, 해변, 물놀이, 싸움, 다시 해변, 작은 샘, 태양, 다섯 발의 총알'을 요약하여 되풀이 말한다. 예심판사는 첫 발 후에 두 번째 발까지 기다렸던 이유와 땅에 쓰러져 있는 시체에 방아쇠를 당긴 이유를 묻지만 뫼르소는 무슨 대답을 해야 할지 몰라 계속 입을 다문다.

그 후에도 뫼르소는 예심판사를 자주 만났고, 그러한 심리는 11개월 동안 계속된다.

2) 제2장

어느 날 마리가 면회를 온다. 면회실의 소음이 고통스러워 뫼르소는 그곳에서 빨리 벗어나고 싶어 하면서도, 마리와의 시간은 계속 누리고 싶어 한다. 그 후 얼마지 않아 마리가 자신은 아내가 아니기 때문에 더 이상 방문이 허락되지 않는다는 편지를 보내온다. 바로 그때부터 뫼르소에게는 전혀 이야기하고 싶지 않은 일들이 시작된다. 먼저 뫼르소의 교도소 생활 초기에 가장 힘들었던 것은 그가 자유로운 인간의 사고를 가졌다는 것이다. 예를 들면, 자신의 발밑의 첫 물결 소리, 물속에 몸 담그기 그리고 거기서 느끼는 해방감을 상상할 때, 그는 갑자기 감옥의 벽이 얼마나 자신을 옥죄는가를 느낀다. 그러나 그런 옥죔도 몇 달 동안만 지속될 뿐, 그 후로는 죄수로서의 생각밖에 없다. 그는 매일 안뜰에서 하는 산책이나 자신의 변호사의 방문을 기다린다. 그 외의 나머지 시간들은 아주 잘 조절해서 보낼 수 있게 된다. 그는 사람은 결국 모든 것에 길들어지게 되는 것이라는 엄마의 말을 떠올린다.

뫼르소에게는 또한 여자에 대한 욕정도 담배도 잠도 고통거리이다. 그러나 여자에 대한 욕정은 징벌로 받아들일 수밖에 없고, 담배에 대한 고통은 담배를 피우지 않는 일에 익숙해짐으로써 그 징벌을 피한다. 잠에 대한 고통은 잠을 자고, 추억을 회상하고, 신문 사회면을 읽으면서 극복된다. 이처럼 언제나 똑같은 날이 끊임없이 감방에서 계속해서 펼쳐진다.

3) 제3장

다시 태양의 열기가 최고조에 달한 여름이 왔고, 재판이 시작된다.

법정은 초만원을 이루고 있었으며 거기에는 배심원, 변호사, 검사, 세 명의 판사 그리고 방청객들 가운데는 신문기사들까지 와 있다. 재판장은 증인호출 절차를 진행한다. 증인으로 양로원 원장, 수위, 토마스 페레 노인, 레몽, 마송, 살라마노, 마리 그리고 셀레스트가 마지막으로 호명된다. 재판장은 본격적으로 증인심문을 진행한다. 이들의 증언을 통해 뫼르소가 엄마의 장례식에서 한 번도 눈물 흘리지 않은 것, 엄마의 나이를 모른 것, 엄마 시신 보는 것을 거부한 것, 담배를 피우고 카페오레를 마신 것, 마리와 페르낭델의 영화를 본 후 자신의 집으로 와 육체관계를 맺은 일 등이 알려진다. 이들의 증언을 들으면서 검사와 변호사는 사건의 주체인 뫼르소는 제쳐놓고 자신들의 논고와 변론을 한 치의 양보도 없이 펼친다. 뫼르소는 일이 자신에게 좋지 않은 쪽으로 흘러간다는 것을 직감한다. 법정이 폐정된 후 교도소로 되돌아가는 호송차에서 뫼르소는 자신이 좋아하던 한 도시의 모든 친숙한 소리들을 떠올린다.

4) 제4장

검사와 변호사가 구두변론을 하는 동안 뫼르소는 자신의 범죄보다도 자신에 대한 이야기가 더 많이 오고가는 것을 듣는다. 그들은 뫼르소가 엄마의 장례식에서 보여준 행동과 살인을 한 이유 등을 묻는다. 뫼르소의 살인동기가 태양 때문이라는 대답에 법정의 모든 사람들이 순간적으로 충격을 받는다. 뫼르소는 어떤 면에서는 자신과는 관계없이, 자신의 참여도 없이 사건이 다루어지는 것 같은 법정에 마치 이방인처럼 앉아 있는 것 같은 느낌을 받는다.

검사는 뫼르소의 행동, 인격, 방탕한 생활, 무신론, 사회적 성격 등에 대해서 집중적으로 질문한 후 뫼르소가 그의 엄마를 무심하고 냉담하게 요양원에 내버려 둠으로써 도덕적으로 자신의 엄마를 죽인 인간이며 살인자의 마음으로 자신의 어머니를 매장한 인간적인 것이라고는 아무것도 없는 죄인이라고 주장한다. 또한 그는 뫼르소가 레몽에게 권총을 달라고 해서, 계획적으로 아랍인을 쏘았고, 죽은 이에게 다시 네 발의 총알을 침착하고도 확실하게 당기는 의도적인 살인을 저질렀다고 말한다. 결국 검사는 사형을 구형한다.

변호사는 뫼르소가 정직한 사람이고, 성실한 근로자로서 회사에 충실하고, 모두에게서 사랑받으면서도 타인의 불행을 동정할 줄 아는 사람이며, 힘이 닿는 한 오랫동안 어머니를 부양한 모범적인 아들이었다고 말한다. 변호사가 변론을 계속하고 있는 동안, 뫼르소는 자신에게 기쁨을 가져다 준 삶의 추억들을 되돌아본다.

뫼르소가 판결 선고를 받기 위해 재판정에 들어서는 순간 그는 재판정의 침묵과 자신의 시선을 피하는 젊은 기자의 모습에서 이상야릇한 느낌을 받는다. 재판장이 뫼르소가 프랑스 국민의 이름으로 공공 광장에서 머리가 잘릴 것이라고 선고하고 덧붙일 말이 없느냐고 묻지만 뫼르소는 깊이 생각한 후 "없습니다"라고 대답한 후 법정 밖으로 끌려 나온다.

5) 제5장

뫼르소는 교도소의 부속사제의 면회를 거절한다. 뫼르소는 사형수가 사형집행 전에 교도소라는 냉혹한 메커니즘으로부터 빠져나갈 길은 없는지 생각한다. 또한 사형집행의 중대성과 사형선고를 받은 사람에게 한 번의 기회를 더 주는 형법제도의 개혁도 생각한다. 그는 줄곧 사형집행자들이 오는 새벽녘을 기다리면서 밤을 지새우고, 낮 동안에는 내내 항소를 생각한다.

그러할 즈음 뫼르소는 부속사제의 면회를 다시 한 번 더 거절한다. 항소도 거부한다. 꽤 오랜만에 그는 마리를 생각한다. 그녀는 사형 선고를 받은 죄인의 애인인 것에 아마 지쳤으리라는 생각도 하고, 어쩌면 병이 났거나 죽었을 수도 있겠다는 생각을 한다. 마리가 죽었다면, 더 이상 자신의 흥미를 끌지 못하는 것은 당연하며, 그가 죽은 후에 사람들이 그를 잊으리라는 것을 너무나 잘 알고 있다.

바로 그때 부속사제가 결국 그의 감방으로 찾아온다. 그에 따르면, 인간의 심판은 아무것도 아니고 하느님의 심판이 전부라고 말한다. 뫼르소가 자기에게 사형 판결을 내린 것은 전자라고 지적하자 부속사제는 그렇게 해서는 나의 죄가 씻긴 것이 아니라고 대답한다. 그러나 뫼르소는 자신을 위해 기도하겠다는 사제의 멱살을 잡고 분노를 터뜨리며 인간으로 살아온 모든 부조리한 삶을 토로한다.

인간이 인간조건의 부조리성을 발견하는 것은 분노와 저항을 통해서이다. 다시 평정을 찾은 뫼르소는 죽음 앞에서 해방감을 느끼고 모든 것을 다시 살아볼 준비가 되었다고 생각한 엄마를 이해하고 자신도 모든 것을 다시 살 준비가 됐다고 느낀다. "마치 커다란 분노가 희망 없는 내 죄를 씻어 준 것처럼, 12별자리와 별들이 가득한 이 밤 앞에서 나는 처음으로 세계의 애정 어린 무관심에 마음을 열었다. 이 세계가 나와 너무 닮아 있어서 마침내 아주 형제 같다는 것을 깨닫자, 나는 행복했었고 지금도 여전히 행복하다고 느낀다." 뫼르소는 자신의 사형집행일 날 많은 구경꾼들이 나와서 증오에 찬 함성으로 그를 맞기를 바란다.

3. 『시지포스 신화』 내용 설명

알베르 카뮈의 『시지포스 신화』는 프랑스가 독일 점령 하에 있던 1941년 2월에 완성되었고, 그 후 1년이 더 지난 1942년 10월에 갈리마르 출판사에서 출간된다. 이 책은 세계의 부정(否定), 곧 그 '부조리'를 안고 사는 인간으로 하여금 그것을 긍정(肯定), 곧 '반항'을 통해 발전의 원칙으로 삼을 것을 제안하는 철학적 에세이이자, 5개월 앞서 출판된 소설 『이방인』에 대한 이론적 주석으로 읽히기도 한다(그러나 『이방인』은 독립적인 존재로서 인정되지, 결코 이 에세이의 부조리 철학을 그대로 반영하는 테마 소설[13]이 아니다).

『시지포스 신화』의 주된 내용 구성을 보면 다음과 같다, 맨 앞부분의 「부조리의 추론」에서는 '부조리'에 대한 정의와 '부조리'의 회피에 대한 통찰(희망, 자살), 그리고 그에 따른 귀결(반항, 자유, 열정)을 통해 '부조리를 생각하는 방식'을 분석, 설명하고 있다. 그 다음으로 「부조리한 인간」에서는 부조리의 대표적 인간들, 즉 돈 후안, 배우, 정복자, 그리고 예술가들의 삶을 통해 '실제 부조리를 사는 방식'을 그려 보이고 있다. 그리고 「부조리한 창조」에서는 '인물들 중에서도 가장 부조리한 인물', 즉 창조자, 그중에서 특히 소설가의 부조리한 창조의 모습을 그려 보인다. 끝으로 「시지포스 신화」가 위치한다. 그리고 맨 뒷부분의 《부록》에 실린 카프카에 대한 연구에서는 「부조리한 창조」에 대한 비평을 다른 관점에서 접근하고 있다.

다음의 실존주의 사상과 부조리 철학에 대한 해설은 「부조리의 추론」의

13_ '테마 소설(roman à thèse)'이란 인간 사유의 진리를 증명하고자 하는 소설로, 달리는 '주제 소설' 혹은 '철학 소설'이라고 한다. 『이방인』이 『시지포스 신화』의 부조리 철학을 그대로 구현하는 테마 소설이 아닌 것은 주인공 뫼르소가 부조리한 인간이면서도 그 부조리함으로 완전히 설명되지 않는 고유의 애매함을 지니고 있다는 데 있다.

내용에 대한 설명과 정리이다.

1) 실존주의란 무엇인가?[14]

카뮈 사상의 출발점인 부조리의 철학은 카뮈의 동의 여부와 관계없이 실존주의 사상에 포함되는 것이 일반적이다. 카뮈 자신의 적극 부인[15]에도 불구하고 사람들은 그를 실존주의자로 본다. 그 이유는 그의 작품들이 충분히 실존주의적이기 때문일 것이다. 그러면 실존주의란 무엇인가?

실존주의는 'Existentialism'을 번역한 말이다. 이때 '실존(實存)'은 진실존재(眞實存在), 현실존재(現實存在)를 뜻하는 말이다. 여기서 진실(眞實)의 '실(實)', 현실(現實)의 '실(實)'자와 존재(存在)의 '존(存)'자를 따서 '실존'이라고 한 것이다. '실존(Existence)'이라는 말을 어원적으로 좀 더 생각해 보면, 'Existence'는 'Existere', 즉 '밖에(ex) 나타나다(sistere)'라는 의미의 라틴어에서 온 것이다. 이 말의 본래 의미는 '본질(essentia)'에 대한 '현실존재(existentia)'라는 뜻이다.[16]

14_ 『시지포스 신화』에서 '실존주의란 무엇인가?'에 대한 논의는 따로 없다. 그러나 이 책이 담고 있는 '부조리의 철학'이 실존주의적이기 때문에 우리는 우선적으로 이 사상을 소개한다.

15_ 카뮈는 1945년 11월 15일자 인터뷰에서 "아니다. 나는 실존주의자가 아니다. 사르트르와 나는 우리 둘의 이름이 나란히 붙어 다니는 것을 보고 항상 이상하게 생각하고 있다. (...). 사르트르와 나는 우리가 서로 알기 전부터 제 나름대로의 저서들을 발표했다. 우리가 서로 알게 된 것은 우리가 서로 다르다는 것을 확인하기 위해서였다. 사르트르는 실존주의자이며, 내가 발표한 유일한 사상적인 책 『시지포스 신화』는 소위 실존주의 철학자들을 반대하는 입장에서 쓰여졌다."라고 말한다[(김화영 1997: 278) 참조].

16_ 안병욱(1967: 209, 212) 참조.
한편 유기환(2004: 18~19)에서는 무(néant)의 대립항인 존재(être)는 서로 대립되는 실존(existence)과 본질(essence)로 구성된다는 것을 '존재 = 실존 + 본질'로 공식화해서 간명하게 설명하고 있다.

본질에 대한 현실 존재의 근본적 특징은 이것저것 하는 개개의 개별적인 개체를 의미하고, 나, 너 하는 개개의 개인 주체를 의미한다. 현실 존재는 물건인 경우에는 상대적이지만, 인간의 존재에 있어서는 절대적이다. 물건이면 이것과 저것을 바꿀 수도 있고, 이 시계가 저 시계를 대신할 수도 있지만, 인간은 남과 대신할 수 없다. 나라는 인간, 나라는 개인, 나라는 주체는 남과 절대로 바꿀 수 없는 유일무이한 존재다. 이유 없이 이 세계에 던져진 단독자인 것이다. 누구도 대신할 수 없는 이 나라는 주체가 실존(existence)이다. 그러므로 이러한 실존은 본질보다 앞서는 것이다.[17] 본질에 대한 실존의 우위, 이것이 실존주의의 기본 개념이다.[18]

본질에 대한 실존의 우위, 그것은 우리 인간이 처음부터 어떤 인과 관계에 의해서 결정된 것이 아니라 오르지 나 자신이 무엇이든 선택할 수 있는 자유의지를 가지고 있다는 사실에 바탕을 두고 있다. 자유는 인간의 경험을 통해 볼 때 가장 자명한 사실이기 때문이다. 우리는 항상 이것이냐 저것이냐를 두고 결정해야 할 때 그 아무도 그것을 나 대신 결정할 수 없으며 오로지 나의 선택에 달려 있다. 나의 본질, 곧 나의 운명이란 바로 이 모든 선택에 달려 있음을 우리는 안다. 그렇기 때문에 우리는 늘 '불안'해하고 '고뇌'를 경험한다.

이렇듯 자유는 인간의 본질적 속성이다. 바로 이 점에서 인간의 존재 양식은 그 밖의 모든 존재 양식과 구별된다. 인간은 '시계, 구두'와 같은 사물처

17_ 바로 이러한 점에서 프랑스의 실존주의 철학자 사르트르(J.P. Sartre)는 그의 강연집 『실존주의는 휴머니즘이다, *L'existentialisme est un humanisme*』(1945)에서 "실존은 본질에 우선한다."라고 말한다.

18_ 실존주의 철학 이전의 본질철학에서는 인간의 경우에도 본질이 실존에 앞선다고 본다. 예컨대 기독교에서 인간의 본질은 이미 신에 의해 규정되어 있다는 것이다. 따라서 인간은 신의 계율인 본질을 좇아 살아야 진정 선한 인간이 될 수 있다는 것이다.

럼 그냥 존재하지 않고, '새, 강아지'와 같은 동물처럼 그냥 생존해 있지 않다. 오직 인간만이 실존(existence)한다. 이처럼 실존은 자유를 가진 인간의 존재 상황을 지칭하는 개념이다.[19]

1차 세계대전에 이어 2차 세계대전을 겪은 직후 현대는 심각한 사회적 위기에 빠졌고 사회적 불안과 위기는 곧 인간적 위기가 된다. 따라서 현대는 '인간의 자기상실'의 시대다. 자기를 잃어버린, 곧 자신의 진실한 자아를 상실한 현대인은 자기의 진실존재, 곧 실존(Existence)을 상실한 것이다. 나를 잃어버린 나는 나를 다시 찾아야 한다. 내가 나를 찾기 위해서는 나 아닌 것, 비본래적인 나를 넘어서야 한다. 자기초월이 필요하다. 때로는 반역이 필요하다. 허망한 시대와 사회에 대한 반역이 필요할 뿐만 아니라 나 아닌 나, 즉 비본래적인 자기에 대한 반역이 필요하다. 말하자면 거짓된 자아에서 진실한 자아에로, 인간의 자기 상실에서 자기회복으로, 이것이 현대인 앞에 놓여진 인간의 과제다. 이러한 현대의 상황을 그대로 반영하는 불안과 위기의 철학이 바로 실존주의이다. 그러나 실존주의는 다만 불안과 위기의 철학에서 그치는 것이 아니라, 불안과 위기를 탈출하려는 철학이자, 인간 본래의 자기를 다시 찾으려는 철학, 곧 인간의 자기회복의 철학이다.[20]

카뮈의 부조리 철학 역시 세계의 불안과 위기(그에게는 세계의 비합리,

19_ 박이문(1982: 170~171) 참조.

20_ 안병욱(1967: 207 이하) 참조. 지금까지 실존주의를 간략하게 소개했다. 실존주의는 실존의 개념을 어떻게 보고 어떻게 해석하느냐에 따라 다음 세 가지 계보로 나뉜다.
(1) 신 앞에 서는 유신론적 실존주의: 덴마크의 키에르케고르(S.A. Kierkegaard, 1813~1855), 독일의 야스퍼스(K. Jaspers, 1883~1969), 프랑스의 마르셀(G. Marcel, 1889~1983).
(2) 신과 관계가 없는 윤리적 실존주의: 독일의 하이데거(M. Heidegger, 1889~1976).
(3) 신을 부정하는 무신론적 실존주의: 독일의 니체(F.W. Nietzsche, 1844~1900), 프랑스의 사르트르(J.P. Sartre, 1905~1980).

곧 부조리)를 뚫고 인간 본래의 자기 모습을 찾으려 한다는 점에서 분명 실존주의적이다. 그러나 카뮈는 인간의 명철한 의식과 세계의 맞닥뜨림이 부조리하다는 것을 선험적인 본질로 인정하고[21] 그 부조리를 그대로 받아들이면서, 곧 부조리에 반항하면서 부조리 속에서 살아야 한다는 점에서 여타 실존주의자들과는 다르다.

2) 부조리의 철학

(1) 부조리란 무엇인가?

프랑스어에서 '부조리(absurde)'는 '불합리함', '사리에 맞지 않음', '터무니없음' 등을 뜻하는 말로 '상식, 지식, 감정으로 이해되지 않는 것', 곧 비합리성을 가리킨다. 이 말이 철학적인 의미로 본격적으로 사용되기 시작한 것은 카뮈가 '부조리에 대한 시론'이라는 부제를 붙인 『시지포스 신화』(1942)에서부터이다. 여기서 말해지는 부조리란 인생에서 의미를 찾으며 성실하게 살려고 노력하는 인간을 좌절시키는 세상의 비합리성이다. 인간은 세상에서 삶의 목적과 의의를 찾으려 하나 세상은 언제나 침묵으로 일관하여 인간은 자신의 존재를 이유 없는 것, 우연적인 것, 즉 부조리한 것이라고 느끼게 된다.

그러므로 부조리는 다음의 시지포스의 행위에서처럼 습관과 타성에 젖어 세계를 살아가던 인간이 문득 어느 날 자신의 삶에 부재하는 존재이유를 의식하기 시작하는 것으로부터 시작된다. "경련으로 찡그린 얼굴, 돌덩

21_ "인간의 정신 밖에서는 부조리란 있을 수 없다. 그러기에 부조리는 모든 것이 다 그렇듯이 죽음과 함께 끝이 난다. 물론 이 세상 밖에서도 부조리란 있을 수 없다. 그러므로 나는 이러한 기본적인 기준에 의거해서 부조리의 개념은 본질적인 것이며 이 개념이 나의 진리 가운데서 첫 번째의 것이라고 판단하게 된다."(『시지포스 신화』, p.169).

이에 밀착된 뺨, 진흙으로 덮인 바위 덩어리를 떠받치는 어깨, 그 바위 덩어리를 지탱하려고 버티는 다리, 돌을 되받아 안은 팔끝, 흙투성이가 된 두 손"(p.271). 이처럼 고통스럽지만 온 힘을 다하는 인간적인 확신에 찬 노력 끝에 시지포스는 바위 덩어리를 산꼭대기까지 올려놓는 목적을 달성한다. 그러나 시지포스는 정상에 올려 진 바위가 순식간에 저 아래의 세계로 굴러 떨어지는 것을 바라보게 된다. 그는 저 아래에서 정상을 향해서 다시 그 돌을 밀어 올려야만 하는 것이다. 그는 다시 들판으로 내려간다.

카뮈는 시지포스가 다시 들판으로 내려가는 이 순간을 중시한다. "바로 저 정상으로부터 다시 내려오는 회귀, 이 잠시 동안의 휴식 때문에 특히 시지포스는 나의 관심을 끄는 것이다. 그토록 바위 곁에서 고통스러워하는 얼굴은 이미 바위 그 자체인 것이다! 나는 이 사람이 무겁지만 한결같은 발걸음으로 그 끝을 알 수 없을 고통을 향하여 다시 내려가는 것을 본다. 마치 내쉬는 숨과 같은 이 시간, 그의 불행만큼 어김없이 되찾아오는 이 시간, 이 시간은 바로 의식의 시간이다."(p.271)

부조리는 바로 이 '의식'에 의해 지각되는 것이다. 의식은 바위를 굴려 올리는 일상적인 행위들이 정지되는 시간, 즉 정상에서 '다시 내려오는' 순간, 들이쉬었던 숨을 '내쉬는' 순간에 찾아온다. 이 돌연한 방향전환은 지금까지의 삶에 대한 '반성'의 시간이 된다.[22]

그렇다면 반성의 시간 없이 삶의 관성으로부터의 자유를 잊고 살아가는 이유는 무엇인가? 바로 '습관'이다. "잠자리에서의 기상(起床), 전차, 사무실

22_ 김화영(1997: 245) 참조.

혹은 공장에서의 네 시간 일, 점심 식사, 전차, 다시 네 시간의 일, 저녁 식사, 졸음 그리고 똑같은 리듬을 타는 월요일 화요일 수요일 목요일 금요일 그리고 토요일, 이러한 일상은 대개의 경우 어렵지 않게 이어진다."(p.148). 이것이 습관의 세계이다. 습관은 죽음을 맞는 날까지 무한정으로 계속될 수도 있다. 그러나 어느 날 문득 "'왜'라는 의문이 불현듯 떠오르고 놀라움이 동반된 권태의 자각 속에서 모든 일이 시작된다. '시작된다'는 이 말은 중요하다. 권태는 기계적인 생활에서의 행위들이 종국을 맞을 때 오는 것이지만, 그것은 동시에 의식이 움직임을 시작한다는 것을 뜻한다."(p.148~9) 이처럼 권태는 의식을 일깨우고 그에 뒤따르는 그 다음 일의 시발점이 된다.

이처럼 '의식의 움직임'에 따른 습관의 세계에 대한 단절(divorce), 그것이 곧 돌연한 방향 전환이자 새로운 시작이다. 이 '새로운 시작'에 뒤따르는 '과정'이 바로 부조리의 각성인 것이다. 그러면 그러한 부조리로부터 어떻게 벗어날 수 있을까?

(2) 부조리의 회피: 희망과 자살

습관과 타성으로 세계를 살아가는 인간의 삶, 곧 그의 실존에 부재하는 존재이유, 그럼에도 불구하고 그 부재의 존재이유를 찾고자하는 불굴의 이성, 바로 이 두 요소, 곧 삶에 부재하는 존재이유와 그럼에도 그 존재이유를 찾고자하는 인간 이성 간의 끊임없는 대립과 갈등이 부조리이다. '이성의 사유가 극한에 도달하게 되는 물 한 모금 없이 황량한 장소', '사유가 비틀대는 그 마지막 전환점', 이 기이한 공간을 카뮈는 '극한의 사막'이라고 부른다. 그곳이 바로 부조리의 세계다.

그러면 이 인간 실존의 부조리 앞에서 인간이 보일 수 있는 행태는 무엇일까? 카뮈는 말한다. "권태는 의식을 일깨우고 그에 뒤따르는 그 다음 일이 일어나게 한다. 그 다음의 일이란 아무런 의식 없이 생활 속 구속의 사슬로 회귀하는 것일 수도 있고 아니면 결정적인 각성일 수도 있다. 각성 끝에 시간과 더불어 결말이 오는데 그것은 자살일 수도 있고 아니면 원상 회복일 수도 있다."(p.149). '아무런 의식 없이 생활 속 구속의 사슬로 회귀하는 것'은 아무런 반성 없이 자기 자신을 속이는 것이요 원점으로 되돌아가는 것일 뿐이므로 논의의 대상이 되지 못한다. 그렇다면 '결정적인 각성' 뒤에 오는 귀결은 부조리에서 '빠져나오는 것'과 '그곳에 버티고 있는 것'('원상 회복') 두 가지밖에 없다. '빠져나오는 것'에는 두 가지 가능성이 있다. 그 하나는 '희망'이고 다른 하나는 '육체적 자살'이다. 이것이 카뮈가 "실존의 부조리는 희망이라든가 혹은 자살을 통해서 삶으로부터 벗어나기를 요구하는 것일까? 이것이야말로 나머지 모든 것들을 제쳐놓고서라도 밝히고 추적하고 설명해야 하는 것이다."(p.143)라고 말하고 있는 것이다.[23]

① 부조리와 희망(철학적 자살)

그러면 먼저 부조리로부터 빠져나오는 희망이란 무엇인가? 카뮈가 말하는 '희망'이라는 것은 기만적인 의미를 담고 있는 '내세의 삶에 대한 희망'(p.143)을 말한다. 예컨대, 키에르케고르는 자신의 유명한 저서 『공포의 전율』에서 『구약성서』의 아브라함의 우화[24]를 통해 실존적 결단의 부조리성을 보여준다.

아브라함은 가장 독실한 하나님의 아들이었다. 그는 늦은 나이에 귀한 아

23_ 김화영(1997: 244~246) 참조.

24_ 『구약성서』의 창세기 22장 1절~12절.

들 이삭을 얻어 그 아들을 애지중지 사랑하면서 키우는 데 행복을 느꼈다. 그러나 그는 어느 날 느닷없이, 아무 이유 없이, "너의 아들, 네가 사랑하는 외아들 이삭을 데리고 모리아 땅으로 가거라. 그곳, 내가 너에게 일러 준 산에서 그를 나에게 번제로 바쳐라!"라는 하나님의 명령을 받게 된다. 여기서 아브라함의 문제는 어떻게 해야 하느냐를 결정하는 데 있다. 아브라함은 몇 가지의 질문을 자신에게 던져야 했다. 정말로 하나님이 명령하는 것인가, 아니면 악마에게 속고 있는 것인가? 내가 정신이 나간 것일까? 설령 하나님의 명령이라고 해도, 그런 사악한 명령을 따르는 것이 옳은가? 하나님은 내 생각만큼 선하지는 않은 모양이니 복종해선 안 되는 게 아닐까? 아니면 하나님은 내가 얼마나 선한지 시험하고 있는 것인가? 만약 하나님의 명령을 그대로 따르면, 나는 도덕적 양심이 없는 사악한 인간이 되는 것인가? 그것이 하나님의 시험인가?

아브라함은 무한한 정신적 고통에 빠진다. 그의 고통은 투명한 윤리적 가치와 하나님에 대한 독실한 믿음과의 전혀 해결될 수 없는 갈등에서 생긴다. 그 무엇도 이 갈등에 대한 해결책이 될 수 없다. 모든 것에 무한한 사랑을 베푸시는 하나님임을 믿는 아브라함의 입장에서 볼 때 하나님의 그러한 명령은 더더욱 부조리하다고 하지 않을 수 없다.

그러나 그는 고민 끝에 하나님의 분부대로 도끼를 품안에 감춘 채 아들을 꾀어 모리아산으로 데리고 간다. 사흘째 되는 날 하느님께서 말씀 하신 곳에 다다르자 아브라함은 그곳에 제단을 쌓고 장작을 얹어 아들 이삭을 결박하여 묶은 후 마침내 벼락같이 도끼를 품안에서 꺼내 아들의 머리를 내려치려고 했다. 그 순간 하나님의 사자가 도끼를 쳐들은 아브라함의 손을 잡고, "네가 너의 아들, 너의 외아들까지 나를 위하여 아끼지 않았으니, 네가 하느님을 경외하는 줄을 이제 내가 알았다."라고 하면서 아들 대신 번제물로 바칠 숫양을 보내준다. 그리하여 외아들 이삭은 생명을 얻게 된다.[25]

키에르케고르는 이처럼 도저히 이해 불가능한 부조리를 넘어 하나님의 말씀에 대한 믿음을 보여주기 위해 가장 사랑하는 아들을 희생시키기로 한 아브라함의 전율적 결단, 곧 믿음을 택하는 결단을 통해서 삶은 의미를 찾고, 삶은 희망을 갖게 된다는 것이다.[26]

이에 대해 카뮈는 키에르케고르를 필두로 한 유신론적 실존주의자들[27]이 말하는 희망이란 결국 현재의 "삶 그 자체를 위해서가 아니라 삶을 초월하고 삶을 승화시키며 삶에 어떤 의미를 부여해 주고 결국은 삶을 배반하게 되는 어떤 거창한 관념을 위해서 사는 사람들의 기만"(p.143)이라는 것이다. 그래서 카뮈는 그런 종교적 희망을 '도피', '치명적인 회피', '투쟁의 기피', '기권', '(실존적) 비약' 혹은 '철학적 자살'이라고 규정한다. 왜냐하면 이러한 실존적 비약은 "인간의 정신 밖에서는 부조리란 있을 수 없다"(p.169), "이 세상 밖에서도 부조리란 있을 수 없다"(p.169)는 부조리의 본질에 위배되기 때문이다. 따라서 '추론을 불러일으킨 자명함 자체'(p.189), 즉 부조리 자체에 충실하고자 하는 카뮈에게 종교적 희망은 부조리의 정당한 귀결이 되지 못한다.

② 부조리와 육체적 자살

25_ 박이문(1982) 참조.

26_ 키에르케고르는 삶에 대한 세 가지 태도, 곧 '심미적 삶', '윤리적 삶', '종교적 삶'을 말한다. '심미적 삶'은 아무런 원칙도 궁극적 목적도 없이 그날그날 향락을 찾아가며 살아가는 삶이고, '윤리적 삶'은 윤리적 가치를 추구하는 삶이라면, '종교적 삶'은 종교적 세계, 더 정확히 말해서 기독교의 가치에 따라 살아가는 삶이다. 그는 이 '종교적 삶'이야말로 가장 진보된, 참된 삶이라고 말한다. 박이문(1982) 참조.

27_ 유신론적 실존주의자는 앞에서 언급한 바 있듯이 키에르케고르 외에 야스퍼스와 마르셀을 말한다.

그러면 이제 부조리와 자살의 문제를 보기로 하자. 카뮈는 17세 때 돌연 폐렴에 걸려 죽음과 대면하게 된다. 그 젊은 나이에 성실하게 열심히 살아가던 자신이 갑자기 폐렴으로 죽을 수 있다는 것이 그에게는 이해할 수 없는 세계의 비합리로 다가왔다. 이처럼 카뮈에서 있어서의 부조리는 '죽음'과 대면하면서 더욱 구체화되었다. 왜냐하면 죽음은 삶의 의미를 완전히 무화(無化)시켜 버리고 모든 사물, 모든 가치의 우열을 없애버린 채 등가치로 만들어 버리기 때문이다. 바로 여기서 '삶과 사유에 있어서 미래가 없는 세계'(p.211), 곧 부조리의 세계가 탄생한다.

요컨대, 습관과 타성에 젖어 진실에의 욕망을 속이며 살아가던 인간이 어느 날 문득 삶의 허무함을 깨닫고는 왜 살아야 하는가라는 질문을 던진다. 이 인간 실존의 부조리 앞에서 가장 먼저 제기되는 질문은 '인생은 살만한 가치가 있는가?'라는 것이다. 이처럼 삶에 대한 질문은 당연히 '인생은 살만한 가치가 없는가?'라는 죽음이라는 근원적인 물음으로 이어진다. 이를테면 '부조리의 논리는 죽음을 명하는가?', '자살이 부조리에 대한 해결인가?'라는 '부조리와 자살의 관계'에 대한 문제이다. 이는 카뮈가 "이 시론의 주제는 바로 이러한 부조리와 자살 사이의 관계를 밝히고 자살이 얼마만큼이나 부조리에 대한 해결책이 될 수 있는지를 생각해 보려는 데 있다."(p.140)라고 제기한 바로 그 문제이다.

부조리가 육체적 자살을 정당화하는가? 카뮈의 대답은 '그렇지 않다'이다. 왜냐하면 카뮈는 "삼위일체(인간의 열망, 세계의 침묵, 그 양자의 관계인 부조리)의 특징들 중 첫 번째는 이 삼위일체가 분리될 수 없다는 점이다. 세 가지 항목들 중 어느 하나를 파괴하는 것은 전체를 온통 파괴하는 것이 된다. 인간의 정신 밖에서는 부조리란 있을 수 없다. 그러기에 부조리는 모든 것이 다 그렇듯이 죽음과 함께 끝이 난다. 물론 이 세상 밖에서도 부조리란 있을 수 없다."(p.169)라고 말하고 있기 때문이다. 이처럼 카뮈가 말하는 '자살'이라는 것은 '부조리를 바로 죽음 속으로 끌고 들어가는 것'(p.195), 곧 부조리는 대립에 의해서 존재하는 것인데 그 대립의 항목 중 어느 하나(인간의 열망)를 부정하는 것은 '부조리를 기피하는 것'이 된다. 따라서 부조리 자체에 충실하고자 하는 카뮈에게 자살 또한 부조리의 정당한 귀결이 되지 못한다. 왜냐하면 부조리는 죽음에 대한 명철한 의식인 동시에 죽음의 거부이기 때문이다. 부조리는 명철한 이성과 자살 사이에 자리 잡고 있는 것이다.

(3) 부조리를 사는 것: 부조리와 반항

마지막으로 부조리와 반항의 문제를 보기로 하자. 카뮈는 인간 실존의 부조리에 대한 각성으로부터 오는 귀결이 내세의 삶을 구하는 종교적 희망이나 혹은 육체적 자살을 통해서 부조리한 삶으로부터 '빠져나오기'가 아니라 그곳 '부조리의 사막'을 벗어나지 않은 채 그 속에서 그대로 버티고 있는 '반항'이어야 한다고 말한다. "내가 진실이라고 믿는 것, 나는 그것을 견지해야만 한다. 나에게 이토록 분명해 보이는 것이라면 그것이 비록 내게 적대적인 것일지라도 나는 그것을 지탱해야 한다."(p.192). 이러한 반항적 지탱은 의식을 통해 유지된다. "이 세계와 나의 정신 사이의 갈등과 알력의 근본을 이루는 것은 내가 그것에 대해 가지고 있는 의식이 아니라면 무엇이겠는가? 그러므로 만약 내가 그것을 견지하기를 원한다면 그것은 항상 새로워지고 항상 긴장을 유지하는 항구적인 의식을 통해서만 가능하다."(p.192). 이처럼 세계에 대한 반항이란 명철한 의식을 견지하면서 인간의 삶 속으로 되돌아오는 것, 곧 원상회복하는 것이다. 그렇게 인간의 삶 속으로 원상회복하는 삶이란 '신에게 구제(救濟)를 구하는 희망을 버리고 인간 정신 안에서 사는 것', 곧 '구원을 호소함이 없이 사는 것'이요, '죽음으로 초대되는 삶의 거부', 곧 자살을 거부하는 삶이다. 이는 바로 현실의 부조리를 직시하면서 절망하지 않고 순간순간을 살아가는 『시지포스의 신화』에서 카뮈가 그리는 시지포스의 모습이다.

"경련으로 찡그린 얼굴, 돌덩이에 밀착된 뺨, 진흙으로 덮인 바위 덩어리를 떠받치는 어깨, 그 바위 덩어리를 지탱하려고 버티는 다리, 돌을 되받아 안은 팔끝, 흙투성이가 된 두 손 등 완전히 인간적인 확신이 보인다. 하늘 없는 공간과 깊이 없는 시간으로 헤아려지는 이 기나긴 노력의 끝에 목적은 달성된다. 이때 시지포스는 돌덩이가 순식간에 저 아래의 세계로 굴러 떨어지는 것을 바라본다. 그는 저 아래에서 정상을 향해서 다시 돌덩이를 밀어 올려야만 하는 것이다. 그는 다시 들판으로 내려간다." (p.271).

부조리가 전제로 하는 두 가지 항(인간과 세계, 인간과 삶) 사이의 대면, 대응, 모순에는 일종의 대립적이고 역동적인 에너지가 작용한다. 이것이 의식에서 반항으로 가는 길을 열어놓는다. 여기에 카뮈의 치열성이 드러난다. 『시지포스의 신화』에서 에너지는 인간 시지포스에게서 나와 '바위 덩어리'라는 세계와 '끊임없이 바위 덩어리 밀어올리기'라는 그의 삶을 향하고 있다. 서로 반대되는 방향의 두 가지 힘, 곧 '완전히 인간적인 확신'으로 가득 찬 시지포스와 그가 고통스럽지만 온 힘을 다해 밀어 올리는 '바위 덩어리'가 마주치는 접점, 산 정상을 향하여 바위 덩어리를 떠받치는 인간의 육체, 그리고 인간의 몸을 짓누르는 바위 덩어리의 무게, 이 두 가지 힘이 만들어내는 치열하고 단단한 접점은 다름 아닌 '바위 덩어리', 곧 부조리의 벽에 대한 '반항'이다. 이처럼 부조리에 대한 '반항'은 "그토록 바위 곁에서 고통스러워하는 얼굴은 이미 바위 그 자체인 것이다!"에서 보듯이 어느새 단절된 양자를 서로 비끄러매어 놓는 하나의 끊을 수 없는 '매듭'이 되어 '유대'로 발전한다.

이처럼 부조리라는 모순은 '산 정상으로 바위 덩어리를 굴러 올리는' 인간 시지포스의 욕구와 '들판으로 다시 굴러 떨어지는 바위 덩어리'라는 세계의 불합리를 서로 비끄러매어 놓는 '매듭'인 것에 그치지 않는다. 세계에 대한 인간의 반항은 이제 그 단절되었던 세계와 한 몸이 되는 유대관계로 발전해 나간다.

그러한 유대관계에서 더 나아가 "그토록 바위 곁에서 고통스러워하는 얼굴은 이미 바위 그 자체인 것이다! 나는 이 사람이 무겁지만 한결같은 발걸음으로 그 끝을 알 수 없을 고통을 향하여 다시 내려가는 것을 본다. (...). 그가 산의 정상을 떠나 신들의 소굴을 향해서 조금씩 조금씩 들어가는 그 순간순간마다 그는 자신의 운명보다 더 우월한 것이다. 그는 그의 바위보다 더 강하다."라는 카뮈의 말에서 보듯이, 명철한 의식의 인간은 '바위 덩어리'라는 부조리의 세계를 반항을 통해 치열하게 맞닥뜨릴 뿐만 아니라 '다시 들판으로 내려가면서 숨을 고르는' 반성의 시간을 통해 자신의 운명보다 더 우월하게, 더 강하게 현실적 삶을 살아가는 인간이다. 이리하여 부조리의 추론에서 이끌어진 귀결은 역전된다. 인생은 의미가 없으면 없을수록 그만큼 더 훌륭히 살아갈 수 있다고 여겨지는 것이다. "산다는 것은 곧 부조리를 살게 한다는 것이다."(p.194). 그래서 자살을 생각할 수밖에 없을 정도로 비합리적인 세계 앞에서 좌절하던 시지포스는 행복한 시지포스로 거듭나게 되는 것이다.

참고문헌

김화영(1997), “『시지프 신화』 해설”, 『시지프 신화』, 책세상, pp. 213~264.

박이문(1982), “키에르케고르와 실존”, 『인식과 실존』, 문학과 지성사, pp. 165~181.

안병욱(1967), 『현대사상』, 삼중당.

유기환(2004), 『알베르 카뮈』, 살림출판사.

작가 연보

작가 연보

1913년 11월 7일

알제리의 콘스탄틴주의 몽도비에서 출생.

1914년 8월

제1차 세계대전 발발. 아버지 뤼시앵 카뮈가 마른 전투에서 사망.

1918~1923년

초등학교 재학, 교사 루이 제르맹으로부터 각별한 총애를 받음.

1923~1930년

알제의 뷔조 중고등학교 장학생.

책을 탐독.

1930~1931년

고등학교 최상급반 진급. 문과반에서 장 그르니에 교수를 사상적 스승으로 만남. 폐결핵 첫 발병.

1932년(19세)

대학입학자격 취득. 잡지 「남방 *Sud*」에 4편의 글 발표,

1933년(20세)

알제 대학 문학부 입학. 장 그르니에의 수필집 『섬 *Les Îles*』(1933)을 읽고 깊은 감명을 받아 작가의 꿈을 키움, 장 그르니에의 지도 받음. 히틀러 권력 장악.

1934년(21세)

시몬 이에와 첫 결혼(2년 후에 이혼).

장 그르니에의 권유로 공산당에 가입(1년 후 탈당).

1936년(23세)

알제 대학 졸업. 철학 학위논문 「프르탱과 성 아우구스티누스를 통해서 본 헬레니즘과 기독교주의의 관계」 집필.

1937년(24세)

『안과 겉 *L'Envers et l'endroit*』 간행. 건강상 이유로 철학교수 자격시험 단념.

1938년(25세)

「알제 레퓌블리캥」지 기자로 취직.

사르트르의 『구토 *La Nausée*』(1938)를 면밀히 읽은 카뮈는 사르트르가 실존의 비극성을 창출해내기 위해 인간의 추한 모습을 지나치게 강조한다고 비난함.[1]

1_ 카뮈는 "사르트르의 주인공은, 위대함을 딛고 근원적인 절망에서 일어서려고는 하지 않고 인간의 그 혐오스러운 면만을 강조하면서, 자신의 고뇌가 지닌 참된 의미를 보

1939년(26세)

3월 나치 정부, 체코슬로바키아를 완전히 합병. 9월 제2차 세계대전 발발, 연대 의식 때문에 전쟁에 참여하려 하나 건강 때문에 소집 연기.

사르트르의 『벽 *Le Mur*』(1939) 논평.[2]

단편집 『결혼 *Noces*』 간행.

1940년(27세)

『파리 수아르 *Paris-Soir*』지 입사.

5월 『이방인』 탈고.

12월 수학 교사인 프랑신 포르와 재혼.

1941년(28세)

아내 프랑신의 고향인 알제리 오랑으로 이사. 이곳 사립학교에서 교편을 잡음.

2월 『시지포스 신화』 탈고.

1942년(29세)

폐결핵으로 프랑스 샹봉의 농장에서 요양.

5월 『이방인』 간행(29세 젊은 무명작가에게 세계적 명성을 안겨준 작품. 1957년 노벨 문학상 수상작).

10월 『시지포스 신화』 간행.

여주지 않고 있는 것 같다."라고 「알제 레퓌블리캥」지(1938년 10월 20일자)에서 평하고 있다[김화영(1997: 272~273) 참조].

2_ 카뮈는 "위대한 작가는 그의 세계와 그의 주장을 항상 느끼게 해준다. 사르트르의 주장은 무(無)이며, 또한 명철성에 있다."라고 「알제 레퓌블리캥」지(1939년 3월 12일자)에서 사르트르의 『벽』을 평하고 있다[김화영(1997: 273) 참조].

1943년(30세)

2월 사르트르, 「『이방인』 해설」을 탈고

(『시지포스 신화』의 틀을 활용하여 『이방인』의 열쇠를 찾아낸 것).

1944년(31세)

사르트르와 만남.

파스칼 피아와 함께 레지스탕스 신문 「전투 *Combat*」지 운영.

1945년(32세)

쌍둥이 자녀 장과 카트린 출생.

1947년(34세)

『페스트 *La Peste*』 출간(즉각적인 호평). 수많은 비평가들이 카뮈를 덕망 있는 '무신론적 성자'로 찬양.

1951년(38세)

10월 『반항적 인간 *L'Homme révolté*』이 간행되자 곧 이어 벌어지는 논쟁이 1년 이상 지속됨. 공산주의에 반대하는 작품 내용으로 인하여 사르트르와 멀어지기 시작함.

1952년(39세)

사르트르와 결별.

1954년(41세)

1939년에서 1953년까지 쓴 글들을 모은 산문집 『여름 *L'Été*』 간행.

1956년(43세)

소설 『전락 *La Chute*』 간행.

1957년(44세)

소설 『적지와 왕국 *L'Exil et le Royaume*』 간행.

소설 『이방인』(1942)으로 노벨 문학상 수상.

1960년(47세)

1월 4일 미셸 갈리마르의 승용차에 동승 한 카뮈, 몽트로 근교 빌블르뱅에서 교통 사고로 사망.